04

Ricerche in Composizione Urbana

Università Iuav di Venezia

Città di Palmanova

Organizzazione delle Nazioni Unite per l'Educazione, la Scienza e la Cultura

Opere di difesa veneziane tra il XVI ed il XVII secolo: *Stato da Terra – Stato da Mar* occidentale iscritti nella Lista del patrimonio mondiale nel 2017

Il volume espone gli esiti della ricerca *Palmanova forma spazio architettura* svolta dall'autrice in occasione di due assegni di ricerca annuali (2016-2018) presso il Dipartimento Architettura Costruzione Conservazione dell'Università Iuav di Venezia. Responsabile scientifico Armando Dal Fabbro.

La selezione di progetti esposti nel capitolo *La ricerca progettuale: obiettivi e articolazione* sono stati elaborati all'interno dei laboratori di progettazione architettonica del corso di laurea Magistrale Architettura per il Nuovo e l'Antico e nel Laboratorio di laurea Magistrale *Palmanova forma spazio architettura* negli anni accademici 2016-17 e 2017-18.
Docenti responsabili:
Armando Dal Fabbro, Composizione architettonica e urbana
Sara Di Resta, Restauro Architettonico
Antonella Faggiani, Valutazione economica del progetto
Paolo Foraboschi, Progettazione strutturale.

Si ringraziano

l'Università Iuav di Venezia, l'Agenzia del Demanio, la Soprintendenza Archeologia, Belle Arti e Paesaggio del Friuli Venezia Giulia, l'Archivio di Stato di Venezia, la Biblioteca Nazionale Marciana, l'Archivio fotografico dell'Ente Regionale per il Patrimonio Culturale della Regione Friuli Venezia Giulia - ERPAC, l'Archivio di Stato di Padova, la Bibliothèque nationale de France, il Service Historique de la Défense (Centre historique des archives).

Si ringrazia inoltre l'architetto Michela Cafazzo per la collaborazione alle fasi propedeutiche dei progetti del Laboratorio.

Il volume è stato realizzato con il contributo di

Università Iuav di Venezia
Comune di Palmanova
Pinna Restauri S.r.l.

Riccarda Cantarelli

Palmanova forma spazio architettura

Palmanova
form space architecture

presentazione di/presentation by Alberto Ferlenga
prefazione di/preface by Armando Dal Fabbro

LetteraVentidue

PIAZZE DI PALMANOVA [1985]*
Gianugo Polesello

La percezione da terra di Palmanova immiserisce l'immagine articolata e complessa della composizione stellare così come può essere letta nelle foto aeree o nelle piante della città. Un sistema fortificato costituito da tre cinte bastionate, da ventisette postazioni, da fossati secchi o con acqua e da un sistema urbano con insule ritagliate da una rigorosa geometria.
Le attuali strade di accesso sono il risultato di uno sventramento rettilineo del sistema fortificato. Il percorso tortuoso, inadatto ai mezzi motorizzati, chiuso da controporte, è stato infatti abbandonato e la strada attuale taglia in due un rivellino e riempie il fossato per entrare diritta fino alla porta principale.
Fuori dalla cinta della città, a una distanza di settecentocinquanta metri circa dalla piazza centrale, incomincia la campagna. L'intero sistema fortificato risulta così mimetizzato nella immagine della campagna.
Lo sviluppo storico delle tre cinte fortificate procede nel tempo con una crescita dall'interno verso l'esterno a partire dal 1593 fino al 1811 e, quindi, nell'entrare si percorre a rovescio la storia della città. Ancora oggi la pianta di Palmanova si impone come segno artificiale compiuto, in contrasto con l'organizzazione "morbida" dei circostanti insediamenti e dell'assetto territoriale di origine medievale.
La componente decisiva che segna l'avvio della scienza militare rinascimentale è rappresentata dall'impiego del cannone per una strategia di posizione: all'epoca della fondazione il fuoco di mira non superava una gittata massima di trecento metri. L'esigenza di rendere quanto più perfetto e vantaggioso il sistema delle opere di difesa porta allo sviluppo dell'ingegneria militare e delle tecniche di costruzione delle fortezze per rendere massimo l'effetto combinato dei fuochi di diversa gittata.
Le fasi di sviluppo del sistema difensivo sono state fondamentalmente tre: la prima cinta con nove baluardi realizzata dalla Repubblica Veneta a partire dalla fine del Cinquecento; la seconda cinta delle nove mezze lune o rivellini realizzata dai veneti a partire dal 1650; la terza cinta delle nove lunette napoleoniche realizzate tra la fine del Settecento e l'inizio dell'Ottocento.
L'analisi delle destinazioni d'uso interne alla città consente di ricostruire in senso funzionale lo spazio urbano della piazzaforte.
Le funzioni direzionali sono ubicate al centro del sistema; il comando del provveditore generale e delle truppe è ubicato al centro; sempre al centro è posta la guardia. La piazza grande è il luogo di raccolta delle truppe; le segnalazioni acustiche del comando sono affidate a una campana che trova riscontro con nove campane situate sulla punta dei baluardi.
Lo spazio della fortezza risulta definito da tre cerchi concentrici: l'anello interno che si affaccia sulla piazza grande con funzioni di comando della fortezza; l'anello perime-

trale, posto a ridosso del sistema difensivo con le truppe mercenarie; tre insediamenti esterni della polizia militare.
La storia militare di Palmanova presenta quattro principali fasi: la prima va dal 1593, anno di fondazione, al 1886, anno di annessione del Friuli all'Italia, ed è la fase militare attiva della fortezza.
Con l'abbandono delle opere di difesa ormai obsolete, si entra nella seconda fase. La città fortezza si trasforma in città-caserma: la cinta viene destinata al pascolo dei cavalli dell'esercito e gran parte delle caserme sono utilizzate come stalle.
La terza fase inizia in questo secolo con il fiorire delle pubblicazioni in materia urbanistica, e anche all'estero la "stella" di Palmanova costituisce una fondamentale testimonianza dell'urbanistica del Rinascimento.
La quarta fase è iniziata da pochi anni: si ricostruisce il funzionamento del sistema entrando in possesso della chiave di lettura; è l'inizio del processo di valorizzazione di bene storico, che, divenuto intelligibile, diviene fonte documentata di informazione, comunicazione sociale, testimonianza di spessore storico nel campo delle tecniche militari e premessa necessaria per operare gli interventi che possano rendere il bene stesso fruibile per un larga fascia di utenti.
Gli urbanisti che si contesero il riconoscimento della progettazione di Palmanova o, perlomeno, dell'avervi svolto un ruolo determinante sono: il conte Giulio Savorgnan, il conte Marc'Antonio Martinengo, lo Scamozzi, Bonajuto Lorini e Orazio Guberna.
Dopo l'annessione all'Italia viene meno il ruolo militare delle opere di fortificazione, le quali vengono abbandonate al degrado. La città-fortezza diventa semplice quartiere militare, con la creazione, negli spazi demaniali non ancora edificati, di grandi caserme. Questa fase di intervento si protrae fino all'ultima guerra.
Anche l'espressione civile prosegue e il rapporto tra aree demaniali (52%) e aree civili (48%) continua a procedere verso la sdemanializzazione.
L'attuale situazione della città è caratterizzata da tre grandi zone:
a) la zona degli spalti e delle opere fortificate che ha la rilevante estensione di circa centoventiquattro ettari;
b) la zona militare interna, che interessa un'area di circa undici ettari, è posta prevalentemente nel perimetro dello spazio urbano e quindi occlude il rapporto tra città interna e il sistema fortificato.
Negli undici ettari sono inclusi due ettari e mezzo che dovrebbero essere destinati a strade e piazze;
c) la zona civile interna, ove è insediata la comunità di Palmanova, è di circa trentaquattro ettari comprese strade e piazze.
La programmazione per lo sviluppo e lo sfruttamento della città di Palmanova dovrebbe essere potenzialmente rivolta all'attuazione di scelte di priorità per la tutela e la valorizzazione dei beni culturali del Paese, evitando l'abbandono al degrado affrontando, come suggerisce il tema del concorso, il problema del centro storico.

Immagine aerea del centro di Palmanova,
cartolina del 1962.

Avendo a mente la struttura geometrica di Palmanova come logica generale che presiede a tutti gli interventi, militari e civili, che costituiscono la città, si può procedere per diverse vie a delineare un progetto (o più progetti) di *architettura*.
Si può considerare il problema generale di "macchina da guerra" che è Palmanova nei suoi diversi adeguamenti alle tecniche militari (i tre progetti, due veneziani ed uno napoleonico) che toccano solo il profilo planimetrico della città, che modificano gli accessori della campagna lasciando inalterata l'architettura delle porte.
Si può notare anche che, rispetto alla geometria interna, la partizione in nove parti che hanno per centro la piazza, esiste una latente o non espressa funzionalizzazione: le tre strade che dalla piazza conducono alle porte e che indicano anche nel nome i rapporti con il territorio friulano storico (Udine, Cividale, Aquileia) non hanno interruzione. Mentre le altre parti sono tra di loro abbinate rispetto ad una piazza quadrata (le sei piazze di sestiere).
La funzionalizzazione consiste nell'uso civile-abitativo di queste sei parti e nell'uso collettivo delle sei piazze che dovevano definire le "architetture interne" della città.
Ora, queste sei piazze, mai realizzate, architettonicamente mostrano (forse) il prevalere della "macchina da guerra" sulla "macchina civile" e sono il segno di una politica che mirava, nei fatti, a limitare (fino ad escludere) gli usi civili al minimo perché la fortezza esistesse. Non esistono architetture a Palmanova che corrispondano né al tipo "casa" né, tantomeno, al tipo "palazzo". Uno dei sensi più importanti, per "realizzare" il disegno rinascimentale di quasi-omologia tra "civile" e "militare" nell'ideale di città-geometria, è quello di costruire questi luoghi (le sei piazze di sestiere) a partire dalle tracce planimetriche originarie, tracce che oggi esistono solo per due delle sei piazze.
Altri sensi: la figura architettonica della piazza Grande non è compiuta. Forse non è mai stata pensata. Sarebbe interessante, allora, ribaltare il rapporto di prima e dopo dell'architettura rispetto alla geometria dell'impianto e mostrare il senso vero dell'architettura sui luoghi comuni della città (le strade, le piazze) rispetto al tracciamento originario.
Esistono poi, ovviamente, sensi non interni alla città di Palmanova e riferibili all'architettura del Rinascimento che si costituisce come città o come punto o luogo della città.
Certo è che il rapporto tra militare e civile (riproposto a Palmanova in epoca molto tarda) scompare oggi come problema di architettura tecnica e vale, invece, il senso di alcune architetture in un disegno generale.

* Gianugo Polesello, *Piazze di Palmanova*, in *Terza Mostra Internazionale di Architettura. Progetto Venezia*, vol. I, Electa Editrice, Edizioni La Biennale di Venezia, Milano, 1985, pp. 152-155 (un'anticipazione delle idee ispiratrici già nell'opuscolo concorsuale del 1984).

Collana
Ricerche in composizione urbana
Research in Urban Composition

Responsabile
Bruno Messina

Comitato scientifico
Armando Dal Fabbro
Gino Malacarne
Carlo Moccia
Raffaella Neri
Uwe Schröder

ISBN 978-88-6242-361-8

Prima edizione Luglio 2019

© 2019, LetteraVentidue Edizioni
© 2019, Gli autori per i loro testi e le immagini se non diversamente indicato

È vietata la riproduzione, anche parziale, effettuata con qualsiasi mezzo, compresa la fotocopia, anche ad uso interno o didattico. Per la legge italiana la fotocopia è lecita solo per uso personale purché non danneggi l'autore. Quindi ogni fotocopia che eviti l'acquisto di un libro è illecita e minaccia la sopravvivenza di un modo di trasmettere la conoscenza. Chi fotocopia un libro, chi mette a disposizione i mezzi per fotocopiare, chi comunque favorisce questa pratica commette un furto e opera ai danni della cultura.

Le immagini all'interno del testo appartengono ai rispettivi autori. L'autore rimane a disposizione degli aventi diritto con i quali non è stato possibile comunicare.

Rielaborazione apparati grafici: Martina De Bernardinis, Matteo Piacentini
Editing: Martina De Bernardinis
Revisione grafica: LetteraVentidue
Traduzioni: Alex Gillan

LetteraVentidue Edizioni S.r.l.
Via Luigi Spagna, 50 P
96100 Siracusa, Italia

www.letteraventidue.com

Indice

4   **Piazze di Palmanova [1985]**
Gianugo Polesello

11   **Palmanova, una città fuori dal comune**
Presentazione
Alberto Ferlenga

13   **La città perfetta**
Prefazione
Armando Dal Fabbro

17   **Palmanova forma spazio architettura**

23   **Morfologia e storia di una "macchina da guerra"**

37   **Palmanova-Sabbioneta: un confronto ideale**

49   **Palmanova città militare come città civile**
Piazze, strade e geometrie urbane

64   **Progetti per le piazze di sestiere**

81   **La ricerca progettuale: obiettivi e articolazione**

Contributi

135   **Dalla dismissione alla valorizzazione**
La restituzione della forma urbana nella conservazione delle caserme Gamerra e Filzi
Sara Di Resta, Giorgio Danesi

145   **Restauro strutturale della città-fortezza di Palmanova: alcune singolarità**
Paolo Foraboschi

149   **Dall'analisi alla sostenibilità dei progetti**
Un approccio per scenari
Antonella Faggiani

157   **Riferimenti bibliografici**

160   **English texts**

Palmanova, una città fuori dal comune
Presentazione

Alberto Ferlenga

Mentre Gianugo Polesello scriveva il testo introduttivo al concorso per le piazze di Palmanova, uno dei dieci proposti da Aldo Rossi alla cultura architettonica mondiale per la Biennale veneziana del 1986, non poteva immaginare che il "Leone di pietra" che costituiva il premio per i progetti migliori sarebbe stato attribuito all'ancora poco noto architetto ebreo-polacco-americano Daniel Libeskind. Nell'epoca della massima fortuna del disegno di architettura, la proposta di Libeskind era costituita da grandi ruote lignee, modelli sostanzialmente astratti che ebbero la cattiva sorte di incendiarsi poco dopo la fine della Mostra.

Pur evidentemente provocatorie le cervellotiche costruzioni dell'architetto che dirigeva a quel tempo il dipartimento di Architettura dell'Università di Cranbrook ma che si sarebbe velocemente avviato ad una carriera folgorante, esprimevano la doppia natura della città: quella di macchina specificamente dedicata alla guerra e quella di rigorosa espressione geometrica di un pensiero costruttivo. Palmanova è, infatti, entrambe le cose e qualcosa di diverso da un impianto urbano, anche se la sua pianta è stata spesso usata come rappresentazione esemplare della città ideale. In realtà, per scoprirla veramente bisogna volerla conquistare, allora si comprenderanno i suoi baluardi, le sue mura, le sue lunette; oppure bisogna doverla difendere e in questo caso si apprezzeranno le diagonali che permettono di colpire di lato gli assalitori, i ripari forniti da valli e terrapieni, le vie nascoste per le sortite extra-moenia. A chi la volesse, invece, solo osservare da lontano, risulterebbe sfuggente, mimetizzata nelle pieghe della campagna friulana, e se poi si pensasse di viverci senza essere un militare si sperimenterebbero le difficoltà disorientanti di un tracciato fatto per ospitare caserme, caroselli di truppe e per permettere il veloce raggiungimento delle difese murarie. L'opposizione strenua alla geografia e la dotazione di spazi concepiti per masse in movimento accomuna la Palmanova del conte Savorgnan ad altri insediamenti concepiti da menti militari pur non avendo in comune l'uso difensivo: dalla Grammichele del principe Carafa (destinata ai contadini del suo feudo) alla Timgad dei legionari romani d'Africa di stanza a Lambèse. Città prive di mura ma concepite come se dovessero averle e come se la geometria potesse difenderle dal disordine sociale o dalle asperità della natura. Nel volume, poi, un confronto più stretto è stabilito con Sabbioneta, piccola capitale sorta fuori tempo massimo rispetto alle tecniche militari della sua epoca. Vera e propria collezione di "desideri" copiati da Roma o da Mantova, Sabbioneta materializza nel teatro, nel palazzo, nella galleria, nelle piazze le frustrazioni del suo ombroso principe. Le stesse mura sono più una citazione scenografica che una vera e propria opera difensiva. Vespasiano conosceva, in effetti, l'arte che presiedeva alla loro costruzione, avendola praticata in gioventù in terra di Spagna, ma sapeva anche bene quanto poco fosse interessante per occhi stranieri il suo piccolo principato e come in quei luoghi le mura fossero meno utili per scopi difensivi di quanto lo fossero le nebbie che per gran parte dell'anno nascondono la città agli occhi dei suoi stessi abitanti.

A Palmanova, Grammichele, Timgad, e in parte a Sabbioneta, la geometria si impone sulle particolarità di luoghi che vengono forzati nella loro natura originaria più di quanto accada in ogni altra città. È la geometria che dà forma e senso al corpo edificato ed è lei il vero monumento. È ancora la geometria a dettare le regole della vita quotidiana contrastando quelle deformazioni "di comodo" che costituiscono il carattere specifico di quasi tutte le città. Ed è per questo che Palmanova e gli altri insediamenti del suo genere, perfetti come stelle nel loro disegno aereo, lo sono meno nelle possibilità che offrono agli usi comuni degli uomini. Troppo grandi gli spazi pubblici principali, concepiti come piazze d'armi, troppo simili tra loro quelli secondari, e poi sostanzialmente monotoni gli edifici in mancanza di quelle articolazioni sociali (solo contadini, solo soldati) che rendono diverse vie e piazze pur dentro organismi unitari. Palmanova, come viene rilevato in questo libro, è un non-finito, dal punto di vista urbano, privo di monumenti rilevanti, dotato di un unico tratto evidente, quello del suo recinto murario, con la sua storia bloccata da una forma troppo perfetta per essere modificata nel tempo e con edifici sempre a rischio di passare dalla fondazione all'abbandono per mancanza di usi alternativi a quelli militari.

Il testo di Riccarda Cantarelli ben ricostruisce la vicenda ideativa della macchina da guerra, le ragioni del tracciato geometrico, la storia della costruzione. Il tutto viene ampiamente inquadrato storicamente, ma quel che più conta è che il punto di vista adottato è quello di un architetto. Ciò gli attribuisce un valore particolare in tempi come questi in cui le poche ricerche che riguardano città vedono il prevalere del punto di vista storico. La stessa struttura del volume descrive i passi di una azione progettuale applicata ad un luogo complesso e che rende necessarie competenze diversificate coordinate da un'unica regia.

Per descrivere Palmanova si entra dentro la logica di masse e allineamenti, dentro la natura di spazi e fabbriche, nelle ragioni costruttive di una grande macchina concepita per mire e gittate, fatta per riversare attorno a sé sciabolate di sguardi verso un territorio da cui il nemico potrebbe sempre giungere. L'approccio progettuale mette in evidenza anche ciò che lo studio storico da solo non può restituire come il rapporto tra architettura e spazio pubblico e giunge a concepire, attraverso attività didattiche e di ricerca, un completamento possibile e contemporaneo della vicenda urbana. Tutto ciò a partire dallo stato presente e sapendo bene che la Palmanova futura dovrà essere conservata senza diventare museo e completata senza essere stravolta: soprattutto dovrà mantenere vivi il suo disegno e la sua natura immaginando un'evoluzione compatibile con la sua forma e il suo passato di città fuori dal comune.

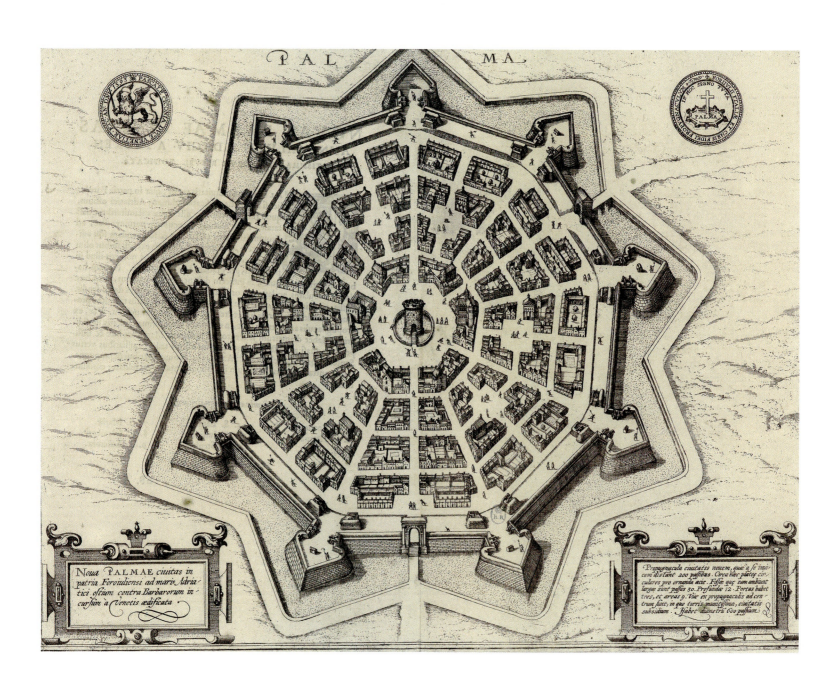

Georg Bruin Von Braun, *Nova Palmae civitas in patria Foroiuliensi ad mari Adriatici ostium contra Barbarorum incursum à Venetis aedificata*, 1593, Bibliothèque nationale de France, Parigi.

La città perfetta
Prefazione

Armando Dal Fabbro

Le mura urbane sono un esempio del modo di ricondurre l'insieme dei manufatti al manufatto: la città diventa, prima di tutto, le sue mura; la forma della città diventa la forma delle mura della città.

Giuseppe Samonà, Gianugo Polesello, *Piano territoriale di coordinamento della regione veneta*, 1968 (dattiloscritto).

Il lavoro che qui si presenta indaga il tema della città-fortezza di Palmanova dal punto di vista del disegno e dell'architettura dello spazio urbano, interpretando e mettendo a confronto la città e le sue parti interne con gli elementi costitutivi della forma stessa (la sua singolare geometria urbana) e con il valore e il significato della sua architettura più rappresentativa (gli edifici militari e le porte della città). Infatti, come del resto ha affermato Polesello, è la percezione da terra di Palmanova che «immiserisce l'immagine articolata e complessa della composizione stellare così come può essere letta nelle foto aeree o nelle piante della città»[1].

A partire da questi presupposti, la ricerca ha riguardato l'esplorazione della forma urbana di Palmanova, la sua riconosciuta identità di città stellata, in particolare lo studio della città fortificata di origine rinascimentale, attraverso la condizione contemporanea di una città, che sostanzialmente ha perduto nel tempo il suo scopo d'origine e la sua funzione di piazzaforte e si trova a confrontarsi con una realtà per certi aspetti contraddittoria e ancor oggi sospesa tra il ricordo della città-fortezza come città ideale e la città civile di oggi commisurata alla sua reale consistenza edilizia.

La questione dell'identità urbana, assume, in questo particolare caso, differenti aspetti. Essa va intesa come valore fondamentale su cui costruire ogni possibile intervento della città e delle sue parti attraverso una strategia coordinata che prenda in considerazione lo spazio urbano tutto, interno-esterno, la forma della città e delle sue parti costitutive (borghi e contrade, piazze e strade), e l'architettura più rappresentativa della città (gli acquartieramenti militari lungo la via delle Milizie).

Tale identità si fonda sullo sviluppo di due differenti omologie. La prima, l'omologia città-fortezza, deve essere oggi ripensata formalmente e funzionalmente. La seconda, l'omologia tra il presente e le diverse dimensioni temporali nelle quali la costruzione della città si è attuata, di cui la principale, quella d'origine rinascimentale (veneziana), costituisce una straordinaria opportunità di studio e di ricerca progettuale.

Lo studio della forma urbana è occasione per valutare la questione della sua permanenza e quella della necessaria variazione nel rapporto con il territorio, che da "macchina" di controllo può divenire rete di rapporti di rivitalizzazione per la città e il territorio. Lo studio dello spazio, ovvero la questione della costruzione dello spazio pubblico contemporaneo, applicato al tema delle sei piazze residenziali (le sei piazze di sestiere) come contrappunto, variazione e completamento degli spazi della macchina fortificata, potrà utilmente esplorare la relazione reale e virtuale tra la città contemporanea e la città rinascimentale, tra realtà e utopia urbana. Infine lo studio dell'architettura, applicato al tema delle caserme da ricollocare funzionalmente nel tessuto urbano della città, costituisce un'occasione di esplorazione delle potenzialità dell'analogia tra le forme dell'architettura presente e quelle del passato.

L'obiettivo fondamentale del programma di ricerca è stato l'elaborazione di uno studio progettuale su diversi livelli di approfondimento, in grado di costituire la base per ulteriori nuclei tematici di perfezionamento e attuazione costruttiva.

Tale obiettivo generale si compone di obiettivi particolari legati all'articolazione tematica della ricerca. Per quanto riguarda la questione della forma, intesa fondamentalmente quale forma della città, l'obiettivo è stato quello di costituire un quadro generale, attraverso tavole di sintesi che hanno consentito di evidenziare il ruolo, che ha avuto Palmanova, nel complesso delle città fortificate del Rinascimento. Il tema, per esempio, delle città di fondazione potrebbe essere pretesto per considerare l'opportunità di pensare a un polo museale della città, inteso come osservatorio delle città ideali, che si potrebbe localizzare in una delle caserme oggetto di dismissione.

Tale lavoro sulla forma sarebbe necessariamente connesso ad un'analisi dell'evoluzione territoriale che delinei il ruolo di "Palma" nel quadro del sistema difensivo delle città venete e in qualche modo prepari la costituzione di un osservatorio per la valorizzazione territoriale legato ai temi delle città di fondazione.

Emerge l'ipotesi di una università interateneo, una scuola di architettura del Nord-Est, che possa trovare in Palmanova un punto di intersezione tra Venezia, che mantiene ancora alto il proprio storico prestigio e gli atenei di Trieste e Udine, frutto di germinazioni veneziane e che ad oggi possono costituire insieme punto di connessione culturale, di residenza per gli studenti, luogo protetto e speciale per la ricerca e la sperimentazione progettuale.

In questa direzione si potrebbe ipotizzare la localizzazione a Palmanova di un centro o agenzia interateneo o di un'agenzia interregionale che si occupi del territorio che storicamente apparteneva alla Repubblica Veneta e che risulta oggi uno dei più colpiti dal processo di deindustrializzazione e di depauperamento territoriale. Si potrebbe poi avviare un riesame che possa favorire la riconnessione delle aree perdute nel quadro di una pianificazione a carattere figurativo attuata con strumenti che interpretino e valorizzino i caratteri storici originari.

In sequenza il lavoro sullo spazio urbano avrebbe l'obiettivo di costruire uno studio sulle relazioni tra lo spazio della città contemporanea e quello della città rinascimentale, tra le forme e i significati, tra le prassi e le idee. Questo studio sarebbe di natura operativa e si applicherebbe in primo luogo allo spazio delle "sei piazze mai realizzate architettonicamente"[2], con l'obiettivo di elaborare piani-progetto per il loro completamento e la loro trasformazione in vista dell'assunzione di un nuovo ruolo nella Palmanova di oggi.

Infine la ricerca ha trattato direttamente il tema del riuso e del recupero architettonico perseguendo l'obiettivo di redigere dei progetti strategici per le tre principali caserme oggetto di trasformazione: la caserma napoleonica Montezemolo, innanzitutto, vista come unità generatrice (ideale) della forma urbana a ridosso di porta Aquileia, la caserma Ederle posta sulla giacitura mai realizzata di una delle sei piazze di sestiere e la caserma Piave, la più rappresentativa dell'impianto di acquartieramento militare di origine cinquecentesca. I progetti delle tre caserme fornirebbero l'occasione per uno studio progettuale analogico sulle fabbriche del Rinascimento, caserme e palazzi, ma anche sulle piazze e la via delle Milizie che consentirebbero di esaminare la costruzione degli elementi urbani come strettamente connessa con il carattere della città-militare e civile ed il suo disegno radiocentrico.
Il programma complessivo ha inteso produrre un lavoro progettuale unitario, articolato nei suoi elementi costitutivi corrispondenti ai temi della ricerca nei contenuti di forma, spazio e architettura.
In particolare, per quanto riguarda la prima questione, relativa all'indagine sulla forma urbana, si possono seguire due linee fondamentali di ricerca: da una parte un'elaborazione grafica analitica riferita al tema della città fortificata di origine rinascimentale, dall'altra un'analisi ricostruttiva del ruolo di Palmanova nel territorio della Repubblica Veneta volta ad esaminare in primo luogo relazioni e percorsi per individuare linee guida che possano servire a indicare e consolidare un ruolo attuale per la città, quale meta di un turismo colto, ma anche nuovamente come centro di connessione territoriale non più militare, volto alla ricerca scientifica, agli studi urbani e alla storia della città.
Riguardo allo studio dello spazio urbano si è proceduto all'acquisizione dei materiali relativi alle piazze oggetto dell'intervento, nelle forme dei diversi rilievi, fotografico, geometrico, fisico-funzionale. I rilievi sono stati utilizzati per avviare un confronto dialettico con altri spazi analoghi della città rinascimentale. Di seguito si è proceduto alla redazione di un piano-programma di ricollocamento delle piazze di sestiere, che non potranno necessariamente prescindere da una precisa indicazione funzionale in grado di costruire uno sfondo attendibile per futuri interventi di riqualificazione formale e funzionale.
A questo proposito si è ipotizzato di riprendere il concetto delle piazze – e non solo delle piazze di sestiere – come "architetture interne della città" ad uso civile con il compito di riconfigurarsi nei rapporti con il tessuto urbano dei quartieri residenziali e delle preesistenze militari, e di riqualificarsi formalmente e funzionalmente agli usi civili. L'esito più interessante si è avuto con l'aver reso possibile nuove relazioni fra le diverse piazze (mi riferisco in particolare alle piazze di sestiere e alle piazze di baluardo in prossimità delle caserme napoleoniche Gamerra e Filzi) a partire dalla riqualificazione di porzioni della via delle Milizie, dalla sua pedonalizzazione, connessa con i sistemi stradali di penetrazione verso la piazza centrale.
Infine, per quanto concerne lo studio dell'architettura delle fabbriche urbane, ci si è indirizzati sull'esame progettuale delle tre caserme Montezemolo, Ederle e Piave e sul ruolo urbano rinnovato che tali complessi possono assumere in futuro. Acquisiti i rilievi e perfezionati attraverso un lavoro congiunto con il laboratorio fotogrammetrico Iuav già attivo a Palmanova, si è proceduto alla redazione di un programma funzionale, parallelamente al quale si sono introdotte analogie con le fabbriche rinascimentali delle caserme e dei palazzi. Il procedimento analogico utilizzato criticamente per procedere a definire le parti di completamento e integrazione necessarie all'espletamento delle nuove funzioni è stato scelto in base a criteri di compatibilità insediativa, nel rispetto di un corretto rapporto tra antico e nuovo che contempli insieme il valore della conservazione dell'esistente (del principio geometrico-insediativo a cortina edilizia) e le potenzialità di una trasformazione coerente con la storia e la sostanza dell'architettura della città.
«Ancora oggi la pianta di Palmanova si impone come segno artificiale compiuto»[3]: non sarà comunque questo disegno assoluto delle mura, di cui parla Polesello, dalla geometria soverchiante – una struttura fisica che non è mai riuscita a costruire dialettica

urbana con il territorio[4] – a celare il legame della città fortezza con Venezia. "Palma" è lo specchio di una Venezia idealizzata nella sua perfezione geometrica; a questo proposito Antonio Manno così scrive: «Nel primitivo disegno per Palma sembrano affiorare i segni di un tacito progetto. Nella *forma urbis* dell'ideale città-fortezza doveva trasparire l'*imago* di una Venezia geometricamente ordinata. In Friuli, nel territorio di Aquileia, laddove predicò San Marco, doveva sorgere una città, specchio di bellezza e di ordine, in omaggio alle origini apostoliche della Repubblica Veneta»[5].

Possiamo affermare, come per Venezia così per Palmanova, che l'attualità della città sta nella sua totale inattualità. Non potendo tradire questo segno territoriale, questa figura limite, che ha mantenuto e condizionato nel tempo l'incomunicabilità urbana tra interno ed esterno, nonostante il sistema difensivo della terza cerchia di bastioni napoleonici si mimetizzasse con la campagna tutta, si è cercato di avviare un progetto a partire dal riconsiderare le mura come luogo urbano, centro di una nuova configurazione polare della città stellare. La via delle Milizie, le nove piazze di baluardo, il sistema delle caserme veneziane e napoleoniche, le tre porte monumentali della città fortezza giù fino alle piazze di sestiere hanno costituito gli elementi primari su cui costruire le strategie di progetto e di rinascita agli usi civili e moderni del sistema difensivo complessivo.

Un progetto, come si è detto, di ampio spettro, multiscalare e multidisciplinare che si è posto come obiettivo di verificare l'usabilità dei segni della storia e dell'ingegneria militare, e come questi elementi fisici che ne hanno determinato la costruzione della città, mantenendo inalterato il loro valore figurativo e le loro qualità spaziali, abbiano condizionato in modo significativo le scelte architettoniche della progettazione complessiva.

Note

1. Polesello Gianugo, *Piazze di Palmanova*, in *Terza Mostra Internazionale di Architettura. Progetto Venezia*, vol. I, Electa Editrice, Edizioni La Biennale di Venezia, Milano, 1985, p. 154.
2. Ivi, p. 155.
3. Ivi, p. 154.
4. Rossi Aldo, *I caratteri urbani delle città venete*, in Aymonino Carlo, Brusatin Manlio, Fabbri Gianni, Lena Mauro, Lovero Pasquale, Lucianetti Sergio, Rossi Aldo, *La Città di Padova. Saggio di analisi urbana*, Officina Edizioni, Roma, 1970, p. 401.
5. Manno Antonio, *Utopia e politica nell'ideazione e costruzione di Palmanova*, in Ghironi Silvano, Manno Antonio, *Palmanova. Storia, progetti e cartografia urbana (1593-1866)*, Giampaolo Buzzanca-Stampe antiche, Padova, 1993, p. 29.

Palmanova
forma spazio architettura

Porta Udine e l'antico acquedotto.

Palmanova forma spazio architettura
Nuove linee di ricerca

Questa ricerca progettuale sulla città di Palmanova ha avuto come tema un'indagine sulla città fortezza di Palmanova riferita alla sua forma, al suo spazio e alla sua architettura. Un lavoro alle diverse scale sull'architettura della forma urbana e insieme sull'architettura delle sue fabbriche. Essa muove dalla concreta necessità di sistematizzare le proposte di utilizzo del suo patrimonio immobiliare pubblico derivante dalle dismissioni in atto degli edifici militari e allo stesso tempo approfondisce le ipotesi teorico-progettuali avanzate da Gianugo Polesello per la Biennale *Progetto Venezia* del 1985.

L'abbandono degli edifici militari, già iniziato a partire dagli anni Settanta, ha, infatti, privato progressivamente la città della sua prima ragion d'essere e l'ha riconsegnata drammaticamente a una realtà di futuro precario e di incertezza sul piano sociale, economico e della qualità dei suoi edifici più rappresentativi.

I vincoli determinati dal disegno di fondazione della città impongono un diverso approccio metodologico di relazione fra la città-fortezza – intesa nella sua compiutezza formale, condizionata da una cinta muraria che si è sostanzialmente cristallizzata nel tempo – e il suo territorio, all'opposto sempre più subordinato dalle trasformazioni di carattere infrastrutturale, produttivo e residenziale. In altre parole, al forte segno paesaggistico d'impianto militare, non ha corrisposto un adeguato sviluppo figurativo, nel passaggio alla post-modernità, del suo territorio e un adeguato progetto culturale, di iniziativa a scala regionale, che potesse arginare il continuo depauperamento della qualità degli ambiti circostanti e dei contesti storici adiacenti.

Da questi presupposti, si è voluto quindi provare ad affrontare diversi temi progettuali inerenti al superamento del semplice progetto di conservazione o di restauro, investendo questioni di ruolo della città nel contesto territoriale, di rigenerazione urbana e architettonica delle fabbriche, dei sestieri e delle piazze, e a partire dalle istanze di cui si è detto sopra, ci si è interrogati sul carattere degli edifici militari, sulla storia dei luoghi e sul rapporto tra l'architettura delle città ideali e il progetto contemporaneo.

Una realtà, quella di Palmanova, che vede l'infrastruttura territoriale e il progetto urbano coincidere e consolidarsi nel disegno di fondazione della città, caratterizzato da un impianto ennagonale con un sistema bastionato a tre cinte, cui corrisponde, al suo interno, la struttura urbana con la separazione circolare tra sistema militare e i sestieri insediativi: le sei piazze di sestiere, le nove piazze di baluardo e l'immensa piazza d'armi esagonale centrale. Lo straordinario impianto della città militare può divenire motore della metamorfosi urbana e territoriale a partire da un'idea di ricostruzione che fondi insieme conservazione, valorizzazione dell'esistente e progetto, per un diverso ruolo della città e della sua architettura.

Il programma di ricerca *Palmanova forma spazio architettura,* da cui nasce questo libro, ha operato nel quadro del protocollo d'intesa tra Agenzia del Demanio, MiBAC e Iuav per l'avvio di un progetto pilota per lo studio e la valorizzazione del patrimonio immobiliare della Regione Friuli Venezia Giulia (2016). Si è inoltre stipulata una specifica *Convenzione tra Agenzia del Demanio e Università Iuav recante criteri e modalità per l'erogazione del cofinanziamento di un progetto di ricerca denominato "Palmanova forma spazio architettura"* (2016) che nel concreto ha affrontato lo studio dell'architettura delle fabbriche urbane e, nello specifico, l'esame progettuale delle tre caserme Montezemolo, Ederle e Piave e del ruolo rinnovato che tali complessi possono assumere nei confronti della città, rispetto a scenari futuri di recupero fisico-funzionale.

Il lavoro è continuato successivamente approfondendo ed esplorando questioni più legate al progetto urbano e alla sua applicazione in alcune parti della città. Nello specifico ci si è concentrati su un'ipotesi di ridisegno delle sei piazze di sestiere. Il lavoro che illustriamo in questa sede è caratterizzato quindi da una forte interconnessione tra teoria e prassi, e taluni aspetti della sperimentazione progettuale sono confluiti in uno studio specifico di fattibilità per l'Agenzia del Demanio[1].

Entrando più dettagliatamente nei temi che hanno costituito specifici ambiti di lavoro, si è considerato lo studio della forma urbana di Palmanova in merito alla costruzione delle città-fortezza del periodo rinascimentale innescando un confronto aperto e proficuo con l'architettura e l'arte di costruire le città di fondazione, nella storia e nell'attualità. La ricerca si è arricchita ulteriormente, attraverso il confronto interdisciplinare con specialisti di diverse discipline (docenti di restauro, storici, economisti, strutturisti) sui temi della conservazione e del recupero urbano, i cui risultati sono stati presentati a seminari e convegni internazionali. Infine, la sperimentazione progettuale si è approfondita con esiti interessanti all'interno dei laboratori didattici e del Laboratorio di laurea dell'Università Iuav di Venezia.

Il lavoro ha riguardato l'esplorazione della forma urbana di Palmanova, lo studio della città fortificata di origine rinascimentale, per confrontare ambiguità e connessioni tra città fortezza e città ideale e di conseguenza il ruolo storico che ha assunto nel territorio della Repubblica Veneta. Il lavoro ha voluto, altresì, esaminare relazioni e processi territoriali con l'intento d'individuare tracce di un percorso storico utili a indicare e consolidare un ruolo attivo per la città, indagando possibili requisiti funzionali da valorizzare o introdurre *ex novo* (si pensi per esempio alle potenzialità di Palmanova quale meta per un turismo colto e diversificato, oppure come centro interuniversitario territoriale, ovvero luogo deputato al controllo non più militare, ma destinato all'osservazione dei caratteri del territorio e alla sua pianificazione).

L'indagine attenta delle architetture della città, la comprensione del significato dei singoli luoghi che ne identificano il carattere della "macchina da guerra" (le piazze, la via delle milizie e i baluardi), così pure l'ambiguità tra città militare e città ideale e tra città militare e città civile hanno costituito il *fil rouge* per la comprensione e la progettazione degli specifici fatti urbani che ancora presiedono al progetto contemporaneo sulla città.

La ricerca è stata affrontata a partire da una base consolidata dal punto di vista storico e delle dinamiche in atto, ma è in qualche misura innovativa anche nel campo della ricerca architettonica. I progetti esplorano una casistica di possibilità di intervento molto ampia, con l'intento di privilegiare un forte pragmatismo e l'apporto di possibili iniziative private da affiancare all'intervento pubblico.

Si è esplorata in primo luogo la questione morfologica, a partire dalla fondazione e in stretta relazione con la storia, nelle sue particolarità sincroniche e nella sua diacronia, in cui appare quella dinamica della permanenza che è la qualità più straordinaria della sua identità.

Di seguito si è proposto un confronto diretto con la Sabbioneta di Vespasiano Gonzaga che ha evidenziato i tratti paralleli della componente urbana di fondazione e le differenze tra il permanere dell'astrazione geometrica di "Palma" e la precisa attuazione dell'articolazione civile all'interno della fondazione mantovana.

Si è quindi verificata proprio la relazione di compresenza dei due caratteri militare e civile come fondamenti della composizione urbana, sullo sfondo dell'identità ideale propria di Palmanova.

Allo svolgimento del tema delle sei piazze di sestiere, inteso come strategia fondamentale per il necessario consolidamento della forma urbana, ha fatto seguito un esame approfondito dei possibili obiettivi della rigenerazione urbana proprio a partire dalle consistenti dismissioni di aree e fabbricati militari e delle strategie territoriali in atto e di quelle possibili. Si sono quindi enunciati i temi progettuali sottoposti a verifica, sia dal punto di vista compositivo, sia da quello della possibile effettiva realizzazione.

In questa direzione *Palmanova forma spazio architettura* è stato anche il tema progettuale svolto nel Laboratorio di progettazione architettonica 3 e nel Laboratorio di laurea del corso di laurea Magistrale Architettura per il Nuovo e l'Antico dello Iuav (anni accademici 2016-17, 2017-18) a cui l'autrice ha partecipato direttamente e come correlatrice di tesi di laurea.

I progetti sono stati verificati anche attraverso una lettura critico-economica messa in campo dal modulo didattico di Valutazione economica del progetto, in cui sono stati analizzati e verificati opportunità e vincoli in funzione della sostenibilità economico-finanziaria degli interventi in vista della possibile redazione di un piano di fattibilità.

A partire dall'analisi urbana, dalla consistenza delle architetture militari e dalle reali prospezioni economiche, si è inteso procedere con un'ipotesi di lavoro che coinvolgesse più discipline e differenti proposte progettuali aperte a più soluzioni funzionali. Ciò ha prodotto un'esperienza particolarmente significativa nel mostrare con i risultati progettuali un possibile e reale recupero di Palmanova nell'ambito dell'attualità del progetto contemporaneo sempre più rivolto al recupero, alla valorizzazione e alla riconversione funzionale delle strutture esistenti, siano esse militari o civili, a scala urbana o territoriale.

Lo studio dell'origine di "Palma" e del passato militare-difensivo della città, che ne ha costantemente condizionato la forma, lo spazio e l'architettura, ha permesso di reinterpretare i caratteri dell'architettura svelandone una nuova-antica figuratività nella prospettiva di un possibile equilibrio tra conservazione, trasformazione e rinascita della città.

Nota

1. Per il resoconto degli studi di fattibilità inerenti le caserme Montezemolo, Piave, Ederle cfr. CANTARELLI Riccarda, *Ricerche e studi di fattibilità*, in CANTARELLI Riccarda, *Palmanova forma spazio architettura*, Assegno di ricerca annuale 2016-2017, Rapporto di ricerca, Università Iuav di Venezia, Venezia, 2018, pp. 67-126.

Il Duomo secentesco su piazza Grande
attribuito a Vincenzo Scamozzi.

Morfologia e storia di una "macchina da guerra"

Veduta di Palmanova da sud-est.
In basso da sinistra lungo via delle Milizie,
l'ex caserma Montezemolo con il sistema lineare
dei magazzini. Al centro, la piazza di baluardo
e l'ex caserma Gamerra addossata alle mura.
A destra, i due edifici in linea della Piave.

Palmanova, città-fortezza della Repubblica Veneta, è oggi sito transnazionale UNESCO nel quadro delle *Opere di difesa veneziane tra il XVI e il XVII secolo: Stato da Terra - Stato da Mar occidentale* insieme a Bergamo, Peschiera del Garda, Zara, Sebenico e Cattaro[1].

Questa costruzione fortificata rappresenta una testimonianza singolare dell'urbanistica del Rinascimento e, con i suoi assi viari radiocentrici, segna in qualche misura un punto estremo e quasi un vertice della parabola delle città militari di nuova fondazione. Per molti versi la sua concezione elabora l'idea della città ideale, secondo i dettami originari rinascimentali, ma è il suo carattere militare che ne costituisce l'impronta urbanistica e identitaria sin dalle origini[2]. La sua accertata finalità difensiva non esclude, però, un insieme di elementi che non possono essere classificati soltanto come militari e che contengono nell'incompiutezza (e oggi anche nell'abbandono) anche il virtuale e il possibile. Si affrontano qui in architettura diversi temi che superano la questione della semplice conservazione e investono il ruolo stesso della città, della sua rigenerazione e delle forme della sua architettura nel presente e attraverso il tempo.

Il carattere fondamentale della città di Palmanova viene di consueto ricondotto a quello di una macchina da guerra dotata della forma straordinaria di un poligono di nove lati: l'ennagono.

L'ipotesi della città ideale rinascimentale, al limitare del secolo XVI, si precisa, tra l'altro, nelle costruzioni geometriche stellari del trattato di Pietro Cataneo, stampato proprio a Venezia nel 1567. Palmanova è la materializzazione di quelle idee e teorie di città ideale militare, un assoluto formale che risponde alla funzionalità estrema del conflitto.

Di Palmanova, in quanto prodotto di un ricco dibattito, risulta difficile accertare una singola paternità; tuttavia alla fondazione e all'origine stessa dell'idea della grande opera presiede la figura straordinaria di Giulio Savorgnan (1510-1595)[3], ingegnere militare, generale di artiglieria e Soprintendente generale delle fortezze della Serenissima, sostenitore della necessità della costruzione già a partire dagli anni cinquanta del '500 e soprattutto autore del disegno originario approvato dal Senato nell'ottobre del 1593. Nell'anno seguente Savorgnan completa le sue *Venticinque regole per la fortificazione* che costituisce, a distanza di trent'anni dalla costruzione di Nicosia, una sintesi del suo lavoro e quasi una memoria per la costruzione di Palmanova. La realizzazione viene affidata inizialmente a Marcantonio Martinengo di Villachiara (1545-?), responsabile della scelta e del tracciamento del sito – di cui rivendica la paternità anche Vincenzo Scamozzi – su cui si edifica Palmanova, un luogo pianeggiante con caratteristiche idrogeologiche ideali per una cittadella fortificata. Nella prima fase di edificazione sorge una disputa tra il progettista e ispiratore Savorgnan e il direttore del cantiere, Villachiara, sulle modalità di costruzione, in ragione delle modifiche apportate allo schema progettuale originario per adattarlo al terreno scelto. Questo causa una temporanea sospensione dei lavori in attesa di una soluzione dei contrasti che si ha con l'approvazione del progetto definitivo nel settembre del 1594 da parte del Senato che accoglie le osservazioni di Savorgnan, come sintesi tra le ragioni strategiche dell'arte della guerra e le ragioni più pratiche legate alla realizzazione di un'opera complessa. Tra le opere iniziali vi sono quelle idrauliche dello scavo dei pozzi pensati per la sopravvivenza nel

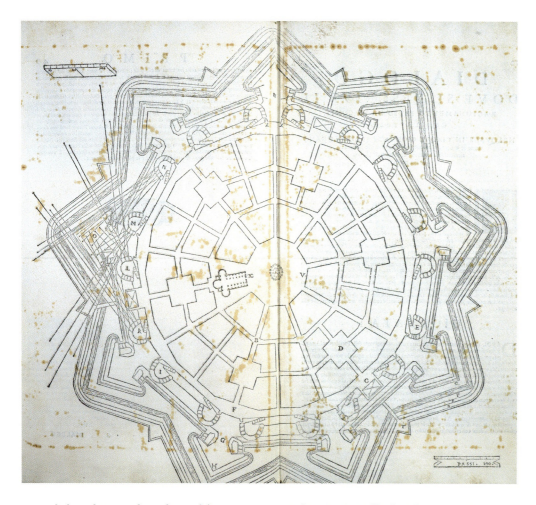

caso di lunghi assedi e che nel '700 verranno sfruttati a fini difensivi attraverso sistemi complessi di condotte e chiuse[4].

Il dibattito iniziale sulla costruzione ha dunque un carattere spiccatamente militare, quale questione di forma complessiva dell'assetto difensivo e di tracciamento, ma la realizzazione, che dal 1600 è diretta da Bonaiuto Lorini (1543-1626), si confronta immediatamente con il problema della geometria dei lotti interni, che conferisce all'opera un carattere civile. Così le maglie viarie di "Palma" non sono ortogonali e astratte, ma radiocentriche e concrete a partire dai lati della grande piazza centrale. Gli assi principali conducono direttamente alle tre porte urbane, diversamente da quanto pubblicato in precedenza proprio dal Lorini in uno schema del suo *Delle fortificazioni* (1597), dove ogni bastione è servito da strade che partono invece dagli angoli della piazza centrale a nove lati. Il trattato del Lorini[5], articolato in cinque libri, è pubblicato a Venezia nel 1597 e ristampato nel 1609, come ricordato da Luigi Firpo nel suo saggio introduttivo al volume *La città ideale nel Rinascimento*:

«Nel trattato *Delle fortificazioni* di Buonaiuto Lorini, egli [...] vieta "che le strade, che si riferiscono alle porte, vadino rettamente a essa piazza, che saria errore non piccolo, perché non è bene per molte cause che, subito entrato dentro la porta, si venga a scoprire *immediate* le parti principali della fortezza o città e per così breve e retta strada poterci correre senza alcuno impedimento": si vuole, insomma, evitare che un nemico penetrato attraverso le difese esterne possa raggiungere agevolmente la sede centrale dei comandi. Strade rettilinee dovranno invece congiungere i singoli baluardi col centro, "dove si dovrà far un portico over loggia con qualche notabil fabbrica, sì che, standoci sotto li signori capi, possino in ogni occorrenza vedere tutti essi baluardi e, dove occorresse il disordine, rimediare"»[6]. Rispetto a questa descrizione Palmanova presenta dunque questa differenza fondamentale, ovvero le strade che conducono dalle porte direttamente alla piazza centrale, una soluzione alternativa rispetto ai dettami della strategia militare, di relativa indipendenza della vita interna della città.

Buonaiuto Lorini, senza titolo, in Buonaiuto Lorini, *Delle Fortificazioni*, Venezia, Giovanni Antonio Rampazetto, 1597, pp. 50-51, Biblioteca Nazionale Marciana, Venezia.

Nella pagina a fianco:
Dionisio Boldù, senza titolo, in *Raccolta di carte geografiche e topografiche, piante di città, disegni vari, riguardanti la Terraferma Veneta*, tav. 8, 1593, Biblioteca Nazionale Marciana, Venezia.

Nella pagina successiva:
Faustino Moisesso, *Descritione di quella parte della Provincia del Friuli & de Paesi circonvicini Dove' si Guerreggiò dall' anno MDCXV fino all'anno MDCXVII*, 1623, Bibliothèque nationale de France, Parigi.

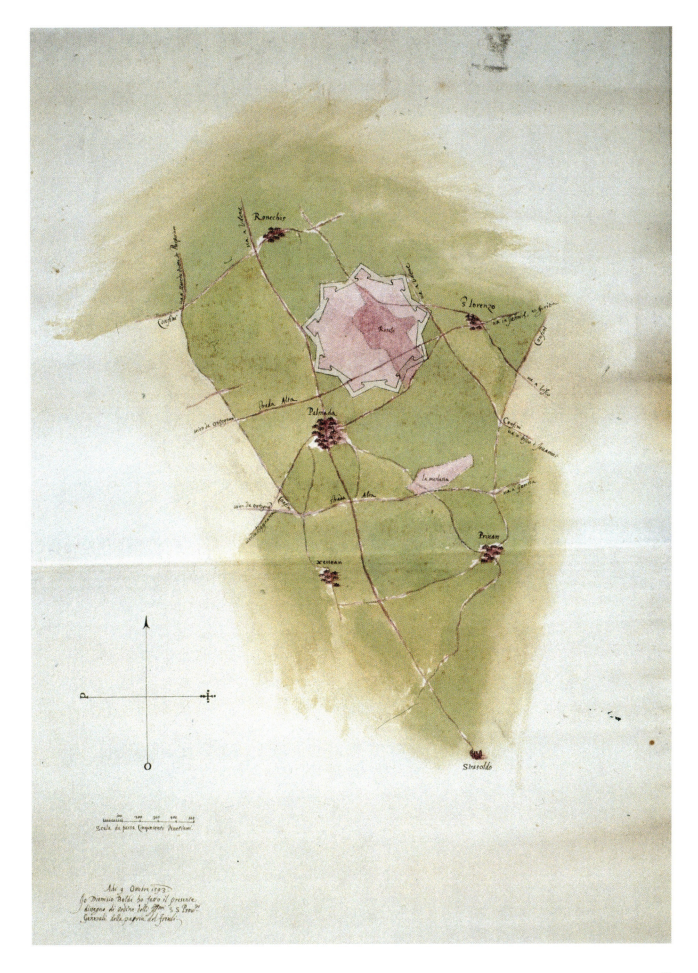

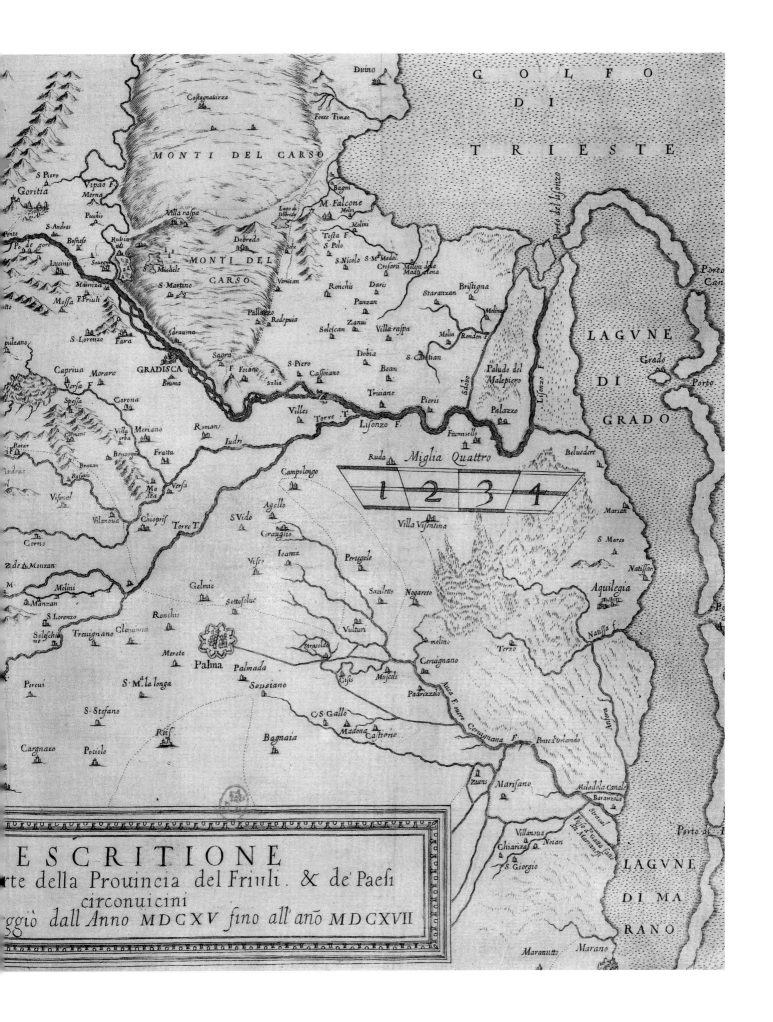

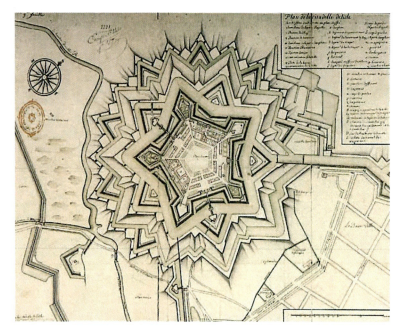
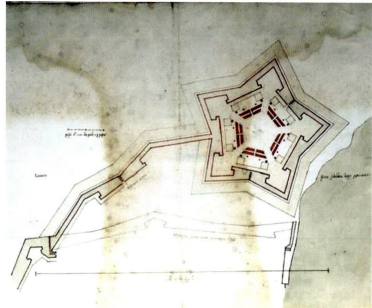

L'influenza di Palmanova come fortezza e realizzazione strategica sembra toccare la stessa opera – centrale nell'ingegneria militare settecentesca – dell'ufficiale del Genio e maresciallo di Francia Sébastien Le Prestre de Vauban (1633-1707) che elabora la sua teoria delle fortificazioni a partire da un ventaglio di precedenti esperienze veneziane e centro europee.

La morfologia di Palma, le esperienze dei sistemi difensivi veneziani e italiani, le elaborazioni dei trattatisti italiani e francesi sono verosimilmente alla base del suoi "tre sistemi" fortificatori[7]. Si prenda ad esempio, oltre a Neuf-Brisach (1698-1706), la precedente costruzione della cittadella di Lille, prima opera progettata da Vauban nel 1668 per difendere e controllare la grande città del Nord (ispirata a quella di Anversa del 1560 degli architetti Francesco Paciotto e Galasso Alghisi che esportarono la fortificazione "alla moderna" nel Nord Europa), dove sono evidenti la forma conchiusa palmanoviana e il dettaglio tecnico dell'addizione dei rivellini veneziani (seconda cinta di Palmanova, 1667-1690).

L'ombra di Vauban si ravvisa a Palmanova, come in un moto circolare di idee, quando la città, dopo un breve periodo in mano agli austriaci, passa nel 1797 ai francesi di Bonaparte che si stabiliscono a "Palma" e decidono di trasformarla in una piazzaforte di deposito. Intervento che «è sintomatico del grande valore strategico attribuito a Palmanova [e che da luogo] alla costruzione di nuove opere avanzate, in asse con i bastioni, delle lunette con caponiere e collegamenti sotterranei, nel rispetto e nella tradizione avviata dal Vauban»[8].

Viene incaricato di coordinare le operazioni di riorganizzazione, riadattamento e risanamento, il generale Chasseloup (1754-1833) anche se i lavori veri e propri inizieranno solo nel 1805, dopo gli accordi con l'Austria e la pace di Presburgo: «nel 1805 comparve il trattato del generale François de Chasseloup-Laubat, un uomo che aveva una lunga esperienza di assedi e che aveva lavorato [...] alle fortificazioni di Alessandria, in Piemonte, una delle più poderose fortezze europee»[9]. Le sue idee unite ai lavori di Guillaume Henri Doufour, le rielaborazione di Louis de Cormontaigne e di Marc-René de Montalembert, «diedero vita al cosiddetto "sistema di Mézières", che prendeva nome dal centro in cui fu elaborato, la Scuola del Genio francese di Mézières»[10]. Riconoscendo nella città di Palmanova un potenziale sia difensivo che offensivo vengono eseguite delle migliorie in entrambe queste direzioni. Ma, contrariamente al progetto di Chasseloup che prevede la concentrazione della difesa su tre fronti per evitare di lasciare la piazzaforte scoperta su tutti i nove lati, Napoleone, in collaborazione con il generale François Joseph d'Estienne de Chaussegros de Léry (1754-1824), prefigura un nuovo perimetro fortificato (chiamato in seguito le *Enceinte*

Sébastien Le Prestre de Vauban, *Plan De La Citadelle De Lille*. I lavori della cittadella iniziarono nel 1672 e terminarono l'anno seguente.

Francesco Paciotto e Galasso Alghisi, *la Cittadella di Anversa*, 1560.

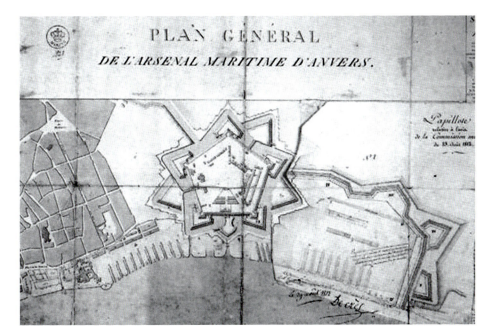

Napoléon) e delle lunette sul prolungamento delle capitali dei bastioni[11]. Come dimostrano le planimetrie generali del 1806, Chasseloup ipotizza la costruzione di tre semicorone esterne alla fortezza, su modello di quelle di Alessandria, ma nel caso di Palmanova viene preferita la costruzione delle nove lunette avanzate nel territorio, proposte da Léry come primo avamposto per la difesa della città e caratterizzate da caponiere e casematte ridotte di sicurezza disegnate dal capitano Louis Joseph Felix Laurent (1778-1835), nominato direttore dei lavori e dei progetti particolareggiati[12]. La tavola *Place de Palma* (1807) del generale di divisione Léry è forse la massima espressione di Palmanova come città militare. Il disegno la raffigura nel territorio come una precisa indicazione grafica di tutte le opere difensive, viste in pianta e con le prospettive delle profondità delle scarpe dei bastioni interni ed esterni. La carta presenta una differenziazione tra edifici civili (in rosa) e attrezzature militari (in grigio e in giallo). Queste ultime sono distinte a seconda dello specifico uso e ordinate con una precisa gerarchia lungo la via delle Milizie di impianto veneziano; a loro appartengono anche buona parte delle aree ancora inedificate, utilizzate per le manovre o da utilizzare per ulteriori impieghi a fini bellici. Tra il 1806 e il 1813, i francesi portano a termine gli ultimi interventi nella piazzaforte consistenti in tre caserme a prova di bomba – le caserme di bastione – con forni per il pane, cantine per il sostentamento in caso di attacco e tre polveriere collocate all'interno della fortezza in asse con i bastioni, a distanza di sicurezza dagli edifici abitati e non esposte.

Fino a quando Palmanova passa all'Italia (1866), la fortezza è contesa tra francesi e austriaci, ma i secondi a differenza dei primi, si limitano a progetti e appunti sulle opere difensive esistenti, in gran parte rimaste sulla carta. Tra le diverse mappe del periodo austriaco *Festung Palma* rappresenta schematicamente i sistemi di difesa della città, i principali segni territoriali e la volontà di spostare la linea del *glacis* verso l'esterno lungo gli assi delle lunette napoleoniche.

Quindi, solo nel momento in cui la città friulana viene annessa con tutta la sua regione all'Italia, inizia la fase militare più attiva. Palmanova si trasforma così da città-fortezza virtuale in città-caserma reale e gli spazi della cinta vengono utilizzati per le attività militari. Le caserme sono in comunicazione tra loro attraverso la storica via delle Milizie, posta tra il limite del centro abitato e la prima cinta muraria veneziana. La presenza di questa barriera e delle successive caratterizzano "Palma" e la rendono differente rispetto alle altre città venete di fondazione, quali Cittadella, Conegliano, Castelfranco Veneto e Villafranca. Queste città «presentano [...] un'unità di carattere monumentale che è strettamente legata alla presenza delle mura e dei castelli con rapporti di simili-

L-C. Baistard, *Plan général de l'arsenal maritime d'Anvers*, 22 februari 1812.

Plan de la place de Peschiera avec le project des années 1802 et 1803, Service Historique de la Défense, Centre historique des archives, Parigi.

tudine e caratteristiche proprie. Anche se appartengono a sistemi urbani diversi nel territorio, essi sono simili nel definire un tipo di città», mentre nel caso di Palmanova, invece, le mura «rimangono come una struttura fisica che non ha costituito una dialettica urbana»[13] marcando una decisa differenza.

Se si osserva oggi Palmanova risulta dunque evidente che la sua formazione è il risultato di una stratificazione di interventi e questo lo si può chiaramente intuire dalla coesistenza di molti elementi, come le tre cinte fortificate che circondano la città: la prima con i nove baluardi risale infatti al periodo appena successivo alla fondazione della città militare della Repubblica; la seconda, più tarda, anch'essa riferibile al periodo veneziano, è realizzata tra il 1667 e il 1690, con nove mezzelune, di cui tre collocate a protezione delle porte; infine, la terza cerchia di fortificazioni è stata articolata all'esterno in epoca napoleonica con nove lunette per allontanare la minaccia delle artiglierie.

Al suo interno la città mostra un sistema urbano di insule, irregimentate in una geometria rigorosa di sestieri: nove piazze di baluardo scandiscono il sistema fortificato della città lungo via delle Milizie, verso l'interno sei piazze corrispondono ai sei sestieri, mentre al centro vi è la piazza esagonale dai cui lati originano le sei radiali principali, tre dirette alle porte e tre alle piazze di baluardo.

A questa geometria nel piano corrispondono anche differenti livelli nelle sezioni urbane: «ci sono inoltre 5 chilometri e mezzo di passaggi sotterranei, che met-

Plan general de la place de Palmanova Comme elle devoit être d'après les projets du Genèral François de Chasseloup de Laubat faits en 1806, Service Historique de la Défense, Centre historique des archives, Parigi.

Veduta di un baluardo di epoca veneziana. A destra la loggia del fianco del baluardo con il primo piano l'ingresso del percorso ipogeo che connette la loggia al fossato.

La lunetta della terza cerchia del sistema difensivo e la fortezza napoleonica.

Nella pagina a fianco:
Tecnici del Genio militare Francese, tavola a firma di François Joseph d'Estienne de Chaussegros de Léry, *Place de Palma*, 1807, particolare, Service Historique de la Défense, Centre historique des archives, Parigi.

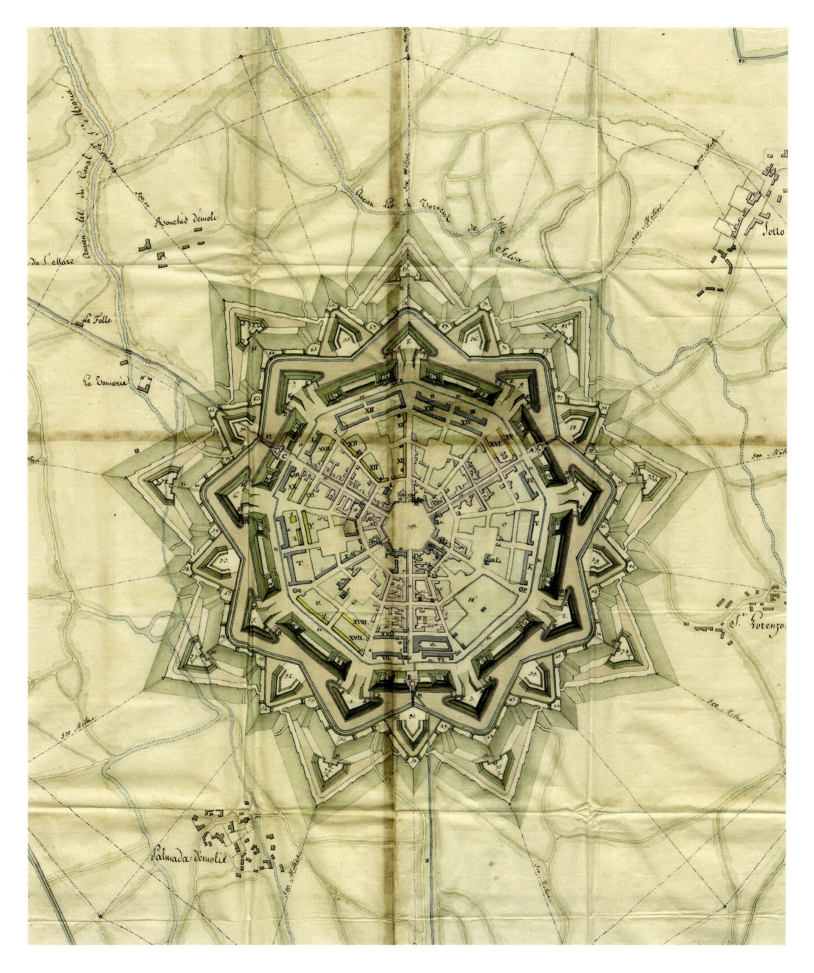

tono in comunicazione le ventisette postazioni principali (baluardi, rivellini e lunette) e i fossati». Esiste «un sottosistema difensivo completo [...] che si ripete uguale per nove volte, con la variante delle tre cortine interessate dalle porte della città. I componenti edilizi del sistema fortificato sono: caserme venete che interessano l'anello perimetrale degli isolati e sono servite dalla strada delle Milizie oltre che dalle radiali di adduzione; caserme napoleoniche, che occupano l'imboccatura dei baluardi e sono organizzate a più livelli con comunicazioni dirette con le rampe di accesso alle cortine, ai cavalieri e ai baluardi. L'armamento antico della fortezza consisteva in sei postazioni nelle cerniere dei baluardi, tre per ogni piazza viva dei fianchi; quattro postazioni nei cavalieri (due per ciascuno); due postazioni nelle cortine»[14].

Lungo via delle Milizie, tra il limite del centro abitato e la prima fortificazione veneziana, si attestano i complessi delle caserme, alcune delle quali originano dalla fondazione della città, mentre altre – la Gamerra, la Filzi e la Montesanto – sono invece di epoca napoleonica. Completano la dotazione delle caserme, però, anche edifici novecenteschi – come la caserma Ederle – che occupa una vasta area tra l'esagono della piazza Grande e i baluardi. Il carattere militare di Palmanova risulta dunque prevalente, come raccontano la sua morfologia e la sua storia, ma resta costantemente affiancato da un carattere virtuale nel disegno reticolare interno all'impianto stellare, quasi una risorsa che si presta oggi ad un riutilizzo in sede progettuale, dove accanto al problema del recupero del sistema bastionato si pone la questione del completamento del disegno urbano interno.

Note

1. Cfr. Leon Alessandro F., Leon Paolo, *Palmanova e l'Unesco: il nesso tra sviluppo economico e politiche per la conservazione*, in Fiore Francesco Paolo (a cura di), *L'architettura militare di Venezia in terraferma e in Adriatico fra XVI e XVII Secolo*, atti del convegno internazionale di studi, 8-10 novembre 2013, Palmanova, Leo S. Olschki, Firenze, 2014, pp. 431-438.
2. Cfr. Fara Amelio, *La città da guerra*, Giulio Einaudi Editore, Torino, 1993; in particolare il capitolo secondo *Sviluppi cinquecenteschi*.
3. A questo proposito cfr. Di Sopra Luciano, *Palmanova città fortezza*, Aviani & Aviani editori, Udine, 2014, p. 78.
4. Fara Amelio, *Napoleone architetto nelle città della guerra in Italia*, Leo S. Olschki, Firenze, 2006, p. 132.
5. Per quanto riguarda l'attività di trattatisti dei progettisti dell'epoca, tra cui Buonaiuto Lorini, si rimanda a Di Sopra Luciano, op. cit., p. 68.
6. Firpo Luigi, *La città ideale del Rinascimento. Urbanistica e società*, in Sciolla Gianni Carlo (a cura di), *La città ideale nel Rinascimento*, Strenna UTET, Torino, 1975, pp. 27-28.
7. Sui "tre sistemi" di Vauban, cfr. Hogg Ian, *L'età di Vauban*, in Hogg Ian, *Storia delle fortificazioni*, Istituto geografico De Agostini, Novara, 1982, pp. 122-132.
8. Marchesi Pietro, *Progetti per la sua costruzione: lavori di completamento, di modifica, di restauro*, in Pavan Gino (a cura di), *Palmanova fortezza d'Europa (1593-1993)*, Marsilio Editori, Venezia, 1993, p. 82.
9. Hogg Ian, op. cit., p. 142.
10. Ivi, p. 143.
11. Fara Amelio, op. cit., pp. 126-127.
12. Cfr. Prost Philippe, *Les forteresses de l'Empire. Fortifications, villes de guerre et aesenaux napoléoniens*, Moniteur, Paris, 1991, p. 114.
13. Rossi Aldo, *I caratteri delle città venete*, in Aymonino Carlo, Brusatin Manlio, Fabbri Gianni, Lena Mauro, Lovero Pasquale, Lucianetti Sergio, Rossi Aldo (a cura di), *La Città di Padova: saggio di analisi urbana*, Officina Edizioni, Roma, 1970, pp. 400-401.
14. Di Sopra Luciano, op. cit., p. 30.

Veduta del prospetto di una caponiera verso la fortezza: in basso a destra, uno degli accessi alle gallerie.

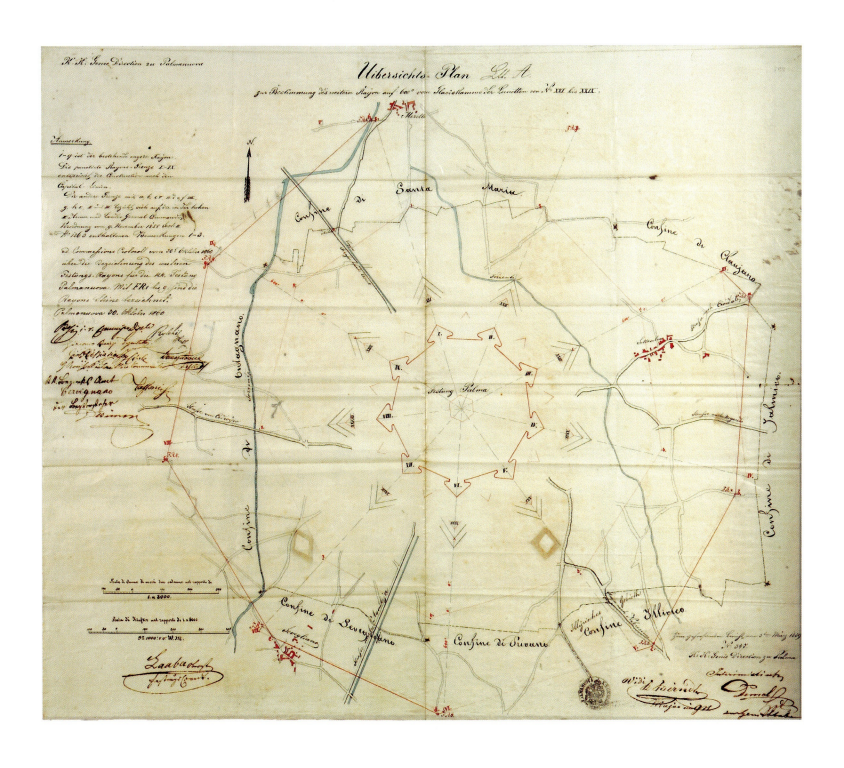

Tecnici del genio militare austriaco, *Festung Palma*, 1859, Archivio fotografico dell'Ente Regionale per il Patrimonio Culturale della Regione Friuli Venezia Giulia - ERPAC.

Palmanova-Sabbioneta: un confronto ideale

Palmanova, veduta di piazza Grande.

Nella trattatistica rinascimentale la città viene considerata come organismo complesso a cui è demandato il compito di assolvere a funzioni differenti, da quella difensiva a quella abitativa, sociale ed individuale. Al forte, alla cittadella o alle mura in generale viene attribuita la funzione fino ad allora esercitata dall'antico castello, ovvero di difesa, intesa ora come branca specifica dell'arte o dell'ingegneria militare. Alla fine del XV secolo, però, l'introduzione delle bocche da fuoco impone innovazioni radicali nei sistemi difensivi e così nel pieno del Rinascimento il dibattito tra la "città ideale" e la problematica delle fortificazioni converge verso un'unica soluzione: «La "città ideale" viene allora identificata con la perfetta macchina da difesa del Principe, elemento insostituibile di un realistico e determinato disegno politico. Sino alla metà del secolo, non essendo ancora in atto la separazione tra arti e scienza, non si fa distinzione alcuna tra architettura e urbanistica civile e militare»[1]. Ed è così che anche i più noti architetti civili, come il Peruzzi e i Sangallo, ad esempio, interpretano l'architettura militare. In questo campo un discorso a parte merita il caso, singolare e rivoluzionario da citare, delle fortificazioni di Firenze di Michelangelo Buonarroti (1475-1564), dove il grande architetto riprende alcuni elementi utilizzati da Baldassarre Peruzzi (1481-1536) nella Rocca Sinibalda, discostandosene subito dopo quasi per trasportare «all'interno dell'elemento difensivo posto negli angoli salienti del circuito o a protezione delle porte urbane, la tensione culturale che in quel tempo sta trasformando la difesa "per fianco" dei circuiti urbani»[2]. Sono concezioni che ispireranno anche Antonio da Sangallo il Giovane (1484-1546) e, così, più in generale, si può affermare che l'architettura militare diviene un campo architettonico di revisione critica, in senso espressionista, delle forme geometriche tipiche della funzione difensiva.

Col trascorrere del tempo, nel Cinquecento, il dibattito diventa però via via più sterile nel passaggio del testimone dagli architetti agli ingegneri specializzati nell'arte militare. Il sogno dell'Umanesimo si flette allora sotto i colpi della crisi economica, conseguente alla scoperta dell'America e dello scontro religioso scaturito dal sorgere della riforma luterana, contraria al potere e al fasto della Chiesa di Roma.

Arnold Hauser nel suo classico *Storia sociale dell'Arte* (1964) parla di una progressiva "distruzione della fede nell'uomo", di una fiducia lacerata nelle sue possibilità, nel suo valore, nel suo ruolo di centro dell'universo.

«Se è vero che nell'età dell'Umanesimo città reale e città ideale rappresentano [...] le due facce della medesima medaglia, l'esito di una cultura fondata su un rapporto armonico tra l'uomo e l'universo, che si riflette e trova la propria scena privilegiata nel contesto urbano; al contrario accade nel momento della crisi, nel Cinquecento, quando la frattura di quel rapporto armonico stabilisce una vera e propria dicotomia tra città reale e città ideale»[3].

Mentre Firenze appare come termine primo di confronto con il concetto della città ideale, la città del Cinquecento spesso continua ad essere il luogo del conflitto e della delusione, così da invocare come unica alternativa possibile il rifugio nell'ideale e nell'utopia. «In tale contesto Sabbioneta rappresenta l'eccezione: una città reale nella quale si concretizza la città ideale; o, per meglio dire, una città ideale»[4]. In qualche modo la città ideale per eccellenza che possiamo assumere come riferimento per dare concretezza volendo comprendere il carattere e la gerarchia dei fatti urbani di un'astratta elaborazione teorica, per un confronto con Palmanova.

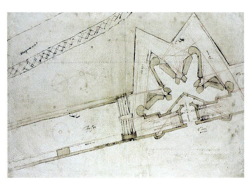

Se Firenze è cresciuta gradatamente con un tessuto urbano ampliato e modificato nel tempo, Sabbioneta, invece, «sorge di getto, frutto di un piano che cancella [...] le tracce del primitivo borgo medioevale. È una "città di nuova fondazione", modellata secondo una precisa ratio geometrica che identifica l'unità di misura nel fondatore [...] Vespasiano Gonzaga»[5] e si presenta come una sorta di nuova Roma. «Alla resa dei conti Sabbioneta assumeva l'aspetto di una "città reale" che nelle mura, nelle strade, nelle varietà delle fabbriche, conferiva aspetto concreto all'idea di città del suo fondatore»[6].

È su questo aspetto di "città reale" – e su questo soltanto – che può crearsi un'analogia tra Sabbioneta e Palmanova e non sulla definizione troppo spesso abusata in maniera erronea di "città ideale", che nel caso della città friulana risulta dunque impropria. Palmanova fa parte di un gruppo di «fortezze edificate alle periferia di domini [...] con funzioni prettamente militari e difensive, a controllo del territorio destinati a ospitare guarnigioni, depositi d'armi, forni, infermerie e così via. La prerogativa di [...] Palmanova – cui potremmo aggiungere anche Orzinuovi (dal 1530), Dömitz (1559), Marienbourg, Saulmory-et-Villefranche (1545), Cosmopoli (Portoferraio-Isola d'Elba; dal 1548), Philippeville (metà sec. XVI), Rocroi (dal 1555), Coevorden (1597), più tardi Charleroi (1666)... – è di essere isolata, a differenza delle tante cittadelle [...] erette nel secolo XVI in Europa a protezione delle città storiche. [...] Ne consegue che associare Terra del Sole o Palmanova a Sabbioneta, come non di rado accade, è fuoriluogo; Sabbioneta è sì una città fortificata (tutte o quasi lo sono sino alla vigilia della modernità) ma non è una fortezza: si afferma come la capitale di un sia pur minuscolo principato»[7].

La città di Vespasiano Gonzaga si costruisce per fatti urbani rigorosamente gerarchici impostati sul tracciato del cardo e del decumano (spezzato per motivi di ordine difensivo) che collega Porta Vittoria a Porta Imperiale; si incrocia con il cardo mancante, originariamente individuato dalla colonna di Pallade, poi trasferita in piazza d'Armi. Ne scaturisce un assetto viario e ortogonale che delimita i trenta isolati destinati alle abitazioni private e agli edifici pubblici, circondato dalle mura e da cinque baluardi cuneiformi.

La piazza Ducale decentrata ha intorno a sé i principali edifici del potere istituzionale: il Palazzo Ducale, il Palazzo della Ragione, la Chiesa parrocchiale dell'Assunta. Alle spalle del Palazzo Ducale si trovava, invece, la Chiesa dell'Incoronata, cappella privata del Principe. A sud del decumano vi sono la piazza d'Armi e la rocca con fun-

In questa pagina:
Giuliano da Sangallo, pianta di un forte stellato, Taccuino Senese, foglio 27 verso.

Michelangelo, Studio di fortificazione per la Porta al Prato di Ognissanti, 1529-1530 ca., Casa Buonarroti, Firenze.

Michelangelo, Studio di fortificazione per la Porta al Prato di Ognissanti, 1527, Casa Buonarroti, Firenze.

Baldassarre Peruzzi, due immagini del bastione di San Viene a Siena.

Nella pagina a fianco:
Baldassarre Peruzzi, Progetto per Rocca Sinibalda, pianta del castello e schizzo per il recinto bastionato, Uffizi, Gabinetto dei Disegni e delle Stampe.

Baldassarre Peruzzi, Progetto di puntone per Rocca Sinibalda, pianta, Uffizi, Gabinetto dei Disegni e delle Stampe.

Baldassarre Peruzzi, due immagini della ristrutturazione di Rocca Sinibalda, XVI secolo.

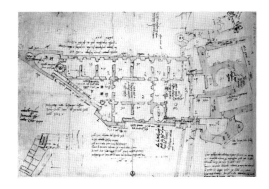
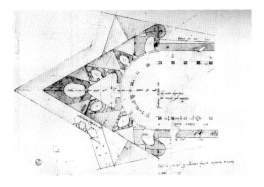

zione militare, con il Casino del Giacinto e il Corridor grande (o Galleria degli Antichi), luoghi dedicati alla vita privata del Principe che chiudono i lati sud ed est della piazza d'Armi.

La cerniera tra queste differenti parti della città è costituita dal teatro Olimpico di Vincenzo Scamozzi (1588), luogo d'incontro di Vespasiano con i suoi sudditi.

Il tessuto viario di Sabbioneta «dà luogo a cadenze spaziali di grande suggestione scenografica; la codificazione prospettica impagina e consente spazi urbani in cui [...] case "cittadinesche", monumenti "nobili" e edifici illustri si dispongono lungo vie a prospettiva monofocale e a lontananza limitata»[8].

È questa dunque la morfologia di una città della realtà ideale, una realtà costruita su una similitudine che comporta gerarchie e precisi riferimenti. Palmanova viceversa ribadisce e precisa nel tempo la sua forma urbana stellare e lascia libero e quasi impregiudicato il tessuto interno, visto come una risorsa spaziale quantitativa.

Il carattere militare di Palmanova che si mantiene anche in derivazioni successive, ad esempio nella Neuf-Brisach di Vauban, non è come per Sabbioneta una delle componenti, ma è la componente principale. Accanto ad essa, però, ne permane un altro, quello della città ideale che si rivela pienamente nell'identificazione con la straordinaria cittadina siciliana di Grammichele, voluta da Carlo Maria Carafa Branciforti come rappresentazione dell'idea della Città del Sole di Tommaso Campanella e caratterizzata da un'organizzazione radiale a partire dal centro dei lati della piazza centrale.

Palmanova resta, allora, in una dimensione propria e assoluta nella quale al carattere di piazzaforte si affianca l'espressione della geometria ideale dei diversi sestieri che la costituiscono, un disegno non ancora compiuto, che diventa una occasione architettonica per la sua conservazione e insieme per il suo completamento. Questa duplicità di reale ed ideale è la componente di maggiore interesse della ricerca presentata in questo volume e consente l'articolazione di differenti proposte progettuali connesse e articolate, quali esiti possibili per sviluppi e applicazioni future nel contesto specifico e in casi in parte simili per analogia.

Note

1. Sciolla Gianni Carlo (a cura di), *La città ideale nel Rinascimento*, Strenna UTET, Torino, 1975, p. 41.
2. Fara Amelio, *La città da Guerra*, Giulio Einaudi Editore, Torino, 1993, p. 50.
3. Carpeggiani Paolo, *Città reale e città ideale: l'evento di Sabbioneta*, in AA. VV., (a cura di), *Sabbioneta. Una stella e una pianura*, Industrie Grafiche S.p.A., Lainate (Milano), 1985, p. 46.
4. Ibidem.
5. Carpeggiani Paolo, *Urbem Sablonetam condidit*, in Bertelli Paolo (a cura di), *Costruire, abitare, pensare. Sabbioneta e Charleville città ideali dei Gonzaga*, Universitas Studiorum S.r.l., Mantova, 2017, pp. 82-83.
6. Ibidem.
7. Ibidem.
8. Mazzoni Stefano, Guaita Ovidio, *Il Teatro di Vespasiano Gonzaga*, in Bertelli Paolo (a cura di), *Costruire, abitare, pensare. Sabbioneta e Charleville città ideali dei Gonzaga*, Universitas Studiorum S.r.l., Mantova, 2017, p. 117.

Sabbioneta, planimetria generale con i piani terra degli edifici di rilevanza architettonica.

42

Palmanova, planimetria generale con i piani terra degli edifici di rilevanza architettonica e delle caserme, evidenziate le sei piazze di sestiere.

In questa pagina,
vedute di Sabbioneta:
Galleria degli Antichi
Piazza Ducale
Chiesa dell'Incoronata
Teatro (Vincenzo Scamozzi, 1588-1590)
Galleria degli Antichi (due inquadrature interne).

Nella pagina a fianco:
Anonimo, *Disegno fatto al naturale et sostinta naratione della Fortezza di Palma. Con Prospetiue di quartieri e' porte*, [1720 ca.], Archivio di Stato di Venezia.

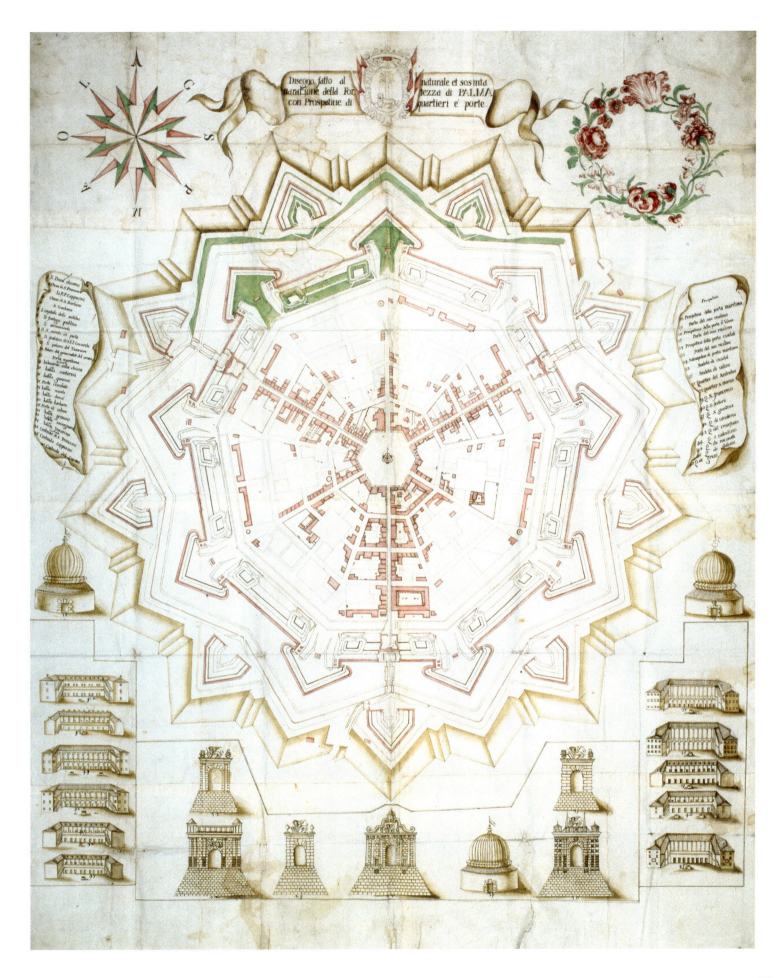

CONFRONTO DI CASI STUDIO DI CITTÀ RINASCIMENTALI DI NUOVA FONDAZIONE
scala 1:15000

1. Guastalla, 1534
Domenico Giunti

2. Sabbioneta, 1554-1556
Girolamo Cataneo e Domenico Giunti

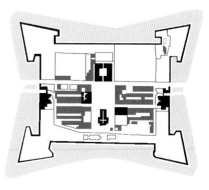

3. Terra del Sole, 1564
Bernardo Buontalenti

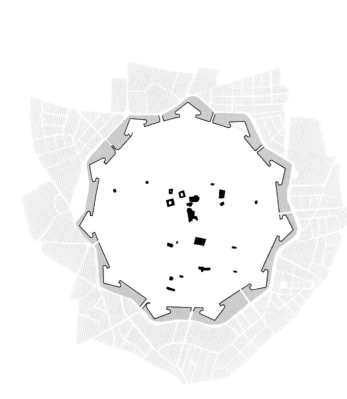

5. Schema di Nicosia limitato al circuito bastionato del 1576
Giulio Savorgnan

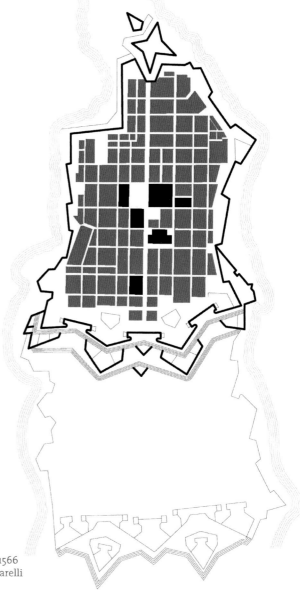

4. La Valletta, 1566
Francesco Laparelli

6. Palmanova, 1593
Giulio Savorgnan

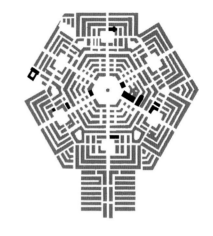

8. Grammichele, 1693
Carlo Maria Carafa Branciforti

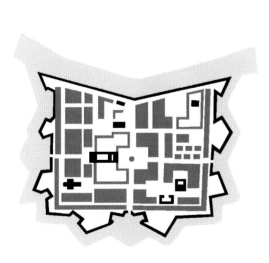

7. Charleville, 1606
Clémént Métézeau

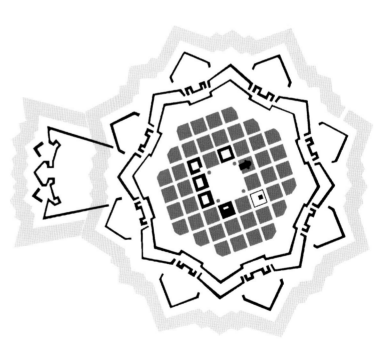

9. Neuf-brisach, 1697
Sébastien Le Pestre de Vauban

Palmanova
città militare come città civile
Piazze, strade e geometrie urbane

Particolare di piazza Grande degli anni Sessanta del Novecento.

Palmanova è uno straordinario caso urbano nel suo essere, nello stesso tempo, una città e una macchina militare, una città civile e una città ideale. Queste componenti formano la sua singolare identità combinandosi in differenti modi e con diversi gradi. Tuttavia, se il confronto di base nella storia della sua definizione formale è tra città militare e città civile, la seconda prevalentemente in funzione della prima con differenti gradi di libertà, è la componente ideale che, sempre presente, rappresenta la costante cui riferire ogni atto analitico, progettuale e costruttivo. Così il suo carattere urbano di fondo, il suo essere città di un tempo e di forme definite, ma sospese la rendono una città laboratorio, una città del progetto, una città non analoga, ma potenzialmente analogica, in costante attesa di un atto progettuale che nel definirne la forma, le dia vita.

Palmanova ha una forma urbana chiusa, delimitata in uno spazio definito dai limiti delle sue mura. Questa definizione originaria del momento della sua formazione si è perfezionata con gli aggiornamenti della sua destinazione di macchina da guerra. Ma, nonostante ciò, l'interno e il carattere civile della città ne sono rimasti estranei, come se il campo bellico non potesse estendersi e prevalere definitivamente.
Nel suo disegno urbano "Palma" ha un marcato carattere strategico e militare e un padre, il generale Giulio Savorgnan, affiancato però da Marcantonio Barbaro. Ed è così che la questione della città civile entra subito in gioco, proprio attraverso l'opera e le parole del fratello di Daniele, il trattatista vitruviano. Marcantonio, applicando alla città la metafora dell'organismo urbano, parla di «*interior nodrimento* di fabbriche, industrie, arti, trafichi, comertii et transiti, cose tutte che nutriscono ed aggrediscono la città con molto utile del pubblico»[1].

Diventa così decisivo indagare la forma urbana a partire dai documenti della sua formazione che, nel disporsi rispetto ai tre caratteri diversi – militare, civile, ideale – ma comunque sempre compresenti, rivelano le variazioni nel tempo dell'identità di questa vera e propria città del progetto. Guardando alle diverse fasi storiche dell'esistenza di Palmanova si può affermare che nel primo periodo di fondazione, costruzione ed esercizio, il carattere militare sia, appunto, inizialmente prevalso.
Questa prevalenza si fa evidente in quella serie di rappresentazioni urbane che deliberatamente esclude o riduce a simbolo il disegno interno delle parti civili e residenziali.
Così è per il primo documento cartografico, il disegno di Dionisio Boldi del 9 ottobre 1593 (vedi pagina 27), che testimonia le decisioni della commissione di cui l'autore faceva parte: qui la città è rappresentata con il solo recinto bastionato, disposto nel territorio in autonomia e in radicale difformità rispetto ai centri friulani vicini, Ronchi, Palmada e San Lorenzo.
Un mese e mezzo dopo l'avvio dei lavori Marcantonio Martinengo di Villachiara elabora un secondo disegno di cinta bastionata[2], al cui interno si trova l'indicazione del perimetro di un'area frastagliata che testimonia la situazione precedente. Si tratta dell'area di un antico bosco, denominata "Ronchi" perché successivamente tagliata per essere adibita a pascolo. Questa zona è ripresa nel successivo rilievo bastionato di autore anonimo[3] (fine del 1593 e inizi del 1594), in cui di nuovo la città è rappresentata con il solo perimetro dell'opera in costruzione. Il disegno ha un carattere funzionale e insieme alla relazione tra le preesistenze e la cinta muraria segna il tracciato dei tre ponti – secondo le

indicazioni del Savorgnan sui fianchi dei bastioni e non al centro delle cortine – superano la cortina e attraversando il fossato per unire l'interno ai centri vicini.

Se l'esordio di Palmanova è riconducibile a quello di un'opera di fortificazione, la questione del suo disegno interno e dunque del suo carattere civile viene immediatamente dopo o meglio quasi in contemporanea al materializzarsi dello spazio interno alle mura. In particolare, al momento dell'erezione delle cortine si fa risalire il *Dissegno per far la Fortezza di Palma* [1543-44][4] depositato presso la Curia vescovile di Padova. Qui il reticolo viario appare differente da quello che verrà effettivamente realizzato per le dimensioni degli isolati e per la mancanza di un collegamento diretto tra le tre porte della città e la piazza centrale. Tra i documenti cartografici iniziali un discorso a parte merita la pianta del primo progetto conservato alla Biblioteca Marciana nella raccolta *Carte topografiche, e piante di città e fortezze* [1593-94], nel quale il disegno dell'architettura civile è totalmente assorbito dal progetto dell'architettura militare (vedi pagina 52). In questo caso l'interno si articola in una serie di isolati rettangolari serviti da vere e proprie corsie, che più che alla funzione distributiva assolvono a quella di consentire un rapido transito delle truppe e dei rifornimenti dell'artiglieria. La questione delle porte di accesso risulta invece esclusa dalla rappresentazione a causa dell'assoluta prevalenza degli assi di servizio dei bastioni.

Il secondo progetto di "Palma" conservato nella Biblioteca Marciana, sempre nella raccolta *Carte geografiche e topografiche, piante di città, disegni vari, riguardanti la Terraferma Veneta* ipoteticamente datata 1593-94 (vedi pagina 52), mostra l'ingresso deciso nel dibattito intorno alla costruzione di "Palma" della questione dell'architettura civile. Infatti, se nel disegno permangono le direttrici di servizio dei bastioni che prendono origine dalla piazza centrale, a questi si aggiungono tre assi generati a partire dalle porte nelle tre diverse cortine che distribuiscono tre piazze quadrate. Tra i rispettivi settori si collocano altre tre piazze triangolari, mentre la piazza centrale viene ad arricchirsi, su uno dei suoi lati, della pianta di un Duomo a croce greca.

La compresenza delle istanze civili e di quelle militari è il tema del decisivo disegno dell'Archivio di Stato di Padova allegata alla [*Raccolta di documenti riguardanti la costruzione di Palmanova*, 1594] (vedi pagina 53). Rispetto ai disegni precedenti questa carta contiene un'innovazione fondamentale che implica la riforma del-

Anonimo, senza titolo, in *Carte topografiche, e piante di città e fortezze*, tav. 14, [1593-94], Biblioteca Nazionale Marciana.

Anonimo, senza titolo, carta contenuta in *Raccolta di carte geografiche e topografiche, piante di città, disegni vari, riguardanti la Terraferma Veneta*, tav. 9, [1593-94], Biblioteca Nazionale Marciana.

le ipotesi di tracciato interno, la scelta di una piazza centrale esagonale. Da questa si dipartono sei assi orientati alternativamente verso le porte e i bastioni. Il Duomo è posto curiosamente in uno degli spigoli dell'esagono, mentre, a partire dalla corona immediatamente seguente al perimetro più interno della piazza, si articolano gli assi dei bastioni e quelli che sbarcano sulle cortine cieche. Tali assi vengono a servire i settori più interni dove si localizzano sei piazze quadrate.

La dimensione in qualche modo immanente del carattere militare di Palmanova è assolutamente manifesta nel progetto che l'ingegnere militare Bonaiuto Lorini include nella sua raccolta *Delle Fortificazioni* (vedi pagina 26). Il suo intento è quello di illustrare e dimostrare la migliore soluzione per "Palma", un progetto che non trova realizzazione forse proprio per il suo pronunciato carattere militare, ma che influenza direttamente la sua realizzazione. Si tratta in primo luogo di uno studio su un incrocio dei tiri di artiglieria a difesa di un bastione, ma in secondo luogo dell'adozione, da parte del Lorini, di uno schema ennagonale che si riflette nella disposizione di una piazza centrale con pozzo su cui si affaccia un duomo a pianta basilicale. Alla disposizione delle sei piazze nella fascia esterna fanno riscontro i tre assi d'ingresso protetti da barriere e diretti verso la fascia interna senza possibilità di sbocco diretto nella piazza. Gli spazi aperti assumono così il carattere di luoghi di riserva difensiva e non quello di spazi pubblici e civili.

Si è detto di come la componente ideale sottesa abbia attraversato la storia di "Palma" e sia infine giunta a noi. Ma esiste anche un'altra dimensione dell'ideale e del procedimento connesso di idealizzazione. Si tratta della dimensione connaturata all'arte della stampa, che per molti secoli dalla sua invenzione ha prodotto immagini idealizzate delle architetture e delle città. Così per la "Palma" di Georg Braun *Nova Palmae civitas in patria Foroiuliensi ad mari Adriatici ostium contra Barbarorum incursum à Venetis aedificata* (vedi pagina 12), una sorta di atlante tra reale e immaginario delle città del mondo allora conosciuto. L'immaginazione in questa versione investe tutti gli elementi e per analogia proietta in "Palma" il carattere urbano nel disegno del suo tessuto interno, che viene rappresentato in assonometria come interamente costruito. Insieme a questa componente d'invenzione, peraltro, la pianta risulta assolutamente ben costruita, riportando il corretto disegno dei tracciati urbani realizzati, e seppure con piccole variazioni

Anonimo, senza titolo, tavola allegata alla [*Raccolta di documenti riguardanti la costruzione di Palmanova*], [1594], Archivio di Stato di Padova.

Matthäus Merian, veduta, in Roberto Fludd, *Tractatus Secundus, de Naturoe Simia. Seu Technica macrocosmi hisotria in partes undecim divisa* [...], *Editio secunda*, Francofvrti, Eredi di Johann Theodorus de Bry, 1624, p. 382, Biblioteca Nazionale Marciana, Venezia

quello delle fortificazioni. Grande è dunque il suo valore documentario, ma altrettanto notevole appare il suo potenziale immaginifico, che permane anche nelle derivazioni di minore qualità. Tali sono infatti la veduta del Velagio[5], del Faber[6] e la pianta del *Theatrvm* edita da Pietro Bertelli nel 1599[7]. Qui lo scadimento qualitativo porta ad una conseguenza di estremo interesse: il disegno interno, impreciso e di scarsa qualità, è rappresentato come un tessuto continuo definito solo dagli assi e dalle piazze che diventano addirittura nove, tessuto che assume nel complesso una forma circolare indipendente dal tracciato stellare delle mura, a sua volta oggetto della eliminazione dei tratti di cortina. In questa idealizzata autonomia vediamo il contrapporsi del carattere civile – si tratta pur sempre di raccolte di piante di città – al carattere militare. Viene così a rovesciarsi l'originaria derivazione che in questa serie si subordina al carattere civile. A questa si contrappone invece una diversa interpretazione, pressoché contemporanea, dalla quale emerge invece la prevalenza del carattere militare. Ne fanno parte la pianta di Ferrante Rossi[8] (1606), quella di Marcello Alessandri[9] (1620), la pianta *Palma in Histria*[10] del codice De Marchi [1602], oggi attribuita a Matteo Neroni di Peccioli, e la pianta nella *Relattione di Palma*[11] [1606 ca.]. L'ultima, in particolare, è una rappresentazione dello stato di avanzamento dei lavori sulle fortificazioni all'inizio del Seicento, così come quella del generale di artiglieria Ferrante Rossi che contiene le tracce dei tiri di prova a difesa del bastione di Villachiara. La pianta del Neroni è invece, nella sua laconicità, straordinariamente simbolica dell'incerto destino di Palmanova dopo il recente abbandono delle servitù militari. Questa linea di rappresentazioni prosegue e si consolida, a volte collegandosi al disegno territoriale e seppure fondata su un intento strategico e su osservazioni reali, contiene anche una componente immaginaria come appare dalla singolare veduta di Matthäus Merian del 1624 (vedi pagina 53), dove l'interno della città in connessione con il fossato esterno appare interamente allagato, ossia privo di disegno e di precisa dimensione, a riprova che la dimensione ideale, anche nel campo di un assoluto funzionale, non è mai completamente assente.

Il problema della costruzione reale della città, soprattutto del suo apparato difensivo fortificato, prosegue nel XVIII secolo quando compiuta la cinta difensiva fondamentale si avviano le opere di corredo e in particolare la costruzione delle mezzelune. A quest'epoca risale la pianta attribuita all'ingegnere e maggiore della Serenissima Filippo Besset de Verneda del 1677 che fu il principale costruttore di queste (vedi pagina 55). Come ricorda Antonio Manno (nel suo bel testo di riferimento su Palmanova) la finalità di queste mezzelune era di applicare una difesa a "tiro di moschetto" e nella forma stellata di "Palma" ne risulta il raddoppio del numero delle punte. In questa rappresentazione la città è interamente definita e appare lo stato di costruzione del disegno interno dove risultano parzialmente compiuti soltanto la cortina della piazza centrale e gli assi d'ingresso dalle porte, che finiscono per comunicare direttamente con l'esagono al centro. Insieme alla pianta generale vi sono, sempre del Verneda, anche i disegni particolari della soluzione proposta per i rivellini nei quali Palmanova è rappresentata solo con la parziale articolazione del suo tracciato difensivo, ovvero come una vera e propria macchina da guerra. Analoga è l'impostazione della pianta di

Nella pagina a fianco:
[Filippo Besset de Verneda], *Tavola delle opere est.ne fatte dopo la present:ne della presente pianta fino adì primo sett:e 1677*, Archivio di Stato di Venezia.

Nelle pagine successive:
Tecnici del Genio militare francese, *Plan de PalmaNova*, 1806, particolare, Bibliothèque nationale de France, Parigi.

Catasto napoleonico, 1811, particolare, Archivio di Stato di Venezia.

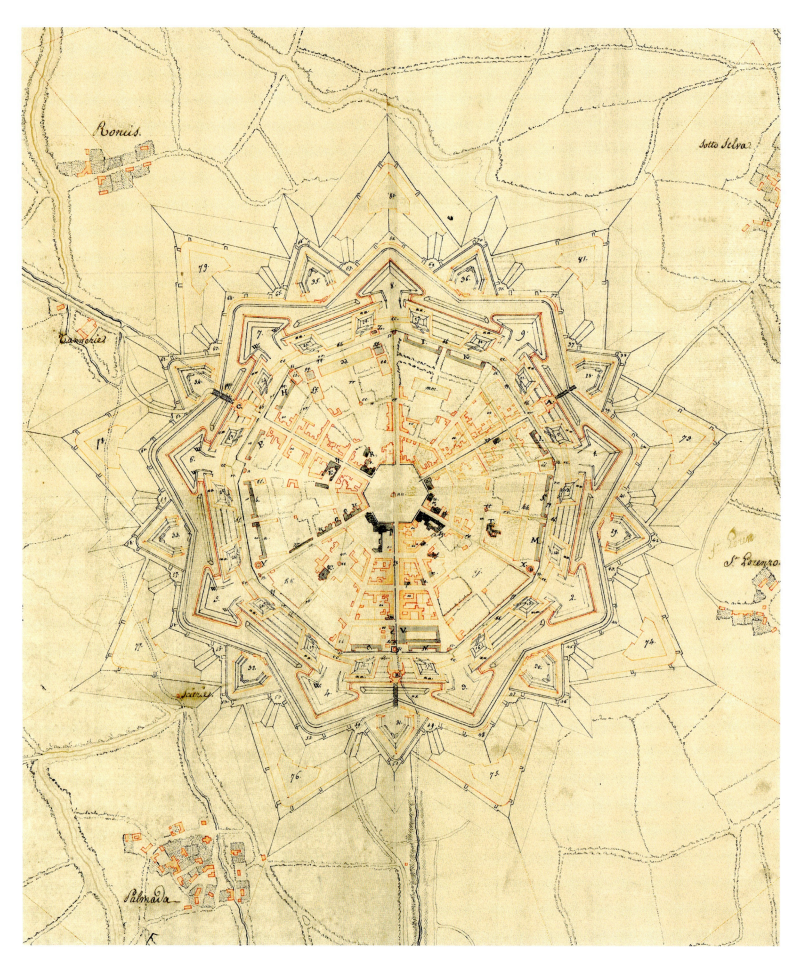

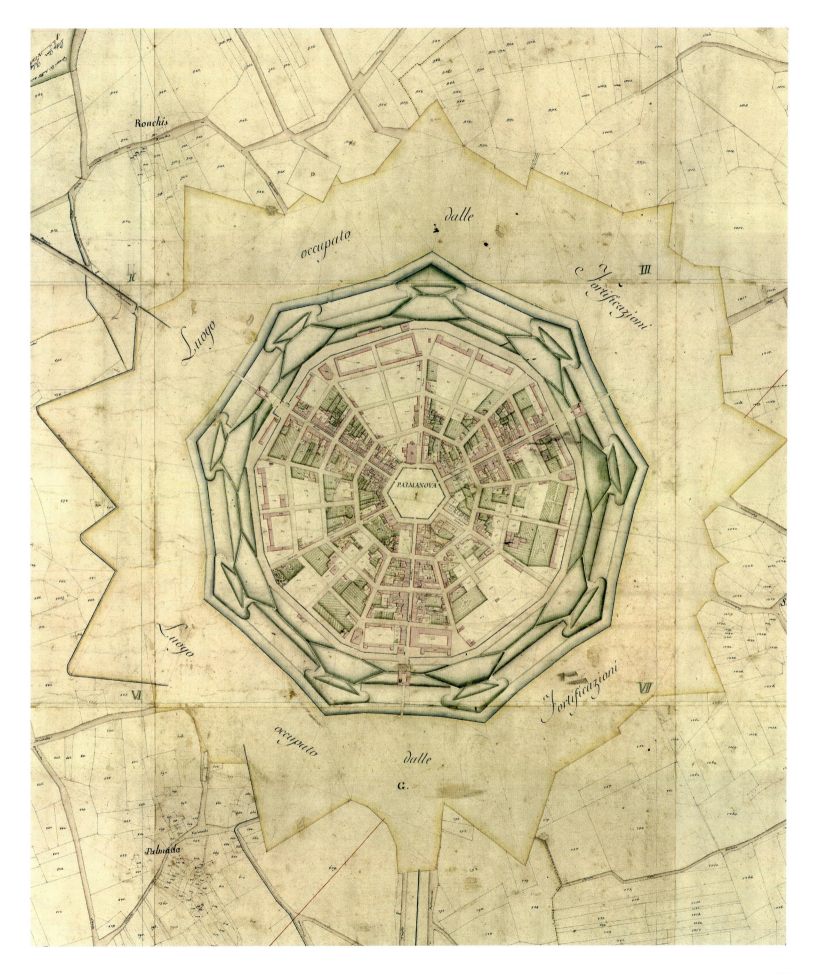

Vincenzo Maria Coronelli[12], cosmografo ufficiale della Serenissima. Entrambe queste carte mostrano come all'inizio del Settecento la costruzione di "Palma" civile fosse limitata alla piazza centrale e ai soli assi delle porte e come non avessero ancora un peso le sei piazze mediane, rimaste perlopiù allo stadio di tracciati. Così è anche nella pianta della *Real Fortezza di Palma* di Giacomo Bresti [1710 ca.] ridisegnata da autore anonimo nel 1720 circa (vedi pagina 45), che deve considerarsi un rilievo a scopo militare, ma che mantiene una grande accuratezza anche nei dettagli edilizi degli interni. Al rilievo planimetrico questa rappresentazione aggiunge gli alzati delle principali caserme dando così un quadro completo della città e delle componenti della sua edificazione. Da questo quadro appare ancora una volta assente la componente civile essendo le stesse fabbriche rappresentate a esclusiva destinazione militare.

La situazione di Palmanova muta nel XIX secolo non per un arricchimento delle dotazioni interne, ma per un accrescimento delle sue opere difensive esterne. Alle soglie del nuovo secolo "Palma" è ancora sostanzialmente una città fortezza di grande importanza strategica e come tale oggetto di rappresentazioni di carattere territoriale. Tra le prime carte di questa serie il *Plan der K.K.: Festung und Stadt Palma Nuova*[13] del 1798, eseguita con un preciso rilievo strumentale dei tecnici del genio militare austriaco, costituisce la prima carta moderna di Palmanova. A questa fanno riscontro le rappresentazioni del genio militare francese che illustrano le opere esterne volute da Napoleone dopo la riconquista delle truppe francesi comandate dal maresciallo André Masséna, progettate dal generale François de Chasseloup-Laubat ed eseguite dal capitano Louis Joseph Felix Laurent. Del 1806 è invece il *Plan de PalmaNova* (vedi pagina 56), depositato presso la Bibliothèque nationale de France e corredato di ampie legende relative alle operazioni di misurazione e alle nuove opere da realizzare evidenziate in giallo, tra cui le caserme di bastione a cui si aggiunge la *Place de Palma* del 1807 a firma del generale di divisione Léry, comandante in capo del Genio dell'Armata dell'Adige (vedi pagina 33), dove l'esattezza del rilievo planimetrico si sposa con una rappresentazione espressiva dell'elevazione delle nuove lunette. Questa, insieme ad un'altra pianta del capitano del Genio Saint Laurent[14] del 1809, che permette una visione più ravvicinata, ma che mette in secondo piano le opere civili interne, danno un'idea precisa della realizzazione militare napoleonica. La città viene così ad assomigliare ad una vera e propria macchina, il cui apparato interno è suscettibile di un utilizzo variato, ma sempre per il fine generale di apparato difensivo territoriale. L'interno è racchiuso dalle mura che lo proteggono, ma anche lo rinchiudono quasi completamente, tanto che gli assi d'ingresso principali verso la piazza centrale appaiono perdere forza.

La presenza francese si conclude in qualche misura con la tavola del 1811 che costituisce il piano generale del catasto napoleonico (vedi pagina 57). Dato che il suo disegno esclude deliberatamente le opere militari di fortificazione questa rappresentazione costituisce inequivocabilmente la più importante testimonianza del ruolo ottocentesco delle fabbriche civili di Palmanova. La planimetria catastale delinea la città inattuata. Del progetto di Palmanova sono stati costruiti solo la piazza centrale con il Duomo e gli edifici del suo perimetro, le cortine dei tre assi di penetrazione dalle porte e qualche altra degli assi minori. Le piazze di sestiere sono ancora soltanto tracciate e viste come spazi limite di un'edificazione che procede invece dal rapporto di frontalità con la strada. Nulla esiste qui del Rinascimento maturo o del Barocco. Ben più forte rispetto all'ordine geometrico delle piazze è il disegno per triangolazioni degli spalti e dei bastioni. Eppure le linee presenti dei tracciati delle piazze mostrano come possibile la presenza di una città civile dotata di vita propria, in qualche misura indipendente dalla funzione militare e in grado anche di dare forma a una possibile relazione con una dimensione utopica, ancora più autonoma.

Alle mappe del periodo francese segue una serie di carte militari austriache che testimoniano l'occupazione militare che ha termine solo con l'Unità d'Italia. Questo periodo è chiuso significativamente dalla *Geschütz Placirung in der Festung Palma Nuova*[15] in cui la città appare nella sola linea del suo perimetro bastionato con le istituzioni dei suoi pezzi di artiglieria quale programma di fortificazione.

Nel complesso delle rappresentazioni cartografiche di Palmanova emerge quindi il variare nel tempo delle relazioni tra le sue diverse componenti identitarie, militari, civile e ideale, delle quali si può dire che il suo carattere civile che per lungo tempo e in larga misura è dipendente da quello militare, risulta davvero essere intimamente connesso a quello ideale. In altre parole, il progetto storico di "Palma", ovvero la costruzione continua di questa città, diviene nel campo dell'architettura civile la realizzazione possibile del suo ideale, essendo la relazione tra componente militare e ideale sostanzialmente conclusa con il completamento delle relative opere.

Palmanova: un tema compositivo

Gianugo Polesello, in occasione della III Mostra Internazionale di Architettura di Venezia del 1986, per la sezione dedicata ai progetti per le piazze di Palmanova, rintraccia il carattere peculiare dell'impianto urbanistico della città in quello militare.
Di questa sezione si ricordano in particolare i modelli: "Macchina di lettura, Macchina della memoria, Macchina della scrittura", realizzati dal gruppo coordinato da Daniel Libeskind, che spingono il pubblico a «creare e interpretare l'architettura nella sua prospettiva sociale culturale e storica. Le tre "macchine" propongono una reminiscenza fondamentale ed un recupero del destino storico dell'architettura: [...] costituiscono un progetto singolo e sono interdipendenti: ognuna forma un punto di partenza nella comprensione e nel funzionamento dell'altra. [...] Cercano di realizzare ciascuna delle posizioni future su sé stesse – lasciando così il presente rimanere com'è anche se si muove verso il suo stesso passato»[16]. I modelli prendono spunto dalla città di Palmanova, dalla sua macchina urbana per riprodurre un'idea di città analoga, intesa come macchina celibe.
Polesello, nel suo intervento, delinea il problema dell'assetto da guerra di Palmanova nei suoi diversi adeguamenti alle tecniche militari. La suddivisione in nove parti che hanno per centro la piazza non esprime una reale funzionalizzazione. Per l'architetto friulano questa è realizzabile solo attraverso l'uso collettivo delle sei piazze che sarebbero dovute servire per definire le architetture interne della città, ma che non sono mai state realizzate. L'incompiutezza dei questi luoghi mostra il prevalere della Palmanova "macchina da guerra" sulla Palmanova "civile" e conduce alla scelta di limitare, fino ad escludere,

gli usi civili al minimo affinché la fortezza possa esistere. Infatti «Non esistono architetture a Palmanova che corrispondano né al tipo "casa" né, tantomeno, al tipo "palazzo". Uno dei sensi più importanti, per "realizzare" il disegno rinascimentale di quasi-omologia tra "civile" e "militare" [...] è quello di costruire questi luoghi (le sei piazze di sestiere) a partire dalle tracce planimetriche originarie, tracce che oggi esistono solo per due delle sei piazze»[17].

Polesello ritiene che, forse, neanche la piazza Grande sia compiuta e che, forse, non sia stata mai neanche pensata: «Sarebbe interessante [...] ribaltare il rapporto di prima e dopo dell'architettura rispetto alla geometria dell'impianto e mostrare il senso vero dell'architettura sui luoghi comuni della città (le strade, le piazze) rispetto al tracciamento originario»[18].

La mancata realizzazione delle piazze e di altri elementi tipologici urbani va intesa come volontà di realismo e quindi come un atto decisamente anti-utopico, in accordo con la tendenza messa in risalto dalla trattatistica del Cinquecento. Infatti, molti trattati di quel periodo, tra cui quello citato del Lorini del 1596 che contribuì alla fondazione di Palmanova, «ignorano sia i problemi eruditi della cultura vitruviana che le astrazioni del riformismo utopista. Al programma umanistico della laica città dell'uomo si è ormai sostituita la realtà politica messa spietatamente in luce dal Machiavelli: al tramonto della città ideale risponde il cinico realismo delle "città-macchine di difesa". [...] È il teorico militare ormai, e lui soltanto il nuovo scienziato dei fenomeni urbani»[19].

I casi felici di Urbino, di Pienza, dell'addizione erculea di Ferrara, di Milano, di Mantova, di Rimini, in cui un intervento postumo o di aggiunta si innesta su un tessuto medioevale, rimangono, nella loro idealità, isolati e irripetibili. In controtendenza rispetto alle escatologie e le aspettative del Medioevo, l'Umanesimo riafferma il carattere concreto, socialmente ed economicamente determinato, dello sviluppo urbanistico e si concentra sull'elaborazione di modelli per le uniche iniziative concrete di nuovi impianti urbani, quali le indagini sulle fortificazioni e sulle città militari. Palmanova sancisce, così, il tramonto definitivo delle ideologie dell'Umanesimo e nei secoli successivi l'architettura dovrà accettare qui, in qualche misura, un ruolo di retroguardia nei confronti delle sue trasformazioni urbane[20].

Nel contesto attuale la crisi della funzione militare con l'abbandono delle sue fabbriche principali riporta al centro la questione della città civile. Appare evidente quanto questo carattere sia consustanziale all'idea complessiva stessa della città e come si debba, accanto ai recuperi e alle necessarie rifunzionalizzazioni, procedere ad un completamento del disegno geometrico del suo tracciato, ovvero rispondere con una prospettiva nuovamente di sviluppo e costruzione al rischio di abbandono e rovina.

Elementi di progetto sulle piazze di sestiere

In epoca recente il tema di Palmanova riprende dall'impostazione di Polesello per la Biennale di Venezia del 1985, in forma interrogativa, con riferimento all'assenza di caratterizzazione dei tipi edilizi e, in particolare, all'incompiutezza degli spazi delle piazze. La nostra proposta risponde con il tentativo di dar forma alla morfologia urbana sottesa attraverso il ricorso ad un'unica tipologia di spazio pubblico. In questa il tracciato è relativamente indipendente dai condizionamenti dell'intorno, di modo che all'interno dei diversi invasi prevale innanzitutto la geometria, così da poter dire che si tratta di "luoghi geometrici", elementi di costruzione della città civile e insieme segni della presenza della dimensione utopica. L'operazione fondamentale è dunque quella di riportare questi spazi alla loro misura originaria di costruzione, 70 metri di lato. È un'operazione di restituzione e reintegro del disegno urbano, che rende manifesta e leggibile la forma della città e che precede ogni possibile caratterizzazione funzionale, quale affermazione assoluta del carattere urbano.

Le diverse mappe esaminate divengono nell'utilizzo operativo del progetto altrettante occasioni, punti di partenza per una possibile costruzione contemporanea di Palmanova. Va detto che in qualche misura la città davvero necessaria è ora la città civile, da costruire con i suoi elementi, chiese, conventi, case, palazzi.

Gli studi progettuali qui proposti prevedono di compiere questa costruzione attraverso l'interpretazione del tema delle piazze quali nuovi giardini.

La piazza come giardino è scelta come tramite tra città civile e città militare e come elemento di possibile relazione con la città ideale. Inoltre la scelta viene in qualche modo a confermare l'interazione storica con gli orti urbani, diffusi soprattutto dietro alle cortine degli assi e prevalenti sino al XIX secolo a fronte del mancato compimento dell'edificazione. In questo senso ove possibile si conferma la presenza dei *Pinus pinea* diffusi in diversi spazi, previa verifica della loro stabilità e con possibilità di reintegrazione. Negli altri spazi il progetto intende inserire la *Catalpa Speciosa*, un albero di piccole dimensioni con una corona pressoché sferica, che consente di mantenere una chiara lettura degli spazi e nella primavera dà luogo ad una ricca fioritura. Con questo comune indirizzo il progetto affronta le diverse questioni. Sono parti costitutive della relazione progettuale alcune costanti fondamentali di consolidamento e uniformità nel disegno degli spazi. In primo luogo, troviamo la presenza dei tracciati viari, che suddividono ciascuno spazio in quattro diversi settori. Poi l'esistenza di un corredo vegetale, di cui, come detto, è possibile la reintegrazione, quasi ovunque consistente in pini domestici geometricamente impiantati. Di seguito, l'introduzione di corsi di pietra piasentina del Friuli (già utilizzata per piazza Grande), a rimarcare per quanto possibile i tracciati quadrati delle piazze e l'apposizione di pietre angolari quali limiti tangibili – insieme ai lievi dislivelli previsti – all'invasione del traffico veicolare. Oltre all'utilizzo di queste costanti si possono rimarcare altre analogie dai diversi punti di applicazione. In due casi, piazza Garibaldi e piazza Venezia, si opera la valorizzazione dell'edificio religioso presente e della sua relazione possibile con la piazza. In altri tre casi ci si trova di fronte alla perdita della forma urbana per l'edificazione incongrua di edifici sul sedime dello spazio pubblico. Si pone qui la questione della loro rimozione, da attuarsi previo iter amministrativo di acquisizione pubblica. Nel caso, poi, della piazza non costruita nell'area della caserma Ederle, il progetto ha esplorato sia il possibile riutilizzo delle sue fabbriche, sia la possibile ricostruzione, in modo da rendere chiaro ed evidente il disegno della piazza mancante. Per la piazza della caserma Ederle s'intende utilizzare l'essenza del *Pyrus Calleryana* "Chanticleer", una varietà di pero di origini cinesi scelta proprio per le sue eccellenti caratteristiche ornamentali capaci di dare forma a questa piazza giardino.

Note

1. BARBARO Marcantonio, Lettera alla Signoria, Palma, 29 dicembre 1593, Archivio di Stato di Venezia, anche in MANNO Antonio, *Utopia e politica nell'ideazione e costruzione di Palmanova*, in GHIRONI Silvano, MANNO Antonio, *Palmanova. Storia, progetti e cartografia urbana (1593-1866)*, Stampe Antiche, Padova, 1993, p. 22.
2. Il disegno, ipoteticamente attribuito a Marcantonio Martinego di Villachiara, si trova presso l'Archivio di Stato di Venezia; anche in GHIRONI Silvano, *Piante e vedute di Palmanova*, op. cit., scheda n. 3.
3. Il disegno è conservato presso l'Archivio di Stato di Modena; anche in GHIRONI Silvano, *Piante e vedute di Palmanova*, op. cit., scheda n. 4.
4. Anche in GHIRONI Silvano, *Piante e vedute di Palmanova*, op. cit., scheda n. 5.
5. La veduta di autore anonimo è contenuta in *Raccolta di le piv illvstri et famose città di tvtto il mondo*, Editore Francesco Valegio, Biblioteca Nazionale Marciana; anche in GHIRONI Silvano, *Piante e vedute di Palmanova*, op. cit., scheda n. 15.
6. Veduta di autore anonimo incisa da Johann Faber junior, collezione privata, Palmanova; anche in GHIRONI Silvano, *Piante e vedute di Palmanova*, op. cit., scheda n. 17.
7. La pianta di autore anonimo è contenuta nell'opera *Theatrvm Vrbivm Italicarvm Collectore Pietro Bertellio Patau* edita a Venezia nel 1599, Biblioteca Nazionale Marciana; anche in GHIRONI Silvano, *Piante e vedute di Palmanova*, op. cit., scheda n. 16.
8. Il disegno è conservato presso l'Archivio di Stato di Venezia; anche in GHIRONI Silvano, *Piante e vedute di Palmanova*, op. cit., scheda n. 20.
9. Il disegno è conservato presso la Biblioteca del Museo Civico Correr, Venezia; anche in GHIRONI Silvano, *Piante e vedute di Palmanova*, op. cit., scheda n. 23.
10. Il disegno è conservato presso la Biblioteca Nazionale di Firenze; anche in GHIRONI Silvano, *Piante e vedute di Palmanova*, op. cit., scheda n. 19.
11. La pianta attribuita a Ferrante Rossi si trova presso Biblioteca del Museo Civico Correr, Venezia; anche in GHIRONI Silvano, *Piante e vedute di Palmanova*, op. cit., scheda n. 21.
12. L'incisione si trova presso la Biblioteca Nazionale Marciana; anche in GHIRONI Silvano, *Piante e vedute di Palmanova*, op. cit., scheda n. 54.
13. Il disegno è consultabile in GHIRONI Silvano, *Piante e vedute di Palmanova*, op. cit., scheda n. 68.
14. La pianta si trova presso l'Istituto Storico e di Cultura dell'Arma del Genio di Roma; anche in GHIRONI Silvano, *Piante e vedute di Palmanova*, op. cit., scheda n. 76.
15. Il disegno si trova presso il Kriegsarchiv di Vienna; anche in GHIRONI Silvano, *Piante e vedute di Palmanova*, op. cit., scheda n. 95.
16. Cfr. *Relazione di progetto*, in *Terza Mostra Internazionale di Architettura. Progetto Venezia*, vol. I, Electa Editrice, Edizioni La Biennale di Venezia, Milano, 1985, p. 164.
17. POLESELLO Gianugo, *Palmanova*, ivi, p. 155.
18. Ibidem.
19. TAFURI Manfredo, *L'architettura dell'umanesimo*, Gius. Laterza & Figli, Bari, 1972, p. 314.
20. Ibidem.

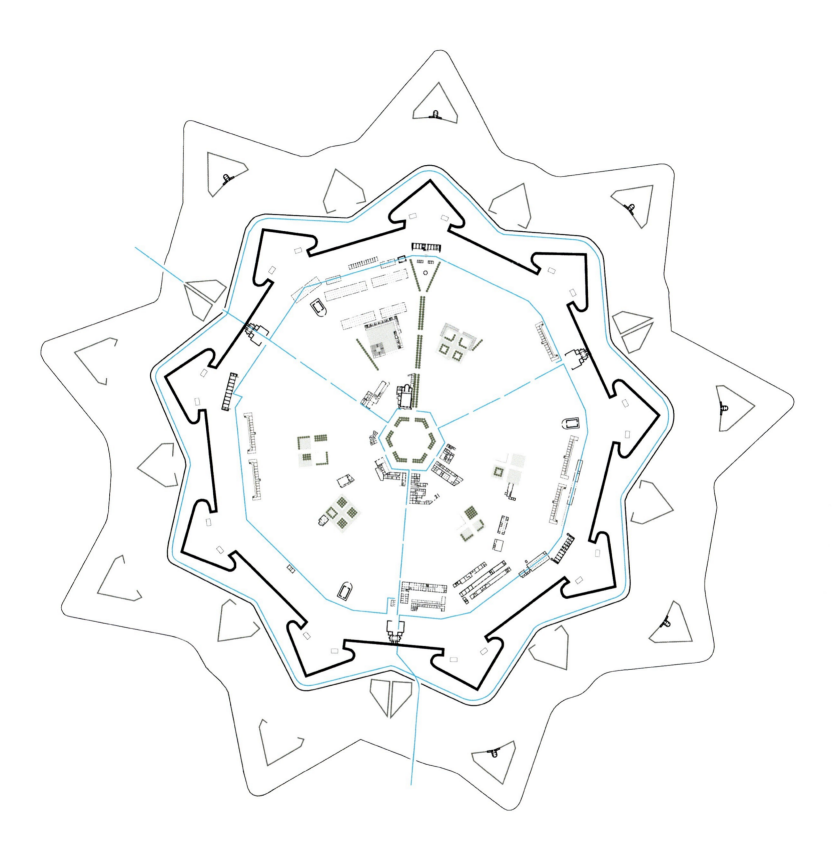

Disegno della pianta di Palmanova con indicati gli edifici monumentali, le caserme, i canali (in azzurro, tratti dalla tavola del capitano Léry *Place de Palma*, 1807) e le nuove piazze.

PROGETTI PER LE PIAZZE DI SESTIERE

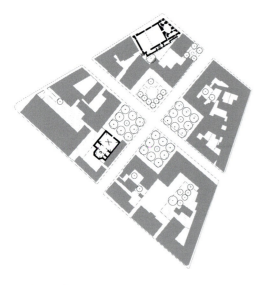
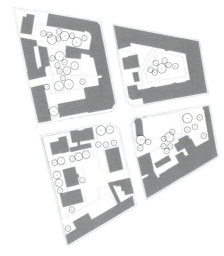
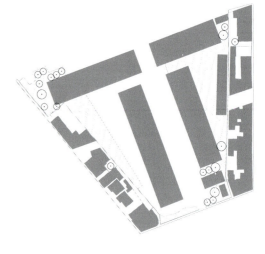

Stato di fatto   Stato di fatto   Stato di fatto

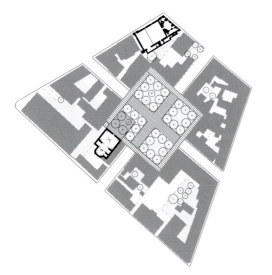
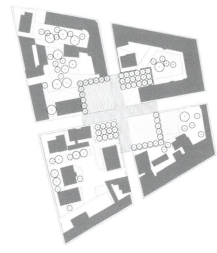
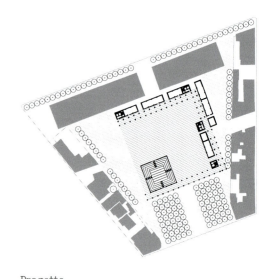

Progetto   Progetto   Progetto

 PIAZZA GARIBALDI   PIAZZA CAPPELLO   EX CASERMA EDERLE

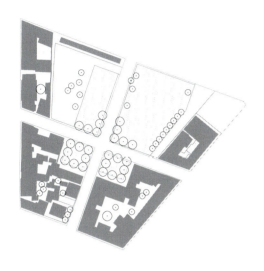

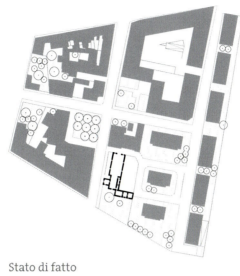

Stato di fatto

Stato di fatto

Stato di fatto

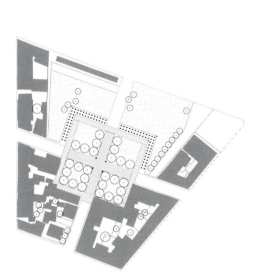

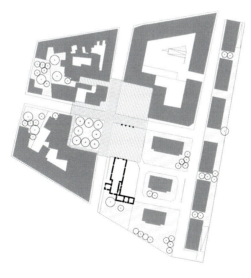

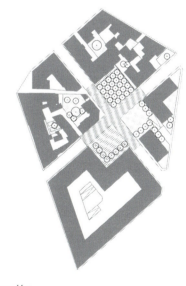

Progetto

Progetto

Progetto

 PIAZZA XX SETTEMBRE

 PIAZZA VENEZIA

 PIAZZA COLLALTO

PIAZZA GARIBALDI

0 10 20   50   100 m

In corrispondenza di **piazza Garibaldi**, nel sestiere a sud-ovest della città, è ben visibile il vuoto urbano corrispondente ai disegni rinascimentali, oggi definito soltanto da quattro giardini e dal quadrivio stradale.

Il progetto prevede l'inserimento di un percorso perimetrale in lastre di pietra piasentina fiammata che, oltre a tenere insieme in un disegno complessivo i quattro giardini, funge da camminamento sul fronte degli edifici e insieme da attraversamento pedonale in prossimità delle penetrazioni stradali. Il quadrivio in corrispondenza della piazza è lastricato in pietra piasentina fiammata posata a correre, ma di pezzatura differente. Per dare continuità alla piazza si ritiene necessario eliminare i marciapiedi in cemento e le siepi che oggi contornano i giardini.

Piazza Garibaldi è riconoscibile anche per la presenza della Chiesa di San Francesco (prima metà del secolo XVII) che definisce, insieme al suo ex convento, ora adibito a deposito, due dei lati della piazza. A poca distanza, ma affacciato su via Dante Alighieri, vi è il teatro Gustavo Modena.

Il necessario ridisegno del sagrato della chiesa, oggi di ridotte dimensioni e contornato da un muretto, che deve inglobare i pini domestici esistenti, è il fulcro dell'intervento; identifica la piazza come piazza religiosa e verrà attuato in modo da rendere riconoscibile lo spazio di rispetto del fronte dell'edificio sacro.

Si confermano gli ulteriori due giardini con i *Pinus pinea* e la ri-piantumazione di altrettanti pini domestici del terzo quadrante, quello con la vera da pozzo.

A protezione dei quattro giardini saranno posizionati dei dissuasori in pietra sul tipo della "pietra d'inciampo" in corrispondenza degli angoli che si attestano sul quadrivio.

L'intenzione è quella di rendere chiaramente leggibili gli spazi del progetto storico di Palmanova così da legare il luogo della piazza al disegno urbano.

Progetto per piazza Garibaldi.

In questa pagina:
prospetti e disegno prospettico.

Nella pagina precedente:
planimetria generale.

PIAZZA CAPPELLO

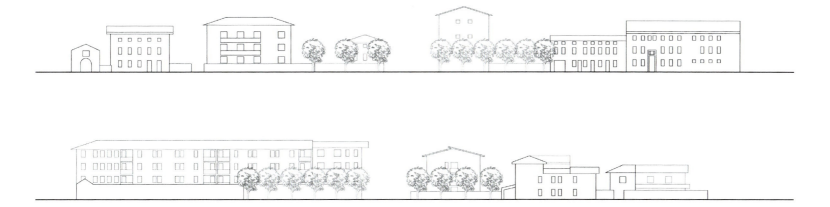

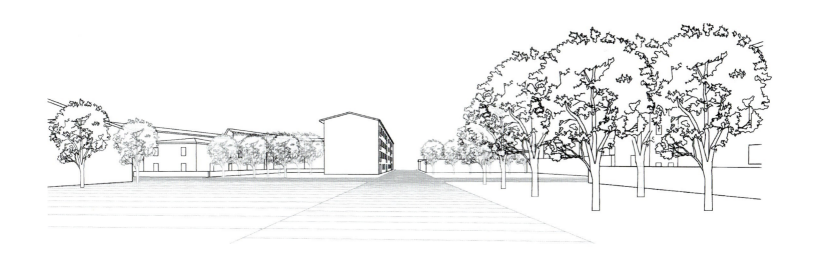

La ristrutturazione di **piazza Cappello** nel sestiere ovest della città prevede la demolizione di tre edifici di architettura minore e di recente realizzazione, uno dei quali occupa un intero settore della piazza. Il progetto mostra la possibilità di ricostituire quasi interamente il disegno della piazza di 70 x 70 metri inglobando anche i giardini privati che possono entrare a far parte del disegno complessivo.
Piazza Cappello avrà un unico settore lastricato in pietra piasentina fiammata per ospitare eventi culturali o il mercato di quartiere; gli ulteriori tre settori saranno trattati come giardini verdi, nei quali inserire siepi ed altri elementi vegetali.
Le bordure di alberi con essenza *Catalpa Speciosa* permettono di dare omogeneità al disegno per la mancanza di fronti continui intorno alla piazza. I filari degli alberi definiscono ampie zone d'ombra, mentre dissuasori sul tipo della "pietra d'inciampo" preserveranno i giardini in corrispondenza del quadrivio.
Gli assi stradali in corrispondenza della piazza saranno lastricati in pietra piasentina fiammata.
In questo caso l'intervento progettuale assume le forme di una vera e propria ricostruzione, per la quale diventano necessarie alcune demolizioni di non grande entità, ma fondamentali per riprendere il disegno urbano. La riconoscibilità dello spazio pubblico della piazza è, infatti, *conditio sine qua non* per confermare e dare nuovo valore all'identità urbana di "Palma".

Progetto per piazza Cappello.

In questa pagina:
prospetti e disegno prospettico.

Nella pagina precedente:
planimetria generale.

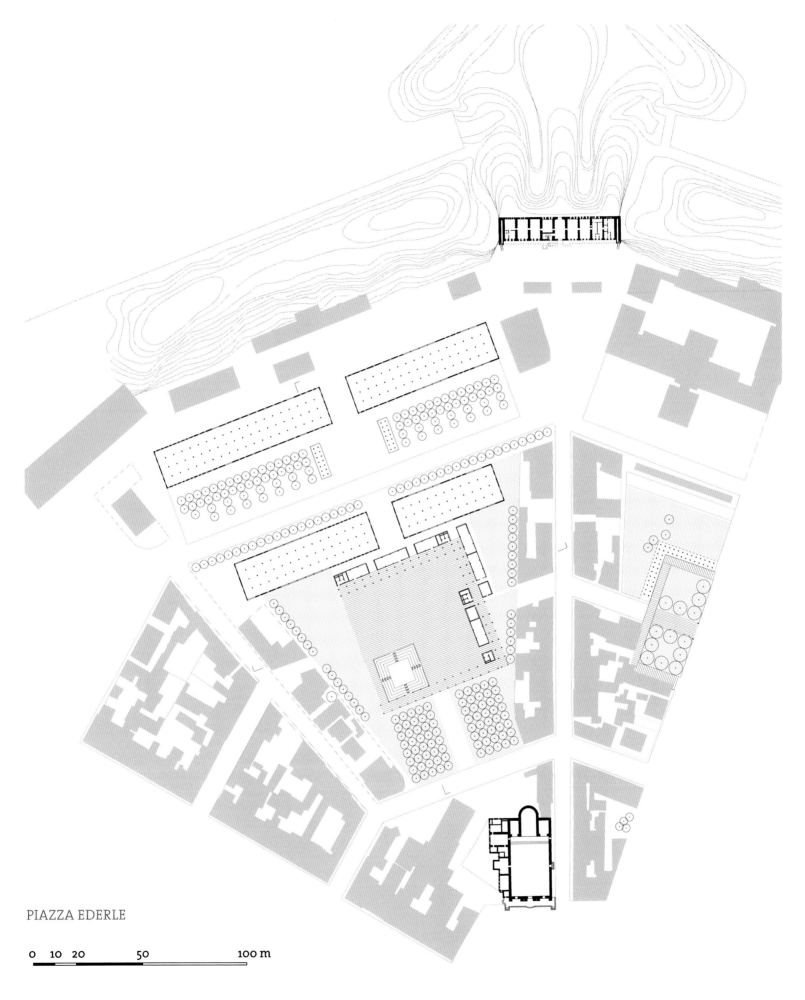

PIAZZA EDERLE

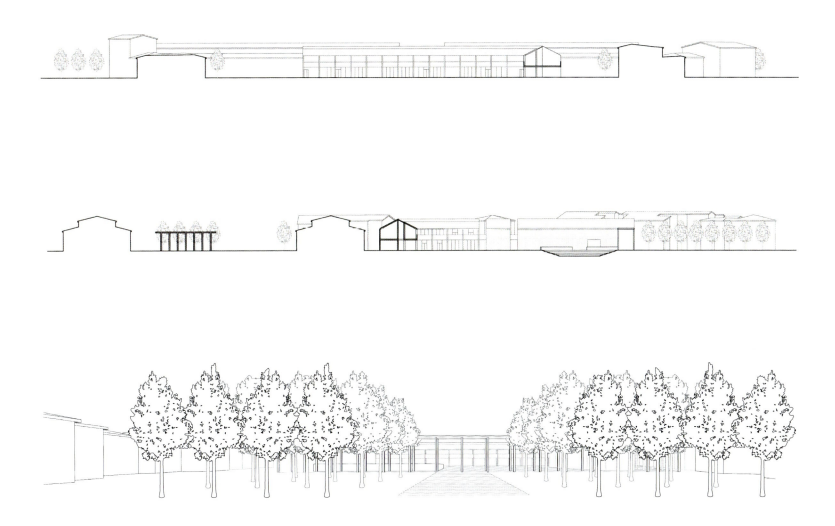

La nuova **piazza Ederle** è progettata nell'area dell'ex caserma omonima a nord della città*. La piazza sarà posta all'interno di un parco creato attraverso la demolizione di due grandi depositi militari e sarà perimetrata su due lati da edifici a ballatoio: al piano terra saranno distribuiti gli spazi commerciali e gli ingressi per accedere al piano superiore, dove troverà spazio la residenza. Il lato sud della piazza sarà definito da un porticato che termina con un teatro all'aperto, ribassato rispetto al piano di calpestio. L'accesso da via Scamozzi avverrà attraverso un parco definito da filari paralleli di *Pyrus calleryana* "Chanticleer" con lo scopo di costruire un fronte verde continuo su via Scamozzi. Dalla parte opposta filari della stessa essenza definiranno le aree destinate a parcheggio e alla sosta delle corriere.

Il pero "Chanticleer" è una varietà di origine cinese che ha eccellenti caratteristiche ornamentali. È un albero di facile manutenzione, resistente allo smog, agli stress da siccità, al freddo anche intenso. Pianta dal portamento piramidale, non si allarga oltre i 5/6 metri, e ha rami eretti, rigidi e tozzi che non vanno mai fuori forma anche in assenza di potature. I fiori bianchi, riuniti in racemi, molto simili a quelli del pero da frutto, sbocciano prima delle foglie e nel periodo di fioritura la pianta assomiglia a una nuvola bianca. Ai fiori seguono poi una miriade di piccoli frutti tondeggianti, molto graditi dagli uccelli, ma la bellezza di questa pianta è nel fogliame. Le foglie sono ovate, di consistenza coriacea e lucide, il colore è verde lucente. In autunno, prima di cadere, si colorano molto presto assumono caldi toni gialli, arancio e rosso.

Nel progetto di questa piazza tende a prevalere un tipo di disegno che combina elementi costruiti con piantagioni ordinate, in modo da caratterizzare lo spazio pubblico attraverso la sua attrezzatura vegetale, piuttosto che con la prevalenza del costruito, anche per mostrare una possibile relazione con l'idea di Palmanova come città utopica attraverso luoghi urbani aperti.

* Il progetto della piazza è tratto dalla tesi di laurea *Palmanova città fortezza: una nuova piazza di sestiere per una nuova città*, studenti: M. Gortan, G. Maretto, anno accademico 2017-2018.
Relatore: Armando Dal Fabbro.
Correlatore: Paolo Foraboschi.

Progetto per piazza Ederle.

In questa pagina:
prospetti e disegno prospettico.

Nella pagina precedente:
planimetria generale.

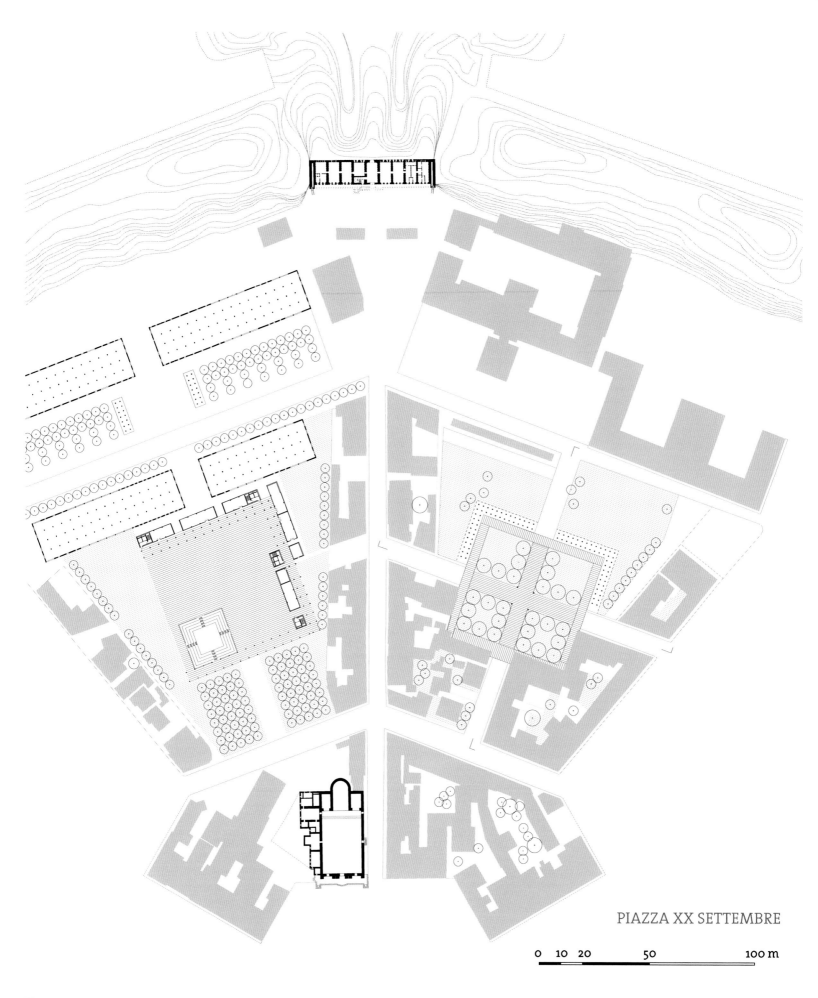

PIAZZA XX SETTEMBRE

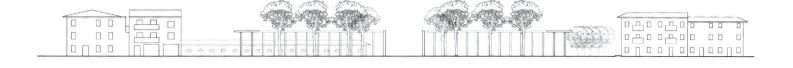

Piazza XX settembre, nell'altro sestiere a nord della città, è perimetrata parzialmente dall'edificato. La piazza, infatti, è contornata da edifici nei due settori a sud di via Pasqualigo, mentre lo spazio a nord è un grande parco che si estende fin verso l'ex Ospedale.
Nel progetto il perimetro della piazza viene riqualificato da un percorso in lastre di pietra piasentina fiammata che tiene insieme, in un disegno complessivo, i quattro giardini e si rastrema sul bordo esterno in prossimità dei fronti dove questi non sono ortogonali o simmetrici. Di conseguenza è prevista la rimozione di tutti i marciapiedi che perimetrano i giardini attuali. Un nuovo porticato definisce il limite della piazza verso il parco e fa da sfondo a due giardini che sono ridisegnati preservando i pini domestici esistenti e rimuovendo le piante di altra tipologia. La pavimentazione del porticato è prevista a ghiaietto proveniente da cave locali, composto da spezzato di piccole dimensioni misto a sabbione e terreno.
I tratti di strada in corrispondenza della piazza sono lastricati in pietra piasentina fiammata posata a correre. Quattro elementi verticali identificano il centro del quadrivio.
Il progetto sceglie quindi di operare con un numero ridotto di elementi, costruiti e vegetali, che però hanno un'alta riconoscibilità e un forte valore dimostrativo del disegno urbano e allusivo alla particolare condizione identitaria della città.

Progetto per piazza XX settembre.

In questa pagina:
prospetti e disegno prospettico.

Nella pagina precedente:
planimetria generale.

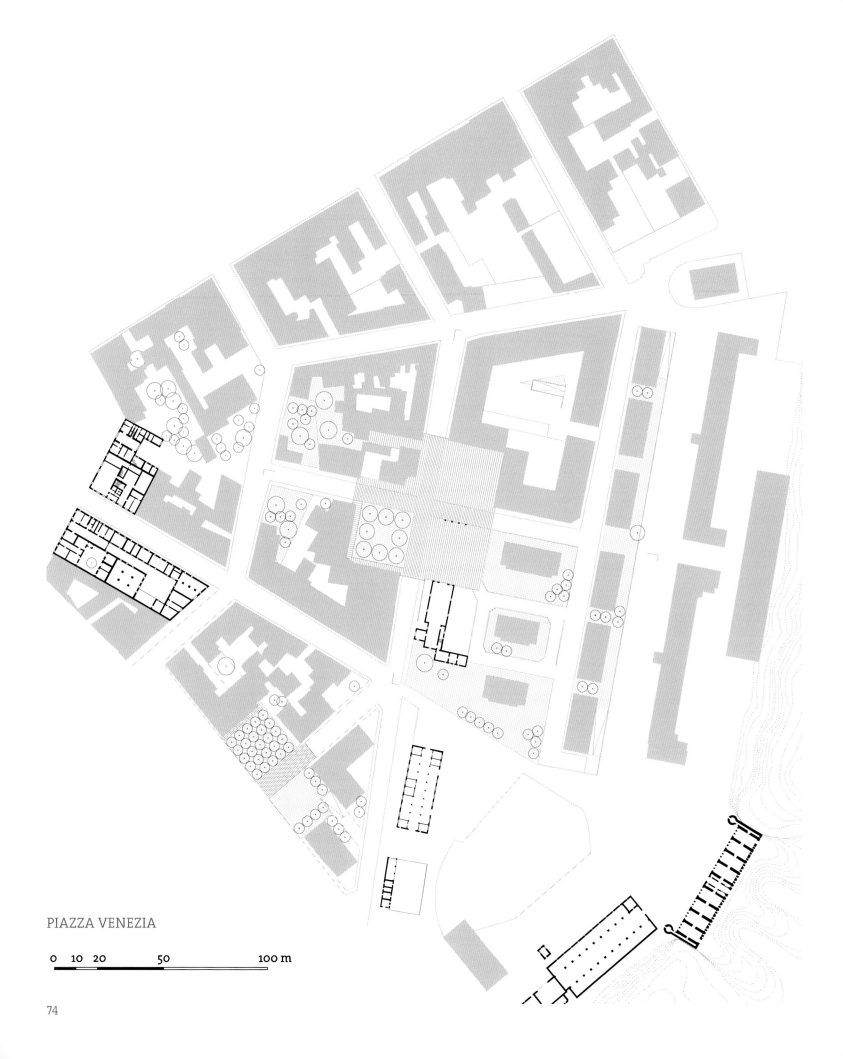

PIAZZA VENEZIA

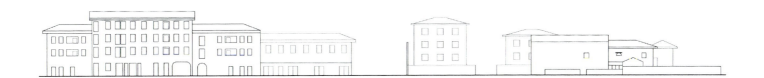

Nello studio per il progetto di **piazza Venezia**, nel settore a est della città, si è ritenuto necessario riportare la piccola Chiesa della Natività della Vergine Maria (1603) e il suo muro perimetrale ad affacciarsi sulla piazza di sestiere come è rilevabile nelle mappe sette e ottocentesche. La chiesa a pianta rettangolare apparteneva al convento dei Padri Minori Cappuccini di cui è rimasta solo una piccola parte, ma in origine comprendeva tutto l'isolato oggi occupato da tre palazzine residenziali. Nella carta di Franco Bascuglia del 1755, e nel catasto napoleonico del 1811 il muro di cinta del convento era la prosecuzione della facciata della chiesa e con il suo andamento definiva il secondo lato della piazza e il limite del convento su contrada Venezia. Sui restanti lati della piazza affacciavano degli orti. Nel periodo della dominazione francese la chiesa fu ridotta a magazzino e il convento ad ospedale militare.

Nel disegno di progetto quattro elementi verticali puntiformi determinano la profondità del sagrato in pietra picentina fiammata posizionata a correre, che corrisponde al quadrante sud della piazza, sul lato opposto al di là di contrada Venezia l'area aperta è in lastricato nella medesima pietra piasentina posata a correre su cui affaccia il magazzino di vicinato. Infine, il giardino con pini domestici verrà ridisegnato eliminando il marciapiede in cemento e realizzando una bordatura in pietra in corrispondenza dei fronti degli edifici.

I tratti di strada in corrispondenza della piazza saranno lastricati sempre in pietra piasentina posata a correre.

Il progetto delle piazze di Palmanova è chiamato a dar conto della memoria degli assetti precedenti, non nelle forme del semplice ricordo, ma in quelle della possibile suggestione della forma urbana utopica, allusa attraverso il processo di costruzione dello spazio pubblico.

Progetto per piazza Venezia.

In questa pagina:
prospetti e disegno prospettico.

Nella pagina precedente:
planimetria generale.

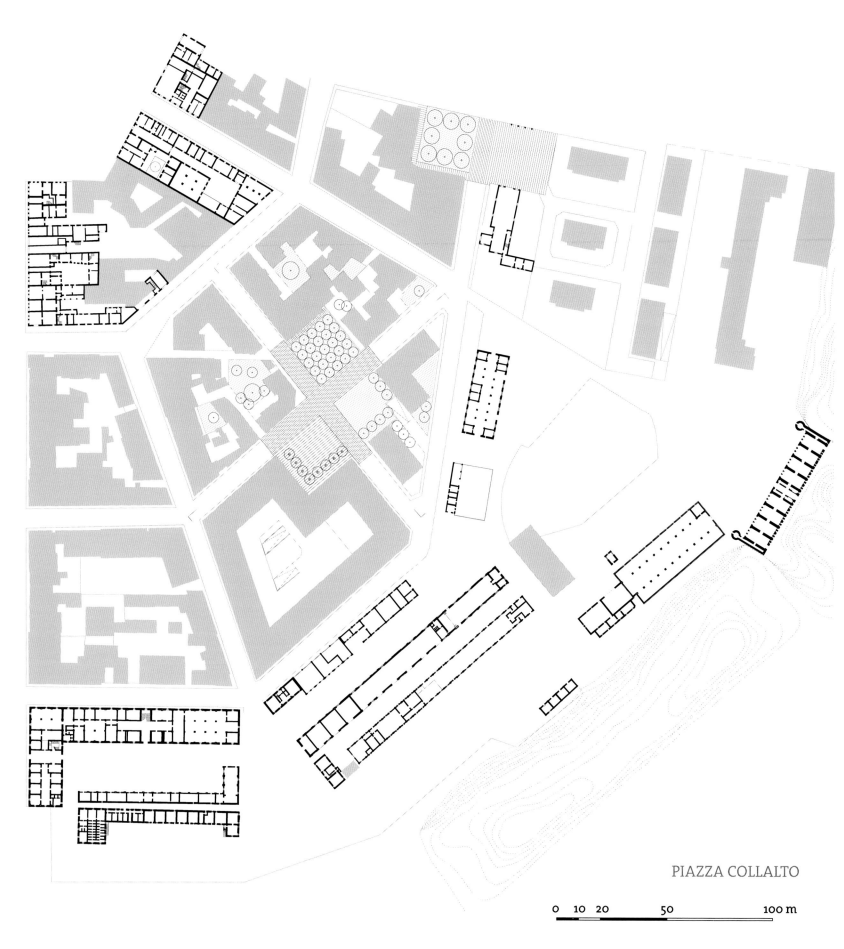

PIAZZA COLLALTO

0 10 20   50   100 m

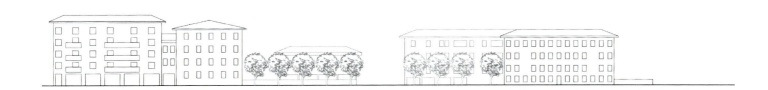

Piazza Collalto si trova nel settore sud-est di Palmanova. La piazza è posta tra l'ambito di riqualificazione dell'ex caserma Montezemolo e contrada Collalto e le collega.

E' per un quarto occupata da un corpo di fabbrica della prima metà del Novecento, che si auspica possa contenere in futuro funzioni pubbliche. I restanti edifici che la contornano sono di costruzione recente. Il giardino privato che insiste su un settore della piazza e gli altri due giardini pubblici dovranno essere annessi al nuovo disegno. Si ritiene opportuna l'eliminazione dei marciapiedi in prossimità delle strade e l'inserimento di dissuasori in corrispondenza dell'incrocio stradale. Per il giardino a nord si prevede il ridisegno attraverso la piantumazione con alberi di *Catalpa Speciosa* disposti in filari paralleli e l'eliminazione dei marciapiedi in cemento; per quello a sud e per quello ad est si prevede rispettivamente una pavimentazione in pietra piasentina, al fine di consentire l'accesso ai negozi, e un giardino, entrambi i quadranti saranno contornati da filari di alberi di *Catalpa Speciosa*.

I tratti di strada in corrispondenza della piazza saranno lastricati in pietra piasentina fiammata posata a correre.

Nel caso di questa piazza il progetto intende valorizzare il suo ruolo di accesso principale all'importante comparto di riqualificazione della caserma Montezemolo e più in generale il suo decisivo ruolo di collegamento e connessione tra il sestiere e la città. Le piazze sono infatti non soltanto il luogo in cui la città mostra la sua forma, ma anche gli snodi attraverso cui possono transitare i suoi nuovi traffici e la sua vita rinnovata.

Progetto per piazza Collalto.

In questa pagina:
prospetti e disegno prospettico.

Nella pagina precedente:
planimetria generale.

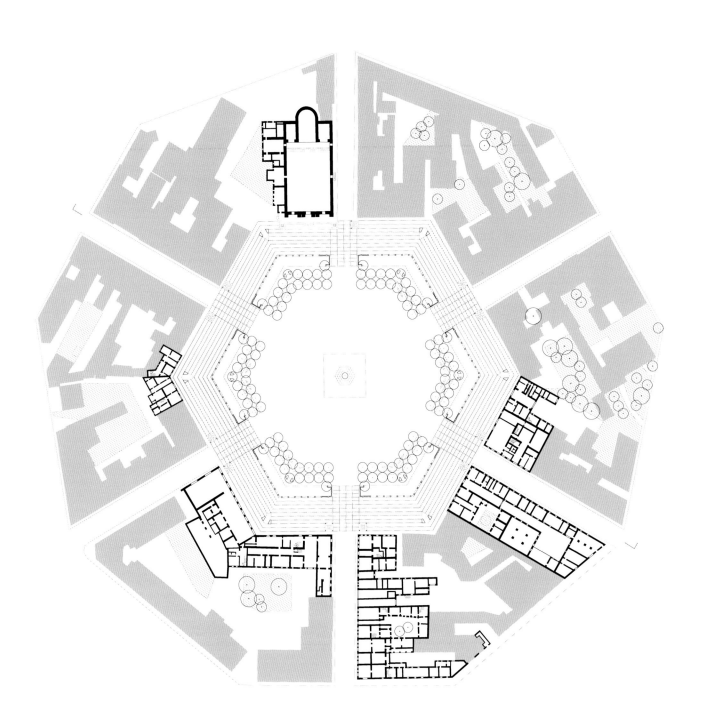

PIAZZA GRANDE

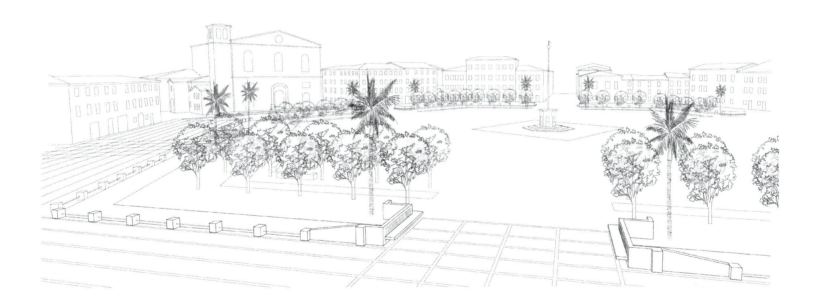

La sistemazione attuale della centrale **piazza Grande** è il risultato di un attento progetto di restauro dell'architetto Franco Mancuso degli anni 1997-1999 che ha riportato la storica roggia all'interno della piazza, insieme alla stele triangolare voluta dal provveditore Alvise Priuli del 1654 e alle statue dei provveditori nei luoghi originari mostrati da una mappa di metà Ottocento* e orientate verso l'interno, ovvero verso la stele centrale.

Il nostro progetto per piazza Grande, pavimentata in pietra piasentina fiammata e in ghiaietto, nel settore interno alla roggia, si propone di allineare un doppio filare di alberi nell'esagono interno alla roggia stessa, con la varietà della *Catalpa Speciosa*, allo scopo di ridimensionare la profondità della piazza, realizzando così una zona d'ombra privilegiata. Questo albero a fogliame largo, con chioma composta, è simile alla pianta che formava il filare di alberi che già occupava l'interno della piazza nelle foto storiche di inizio Novecento. Una seconda vasca d'acqua è posizionata a contorno dello stendardo centrale e rimanda al complesso sistema canalizio che correva a cielo aperto lungo le tre strade che dalla piazza portavano alle porte della città e la contornava dall'interno e dall'esterno.

In questo particolare caso ci troviamo di fronte alla più importante realizzazione architettonica degli ultimi anni a Palmanova*. Il progetto può soltanto in questo caso limitarsi a sottolineare l'ottima realizzazione esistente e per quanto possibile a renderla ancora più efficace e fruibile nella chiave civile della città.

* Per una descrizione del progetto della piazza di Palmanova cfr. MANCUSO Franco, *Palmanova e la "bella forma" della città*, in "Casabella", n. 675, pp. 69-72.

Progetto per piazza Grande.

In questa pagina:
sezione e disegno prospettico.

Nella pagina precedente:
planimetria generale.

La ricerca progettuale: obiettivi e articolazione

Veduta dell'ex caserma napoleonica Gamerra
e sullo sfondo l'edificio degli ex magazzini-autorimessa.

Riqualificazione delle aree militari dismesse in una prospettiva di rigenerazione urbana

Negli anni Novanta del Novecento la cittadina è stata protagonista del progressivo abbandono dell'area urbana da parte dei militari con una conseguente crisi economica della città. Questo ha portato allo spopolamento e alla successiva dismissione di circa 60.000 mq di edifici militari.
Molti immobili di "Palma" sono oggi sottoposti a un vincolo di tutela da parte del Ministero per i beni e le attività culturali, per altri invece è stata avviata la procedura contraria per fare decadere tale vincolo, in modo da permettere una riprogettazione integrale dei luoghi.
Gli edifici in questione sono di proprietà in parte del Comune di Palmanova e in parte del Demanio dello Stato, mentre i bastioni appartengono al Demanio dello Stato-Ramo Guerra per una superficie di circa 1.200.000 mq e sono realizzati mediante rilevati di terreno e muri di sostegno ricoperti da vegetazione spontanea, con costruzioni di servizio, casematte, caponiere, lunette, oggi in stato di degrado progressivo. Al di sotto dei bastioni, un sistema di cunicoli mette in comunicazione le varie postazioni militari.
La manutenzione e la messa in sicurezza di tutti questi luoghi sono molto onerose e sono a carico sia del Comune di Palmanova che del Demanio: è quindi indispensabile mettere in atto sinergie e strategie d'ampia veduta per valorizzare e rilanciare la città con la sua originalità nel panorama economico italiano ed europeo, al fine di garantirne la sopravvivenza e la conservazione.

Le proposte progettuali a cui ho lavorato con il gruppo di ricerca dello Iuav coordinato dal professore Armando Dal Fabbro mirano ad indagare il tema dal punto di vista del disegno urbano e architettonico, interpretando la città-fortezza di Palmanova come un laboratorio di costruzione dell'architettura in relazione alla forma della città.

Partendo da una chiara definizione degli obiettivi delle proposte, indirizzate in primo luogo al recupero e al consolidamento delle ex caserme Montezemolo, Gamerra e Piave, dell'ex caserma Ederle e più in generale allo sviluppo economico di Palmanova e del suo territorio – una definizione articolata in differenti livelli per tempi e risultati ottenibili – è stata così elaborata una prima strategia operativa e progettuale.
L'analisi è stata svolta nel quadro delle ipotesi funzionali messe in campo dal gruppo di lavoro secondo un programma multidisciplinare e multiscalare, attuato tra conservazione e innovazione, valutazione della sua fattibilità, del quadro delle opportunità, ma anche dei vincoli che sono stati tenuti in considerazione in vista della redazione di un possibile futuro piano strategico di fattibilità.

L'obiettivo fondamentale dei progetti è la conservazione della città che, come si è detto, passa attraverso la trasformazione di alcune sue parti costitutive. La natura del mutamento risulta essere dunque essenziale e questo ha comportato l'obbligo di costruire un quadro territoriale in cui la scelta della modificazione potesse inserirsi con il migliore esito possibile; insieme a questo si è manifestata la necessità d'individuare obiettivi specifici possibili di rifunzionalizzazione della città che, attraverso una precisa strategia, fossero applicati alle sue parti. La trasformazione e il suo insieme, in altre parole, sono nel caso di Palmanova consustanziali

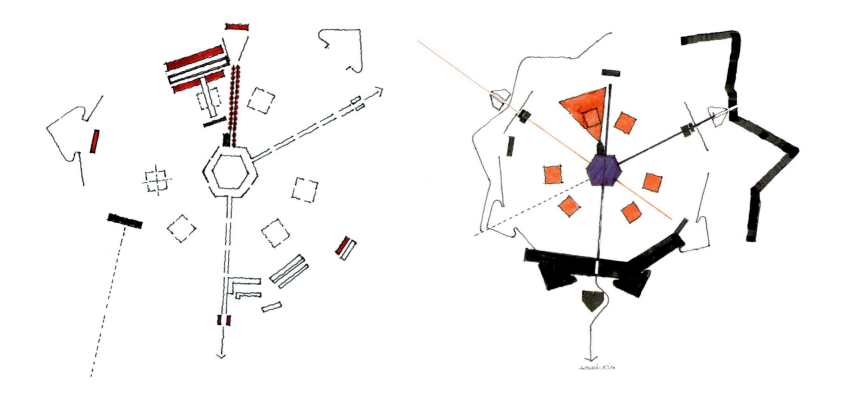

alla sua custodia, rivestendo quindi un ruolo strategico e come tali sono stati considerati nel processo progettuale.
Specificità originarie di Palmanova, per la sua artificiale e naturale conformazione planimetrica, sono la specializzazione e la sicurezza, che possono oggi garantirle ancora la possibilità di essere vissuta solo attraverso una costruzione analogica che individui nuove funzioni strategiche. Peraltro, la disponibilità alla ridestinazione degli spazi urbani e delle caserme di Palmanova costituisce davvero un'opportunità per il suo rilancio nella regione del Friuli-Venezia Giulia e nello spazio mitteleuropeo.

Tali finalità di conservazione sono necessariamente di natura articolata. Preservazione significa per Palmanova in primo luogo un'azione di consolidamento della forma urbana, in senso proprio e in senso lato, da attuarsi anche e soprattutto attraverso il completamento del disegno urbano nelle parti mancanti, perdute o distrutte. Tale consolidamento scaturisce da un'azione più vasta in campo territoriale che, individuando una nuova strategia regionale, rafforzi e riordini il sistema dei trasporti, servendo "Palma" in modo da darle un ruolo potenziato quale centro di traffici.

Il consolidamento della forma urbana, peraltro, per attuarsi deve prevedere l'inserimento di nuove funzioni urbane attraverso le quali procedere ad un recupero delle parti compromesse o in abbandono e ad una conferma del disegno urbano, attraverso un lavoro sugli spazi aperti, le sei piazze dei sestieri e la grande piazza centrale.

Riguardo alle ipotesi complessive un'ulteriore riflessione meritevole di approfondimento futuro potrebbe articolarsi a partire dal possibile ruolo di Palmanova all'interno di un'idea di città metropolitana di tipo interregionale. Emerge quale fatto importante, in questo contesto, l'esigenza di promuovere una politica che individui temi specifici legati ai grandi obiettivi funzionali. Uno di questi potrebbe essere la localizzazione a Palmanova di una scuola interateneo (per esempio Venezia-Iuav, Udine, Trieste) e di un complesso di residenze a questa collegato: un sistema non solo morfologico, ma sociale e culturale che acquisterebbe una dimensione sovranazionale coinvolgendo sedi prestigiose come ad esempio Vienna e Lubiana. Se i complessi in abbandono delle caserme diventassero le chiavi insediative della macrofunzione interuniversitaria,

Armando Dal Fabbro, composizioni tensionali dell'impianto urbano di Palmanova, schizzi interpretativi.

Alcuni schemi preliminari di studio e prime riflessioni progettuali evidenziano le figure dei vuoti urbani, le geometrie speculari del disegno in pianta della città e i suoi assi primari di penetrazione territoriale. Gli schemi insistono nel disegno del limite della città che ha segnato il distacco definitivo tra interno ed esterno, tra l'urbano e la campagna. La complessità spaziale della città è risolta all'interno della sua geometria costruttiva, il sistema stradale a diapason contrapposti individua da un lato le porte di città (porta Aquileia, porta Cividale e porta Udine) e dall'altro, in modo speculare, gli assi rettilinei di collegamento alle caserme napoleoniche collocate come fondali scenografici alle piazze di baluardo. Cerniera del sistema insediativo è la piazza d'armi esagonale, il grande vuoto centrale, perno figurativo e spaziale della composizione urbana.
Il sistema dei vuoti, in questo caso, si contrappone al *continuum* edilizio dei sestieri urbani intorno alla piazza d'armi e al sistema polare degli assi stradali, delimitati dalla via monumentale delle milizie su cui insistono le piazze di baluardo e si affacciano gli edifici militari di costruzione veneziana.
I progetti interpretano i luoghi della storia urbana, la natura seriale delle architetture militari, che sono di fatto gli edifici più rappresentativi della città. (ADF)

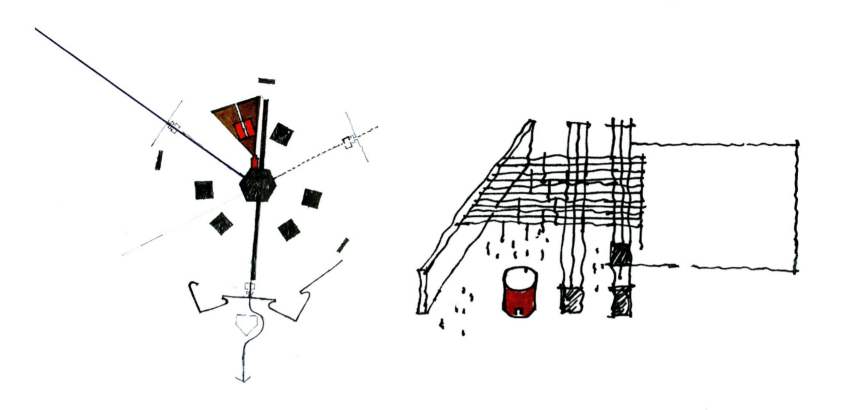

"Palma" potrebbe rappresentare in questa ipotesi, quale punto d'intersezione culturale, il volano per rilanciare, nel contesto, una sperimentazione abitativa pensata per soddisfare le esigenze di un tipo di utenza specifica, legata all'ipotesi insediativa principale e in grado d'integrarsi alle ragioni insediative originarie.

Un'altra possibile linea strategica di riqualificazione potrebbe, invece, prendere in considerazione la centralità di Palmanova nell'ambito di una ridistribuzione delle vie commerciali, tutto ciò sfruttando la sua posizione strategica come luogo direttore di un porto tra terra e acqua, a breve distanza dal porto interno di San Giorgio di Nogaro, uno tra i più settentrionali dell'Europa meridionale. Palmanova verrebbe a costituire così un'alternativa terrestre e insieme una possibile integrazione ai porti marittimi di Trieste e Venezia. Importante sarebbe anche la vicinanza all'interporto di Cervignano del Friuli, località in prossimità delle reti di trasporto trans-europee. In questo caso la sperimentazione architettonica si applicherebbe ai tipi direzionali e sarebbe integrata alla necessaria ricerca di quelli residenziali, che ne costituiscono in ogni caso una base ricorrente. Palmanova potrebbe assumere, così, un nuovo ruolo direzionale, mentre Cervignano e San Giorgio di Nogaro manterrebbero, potenziandolo, il ruolo attuale più direttamente operativo.

Dati gli obiettivi enunciati da perseguire attraverso un'ipotesi strategica generale ne sono conseguite strategie particolari derivate dalle scelte generali, dalle nature delle trasformazioni proposte, e insieme dalle specifiche caratteristiche urbane di Palmanova e delle sue architetture.
I programmi d'intervento per "Palma" sono partiti innanzitutto dalla riformulazione del rapporto con la contemporaneità, attraverso un rinnovato sistema infrastrutturale, da attuarsi in sinergia con il rilancio di nuovi piani urbani e territoriali.

Strategie territoriali in atto

Prima di procedere alla disamina dei singoli progetti, si ritiene doveroso accennare il quadro di interventi previsti in questo territorio che dovranno essere coordinati e congiunti per fare uscire Palmanova dal cono d'ombra sfruttando il già esistente crocevia infrastrutturale (autostrade A4-A23, linea ferroviaria Cervignano-Udine).
Il Piano Regionale delle infrastrutture di trasporto, della mobilità delle merci e della logistica del Friuli Venezia Giulia (2013) mira, infatti, a promuovere la pianificazione dei trasporti, su base logistica, non solo a livello regionale, ma anche strategica sovraregionale ed europea. L'attenzione sarà rivolta a tre importanti direttrici di traffico: quella stradale e ferroviaria est-ovest dai Balcani e dall'Europa orientale verso l'Europa occidentale e la penisola iberica (corridoio paneuropeo V Lisbona-Kiev) e la direttrice nord-sud fra l'Europa centro-settentrionale, il Nord Africa e i paesi del Medio Oriente. Obiettivo più interno alla Regione è la realizzazione della terza corsia dell'Autostrada A4 che termina a Sistiana, da cui prosegue verso Trieste, senza soluzione di continuità con la classificazione RA 13. Questa è un'opera importante sia per il collegamento con il centro-est Europa e il Mediterraneo, sia per il collegamento tra l'area baltica e il mar Adriatico, un asse in continuo aumento di traffico e con numeri importanti sia per i passeggeri sia per le merci.
A scala regionale invece è programmato l'adeguamento alle caratteristiche autostradali la Villesse-Gorizia (A34) che si dirama dall'autostrada A4 in direzione di Gorizia, dove poi prosegue come autostrada H4 slovena sino a Lubiana. Oltre a questo, si prevede la realizzazione del prolungamento della superstrada Cimpello-Sequals fino a Gemona del Friuli. Al sistema infrastrutturale viario autostradale che collocherà Palmanova in un contesto europeo, corrisponde il potenziamento della linea ferroviaria del corridoio Baltico-Adriatico in cui si inserisce il rafforzamento della linea ferroviaria di primo livello che da Cervignano del Friuli (dove si trova anche un interporto) passa per Palmanova-Udine; questa direttrice connetterà facilmente la cittadina di Palmanova alla dorsale ferroviaria est-ovest. "Palma" si trova inoltre a breve distanza dal porto interno di San Giorgio di Nogaro, uno tra i più settentrionali dell'Europa meridionale, insieme ai porti commerciali di Trieste, Monfalcone e Venezia.
Un settore particolarmente sviluppato è quello del diporto nautico; il trasporto marittimo e fluviale potrebbe essere per quest'area una grande risorsa, considerato il fatto che i fiumi sono navigabili e che porti ed approdi sono presenti anche in varie località dell'entroterra. Questa strategia è ripresa dal sistema trasportistico della Serenissima che collegava la città all'entroterra senza grosse difficoltà.
La Regione Friuli Venezia Giulia si sta inoltre impegnando nella realizzazione di una rete di ciclovie che supera le Alpi collegando il centro Europa e il mare Adriatico (Villach-Trieste) e che si pone come l'elemento infrastrutturale portante di un turismo sostenibile e in grado di conquistare fasce sempre più ampie di utenza. Palmanova si colloca su questa infrastruttura con tratti di pista ciclabile ben strutturati, anche se molte sono ancora le discontinuità tra i vari tratti ciclabili che dovranno essere risolte.

TAVOLA GUIDA

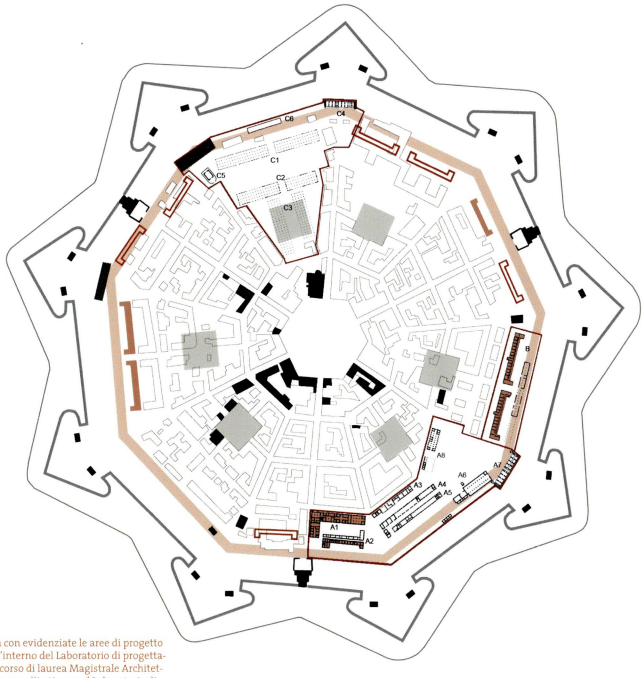

Tavola guida con evidenziate le aree di progetto elaborate all'interno del Laboratorio di progettazione 3B del corso di laurea Magistrale Architettura per il Nuovo e l'Antico e nel Laboratorio di laurea Magistrale dello Iuav.

— caserme rinascimentali esistenti
— caserme rinascimentali demolite
— altri edifici di interesse storico
C4, A7, — caserme di bastione
— piazze di sestiere
— aree di progetto
— strada delle Milizie

Ex Caserma Montezemolo

A1 storica caserma Montezemolo
A2 edifici dei servizi e dell'infermeria
A3 casamatta, magazzini, laboratorio
A4 autorimesse – cinema
A5 cucina – refettorio
A6 magazzini – autorimessa
A7 caserma di bastione Gamerra
A8 autorimessa – posto manutenzione

B – Ex Caserma Piave

Ex Caserma Ederle

C1 autorimesse – depositi
C2 autorimesse – depositi
C3 autorimesse – depositi
C4 caserma di bastioni Filzi
C5 polveriera Napoleonica Barbaro
C6 caserma

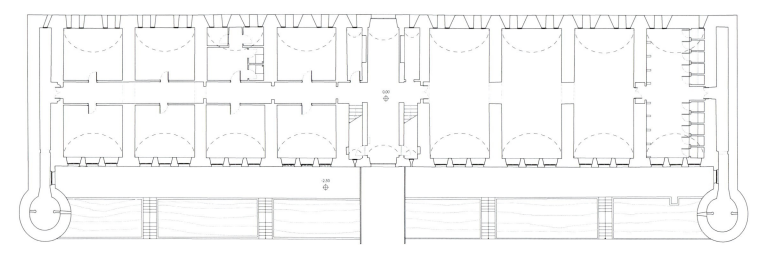

pianta piano terra

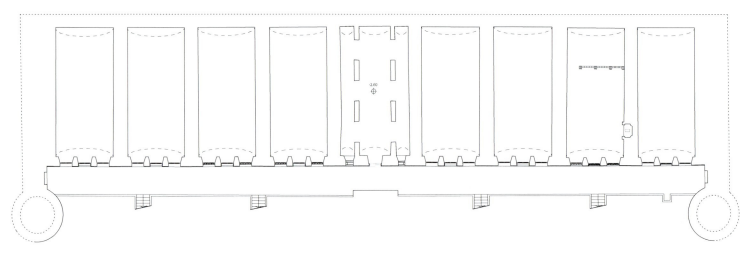

pianta piano seminterrato

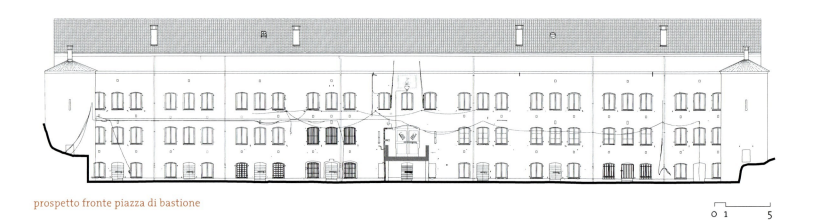

prospetto fronte piazza di bastione

0 1 5

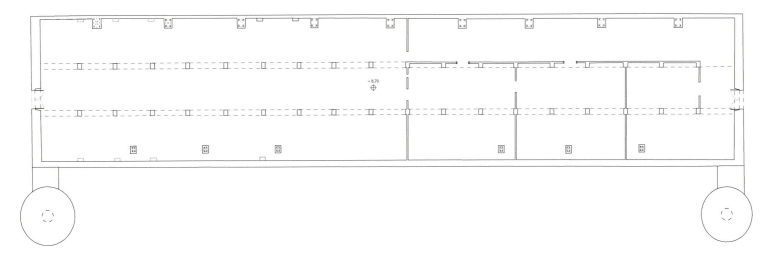

pianta sottotetto

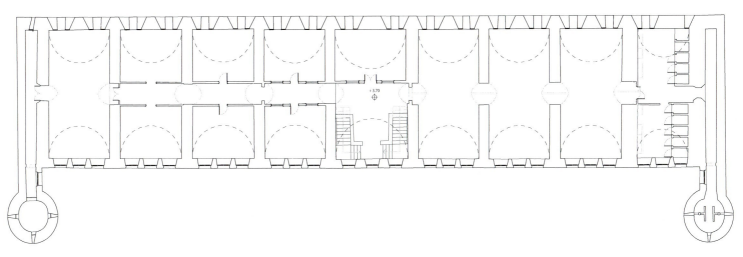

pianta piano primo

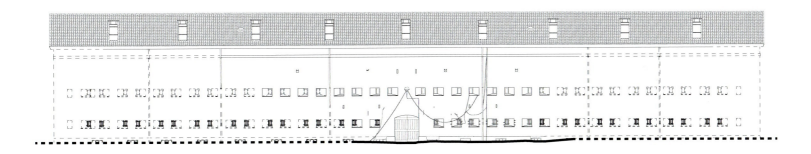

prospetto fronte bastione

Rilievo architettonico dell' ex caserma Gamerra realizzato dagli studenti del Laboratorio di progettazione architettonica 3B (a.a. 2016-2017) e coordinato da Sara Di Resta.
Il rilievo dei prospetti è stato eseguito con sistema laser-scanner in collaborazione con il Laboratorio di fotogrammetria Iuav.

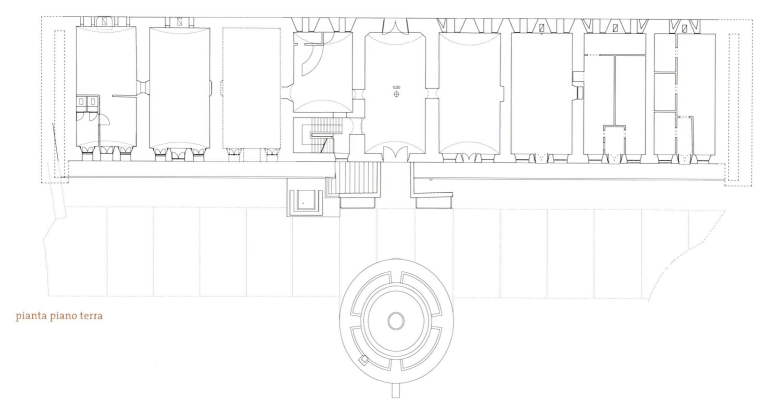

pianta piano terra

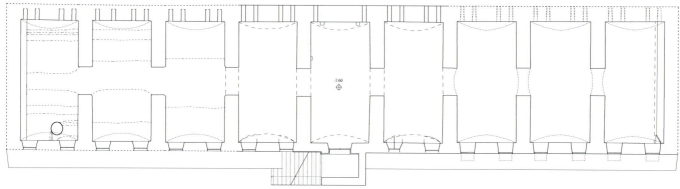

pianta piano seminterrato

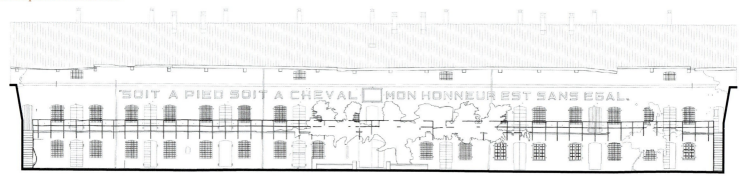

prospetto fronte piazza di bastione

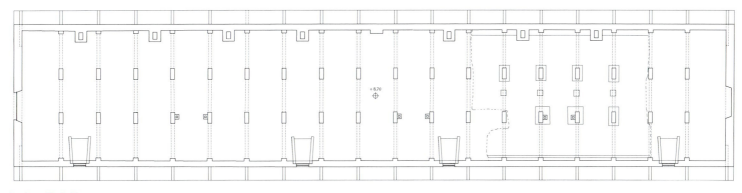

pianta sottotetto

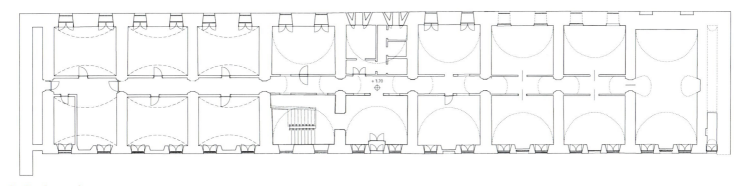

pianta piano primo

sezione longitudinale

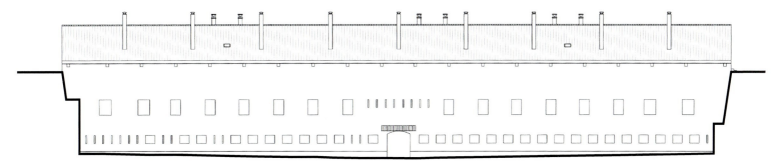

prospetto fronte bastione

Rilievo architettonico dell' ex caserma Filzi realizzato dagli studenti del Laboratorio di progettazione architettonica 3B (a.a. 2017-2018) e coordinato da Sara Di Resta.
Il rilievo dei prospetti è stato eseguito con sistema laser-scanner in collaborazione con il Laboratorio di fotogrammetria Iuav.

Temi di progetto

Quale possibile strategia di consolidamento della forma urbana è emersa, in primo luogo, la possibilità di valorizzazione dei baluardi in parco urbano, con l'individuazione di percorsi per la fruizione pubblica da parte della città e del territorio e il recupero degli spazi ipogei come specifico tema d'architettura. In effetti i baluardi e il loro progressivo ampliamento hanno da sempre riguardato la storia della città di Palmanova, come testimoniato dalle numerose carte storiche, dove vengono individuati nuovi metodi difensivi, sempre più efficaci. I progetti – solo in parte realizzati – dell'*Ecole de Mèzières* per la città di Palmanova (1754-1833), costituiscono il termine di confronto con una realtà più europea che italiana, adottando come pratica "il fronte moderno", quale modello per la costruzione e ricostruzione delle mura urbane e dei forti esterni.
La successione delle fortificazioni, nel caso di "Palma", ha dato vita a una città che si fonde nel paesaggio, creando un tema di straordinario interesse per lo studio della *landscape architecture*.

In questa direzione si è rivolto uno sguardo contemporaneo su iniziative di recupero eseguite in altre città fortificate del Cinquecento. Rimanendo sul tema dei bastioni, si è analizzato il caso della Valletta a Malta, anch'essa città patrimonio dell'Umanità-UNESCO fondata con funzioni di avamposto militare, dove il sistema possente delle mura è stato occasione di riqualificazione e rilancio degli spazi collettivi della città. Ciò è avvenuto attraverso la costruzione di giardini pensili, passeggiate, architetture effimere che sottolineano i punti notevoli del paesaggio e collegano le diverse porzioni della città. Le stesse mura sono anche uno strumento che facilita la mobilità interna della città, ospitando un sistema viario e di parcheggi. Inoltre, un ascensore panoramico collocato in adiacenza ad un bastione, accessibile da un giardino pubblico, permette di collegare il porto turistico con la città alta superando un dislivello di 58 metri. Altri casi analoghi sono quelli del Forte di Fortezza di Bressanone e di Kufstein, dove l'impianto originario ha condotto a progetti contemporanei di valorizzazione.
Questi esempi precedenti perseguono un disegno urbano che consente di caratterizzare le macrofunzioni insediative con dotazioni funzionali identitarie.

Nei progetti studiati per Palmanova, in particolare nel *Laboratorio di Ateneo delle nuove tecnologie e museo della Città ideale*

e nel *Centro di alta formazione e artigianato*, si esplora tra l'altro la possibilità di oltrepassare il sistema delle cinte bastionate con un percorso lineare a ponte che si configura come struttura espositiva di un museo della città e del territorio. A partire dal baluardo Contarini, in prossimità della caserma Gamerra, si individua per il ponte una quota privilegiata che permette la fruizione paesaggistica anche attraverso collegamenti verticali in punti determinati.

Il progetto *Architettura e vino nella città fortezza* sfrutta, invece, i baluardi e le cortine come luogo per una produzione vinicola consapevole, supportata da un sistema universitario locale impiegato nella ricerca e nello studio di settore.

Un'altra strategia da applicare allo spazio urbano può riguardare proprio le piazze dei sei sestieri. Queste possono essere oggetto di un procedimento di ridisegno parziale o addirittura di una creazione vera e propria in grado di generare i centri urbani della nuova Palmanova, a partire dai quali procedere con il reinsediamento. In entrambe le ipotesi i centri sono fondamentali per rioccupare lo spazio urbano secondo una precisa gerarchia (già approfondita nel capitolo precedente).

Un ulteriore livello strategico è quello del riutilizzo dei complessi militari delle caserme. Questa operazione deve avvenire con una comune finalità conservativa, che può però articolarsi in direzioni diverse in ragione della peculiarità dei fabbricati. Si tratta del livello da cui possono partire concretamente le opere di recupero edilizio dei manufatti.

Si sono individuati due precisi ambiti d'intervento con differenti strategie. Il primo interessa l'ex caserma Montezemolo, in prossimità dei bastioni tra le porte Aquileia e Cividale, che è di proprietà demaniale e comprende: la caserma omonima di epoca veneziana, collocata in prossimità di porta Aquileia, la caserma napoleonica Gamerra (caserma di bastione) con struttura muraria in conci lapidei in pietra d'Istria a vista, altre caserme, casematte, locali di deposito, magazzini realizzati nel periodo recente con struttura in muratura, travi e pilastri in cemento armato e acciaio. Questa prima area di progetto si conclude con l'ex caserma Piave di origine veneziana, composta da due edifici a "C" in linea pressoché identici, di proprietà comunale. Nella Montezemolo e nella Piave si è agito attraverso interventi di conservazione e riqualificazione con inserimenti di funzioni ed elementi che completano i recinti originari, così da

In questa pagina:
Vedute dell'ex caserma Filzi e del sottotetto in diretta connessione con i bastioni.

Nella pagina precedente:
Veduta del prospetto verso il bastione dell'ex caserma Gamerra.

riproporre il rapporto tra queste architetture e la città.

Il secondo ambito d'intervento riguarda invece l'area dell'ex caserma Ederle, vicino a porta Cividale, tra la piazza Grande e il sistema dei bastioni. L'ex caserma Ederle è un complesso di edifici novecenteschi di proprietà comunale che occupa un vasto spazio a nord-ovest della città compreso tra la piazza grande centrale e la prima cinta di epoca veneziana. Essa comprende anche la caserma Filzi – caserma di bastione – costruita negli anni Venti dell'Ottocento e la polveriera napoleonica. Gli edifici funzionali della caserma sono in muratura e i più recenti presentano pilastri e travi in calcestruzzo armato per soddisfare le esigenze militari. La caserma Filzi e la polveriera sono costruite con conci lapidei e finitura d'intonaco. L'intera zona risulta oggi in stato di abbandono e usata come parcheggio.

In questo contesto è possibile una maggiore sperimentazione di natura tipologica e si possono introdurre residenze temporanee e nuove costruzioni capaci di rispondere alla morfologia del tessuto urbano e di accrescere gli spazi di socialità.

In entrambi gli ambiti d'intervento hanno grande rilievo gli spazi urbani da cui, come detto, dipendono in gran parte i caratteri che Palmanova assumerà nel prossimo futuro, un futuro che è strettamente connesso alla qualità e all'efficacia del lavoro progettuale in itinere e alle conseguenti scelte dell'Amministrazione. In generale i progetti riportati in questo capitolo mostrano, con differenti gradi di approfondimento, le tre strategie d'intervento (sui baluardi, sugli spazi pubblici e le piazze di sestiere, sulle caserme).

La parte di città occupata dalle caserme Montezemolo, Piave e Gamerra coniuga alla macrofunzione della formazione universitaria d'eccellenza diverse applicazioni: residenze temporanee, funzioni produttive, commerciali e dedicate al tempo libero, che attivano forme di sinergia sia con il polo dell'alta cultura che con elementi già presenti nel territorio locale e regionale di prossimità.

L'insediamento di una istituzione universitaria, come un corso di laurea interateneo tra le sedi di Venezia, Udine e Trieste, assicurerebbe il massimo della compatibilità con le strutture edilizie e con l'unicità della forma urbana e potrebbe articolarsi in vari segmenti, amministrativi, di servizio, laboratoriali, anche residenziali nel caso di corsi di formazione particolari per gli allievi e per il personale.

A questo scenario corrisponde il progetto

La Valletta, Malta.
Veduta del bastione verso il Grand Harbour e dell'ascensore di collegamento fra la città alta e la quota del porto.
Particolare del Barakka Lift.

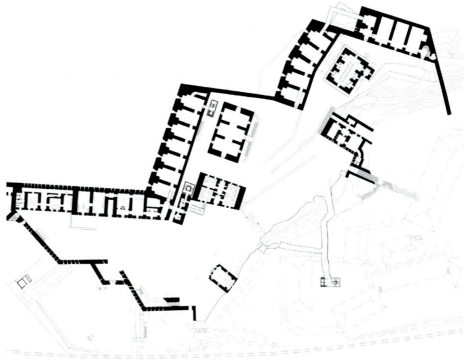

per il *Centro di alta formazione e artigianato* che si articola intorno alla grande piazza quadrata, delimitata dall'elemento del corridore ed elevata rispetto alla quota della città. A sud-est della nuova piazza il sistema dei laboratori e gli spazi della ricerca vengono ricavati dalla riconversione di magazzini e depositi. Dalla parte opposta l'aula magna – rappresentata dalla mezza sfera – si sviluppa nella piazza triangolare ribassata e soprastante i parcheggi ed è definita dalla variazione novecentesca del disegno della città. Il baluardo Contarini diviene, qui, testata del ponte che attraversa il sistema dei bastioni, funzionale, con i suoi impianti di risalta, alla percorribilità dei bastioni stessi.

Il progetto *La città-fortezza come centro agroalimentare regionale* coniuga un nuovo centro per la ricerca e diffusione dei prodotti agricoli friulani a spazi per *startup* che operano nel campo della valorizzazione e della produzione territoriale. Queste funzioni primarie trovano spazio nella grande piazza coperta e negli ambienti ad essa collegati, mentre più a sud, lungo via delle Milizie, le ex autorimesse-cinema e cucina-refettorio sono riabilitate a sede didattica e a dipartimenti dei corsi di studio in Agraria dell'Università di Udine; la storica caserma Montezemolo è destinata, sia per la posizione in prossimità della Porta, sia per la sua conformazione tipologica, a residenze studentesche. L'impianto universitario è intersecato da percorsi e spazi pubblici che raggiungono il parco dei bastioni.

Inoltre, al fine di elaborare un progetto caratterizzato da analisi ed approfondimenti e per valutare e monitorare le molteplici dimensioni del progetto, la sperimentazione è stata sviluppata coniugando le istanze progettuali a quelle del marketing territoriale e della sostenibilità.

In questo ambito, in occasione di una tesi di laurea magistrale, si è valutata la collocazione di un centro equestre, storicamente legato alla tradizione militare. Scuderie, area direzionale, foresteria, centro d'ippoterapia si possono ricavare attraverso il riuso degli edifici militari dismessi, mentre gli spazi aperti sono riprogettati a verde: con paddock, campi gara, aree per la stabulazione dei cavalli e una vasca d'acqua per la riabilitazione. Si tratta di una riconfigurazione che si estende al parco e ai bastioni: un parco urbano con percorsi naturalistici.

Forte di Fortezza, Bolzano.
Centro espositivo
(Markus Scherer e Walter Dietl, 2010).
Veduta del nuovo corpo scala-ascensore e planimetria generale.

L'AREA DI PROGETTO DELLE EX CASERME MONTEZEMOLO E PIAVE

In questa pagina:
Immagine storica dell'ex caserma Piave.

Nella pagina a fianco:
Veduta d'insieme dell'ex caserma Montezemolo.
Particolare degli edifici delle autorimesse-cinema
e cucina-refettorio

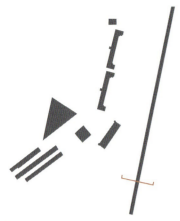

Ex caserme Montezemolo e Piave:
Laboratorio di Ateneo delle nuove tecnologie e museo della Città Ideale

studenti: A. Benedetti, F. Favaro

Il progetto di recupero del complesso degli edifici dell'ex caserma Montezemolo prevede la realizzazione di un centro di eccellenze per lo sviluppo dell'artigianato e della manifattura della regione attraverso l'uso delle tecnologie digitali: stampanti 3D, frese a controllo numerico, laser cutter, macchine per il taglio vinilico, postazioni di saldatura e lavorazione elettroniche. Una struttura che si pone in affiancamento al sistema universitario del settore industriale e agroalimentare. Negli edifici in linea delle ex autorimesse-cinema (A4) e cucina-refettorio (A5) sono collocati laboratori artigianali di ultima generazione dotati di aule didattiche, mentre in testata un nuovo volume cubico ospita lo spazio espositivo per eventi tipo *Maker Fair*. Nell'ex caserma Piave (B) sono previsti un hotel e un ostello.

La caserma Gamerra (A7) è la sede del museo della città e del territorio, occasione culturale per riflettere sulle modalità di proiezione della città fortezza - figura limite che ha insita l'incomunicabilità tra interno ed esterno - verso il territorio urbanizzato. Si propone la costruzione di un museo laboratorio della città ideale, in cui gli studi di carattere tipo-morfologico e territoriale trovano una sede espositiva nella città storica e un luogo laboratoriale nell'edificio-corridoio che si articola e prolunga nel territorio per connettersi con i borghi oppure con i paesaggi naturali del Fiume Torre. Il progetto si configura come una struttura reticolare spaziale, una figura progettata per adeguarsi al carattere orografico del sistema bastionato di Palmanova e del territorio della bassa friulana. Il sistema lineare si confronta con la città stellata ponendosi a cavallo dei bastioni oppure sospeso come un viadotto in prossimità della porta Aquileia: una nuova architettura infrastrutturale a scala territoriale, prolungamento esterno della città.

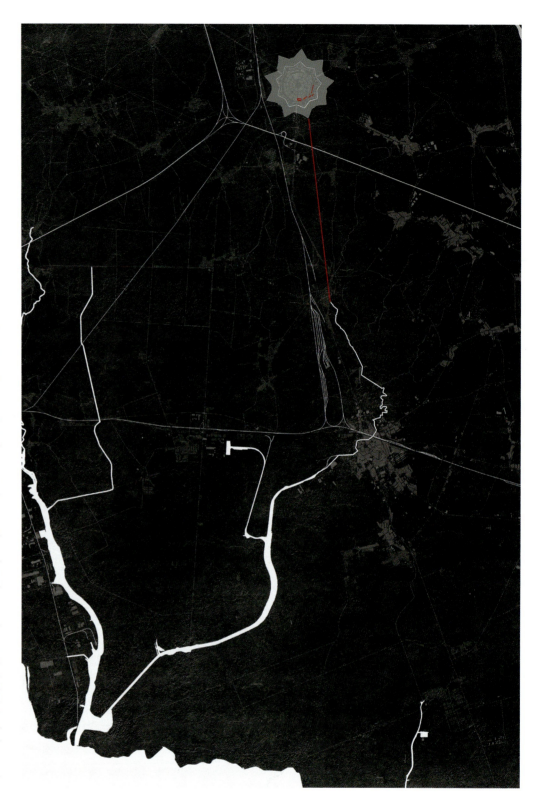

In questa pagina:
Inquadramento urbanistico,
in rosso gli elementi di progetto.

Nella pagina a fianco:
Planivolumetrico.

In questa pagina:
Sezione prospettica dell'edificio a ponte.

Nella pagina a fianco:
Prospetto/sezione longitudinale del ponte
e spaccato prospettico.

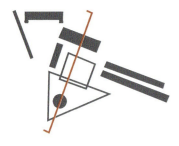

Ex caserme Montezemolo e Piave:
Centro di alta formazione e artigianato

studenti: D. Dal Bosco, G. Feliziani,
A. Iannoli, G. Magnoni

Quale variante funzionale al primo caso presentato per la caserma Montezemolo, in questo progetto si sperimenta la realizzazione di una scuola di alta formazione di arte e artigianato.
L'impianto generale è una composizione paratattica degli elementi. La piazza triangolare ribassata dell'auditorium semicircolare con parcheggio ipogeo, la grande quadra costruita attraverso un corridoio fuori scala su *pilotis* in grado di ospitare un mercato, eventi e manifestazioni, la triangolare piazza di baluardo e il baluardo stesso, sono figure che rimandano ai grandi impianti della città rinascimentale a cui si accosta il sistema lineare novecentesco delle ex autorimesse-cinema (A4) e cucina-refettorio (A5), dove sono inserite le nuove strutture universitarie con spazi attrezzati di diversa dimensione e altezza per laboratori strumentali.
L'ex magazzino-autorimessa (A6) è convertito in ristorante con annesso birrificio di produzione friulana, mentre nell'ex caserma Piave (B) sono previsti alloggi universitari. Un sistema di strade bianche permette di raggiungere le diverse quote del parco urbano dei bastioni.
La caserma Gamerra (A7), destinata a sede museale della città e del territorio, assume qui la funzione di nuova porta urbana di accesso alla città grazie all'attestarsi della struttura lineare a ponte sul baluardo Contarini. Tale struttura attraversa le tre diverse fortificazioni che contornano la città per connettersi ai borghi esterni, aprendo la città fortezza al territorio circostante. Gli impianti di risalita del ponte, con struttura reticolare spaziale, sono collocati in corrispondenza dei percorsi principali del sistema bastionato.

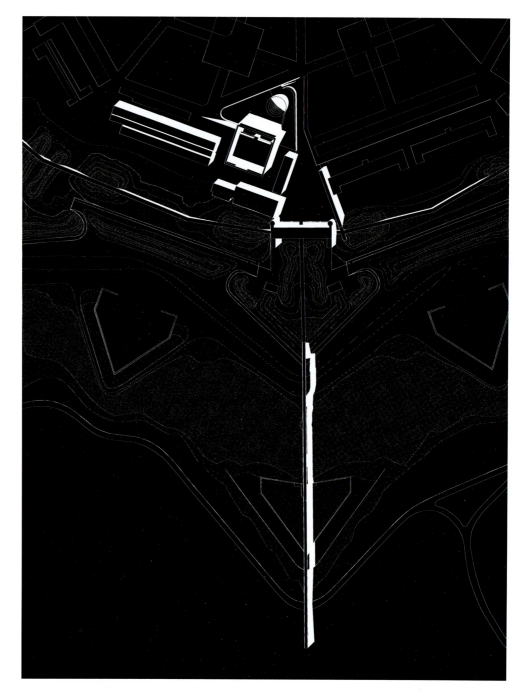

In questa pagina:
Planivolumetrico.

Nella pagina a fianco:
Prospetto, pianta del piano terra
e sezione prospettica della struttura a ponte.

Disegno di sezione dell'auditorium
e della piazza quadrata.
Immagine del modello.

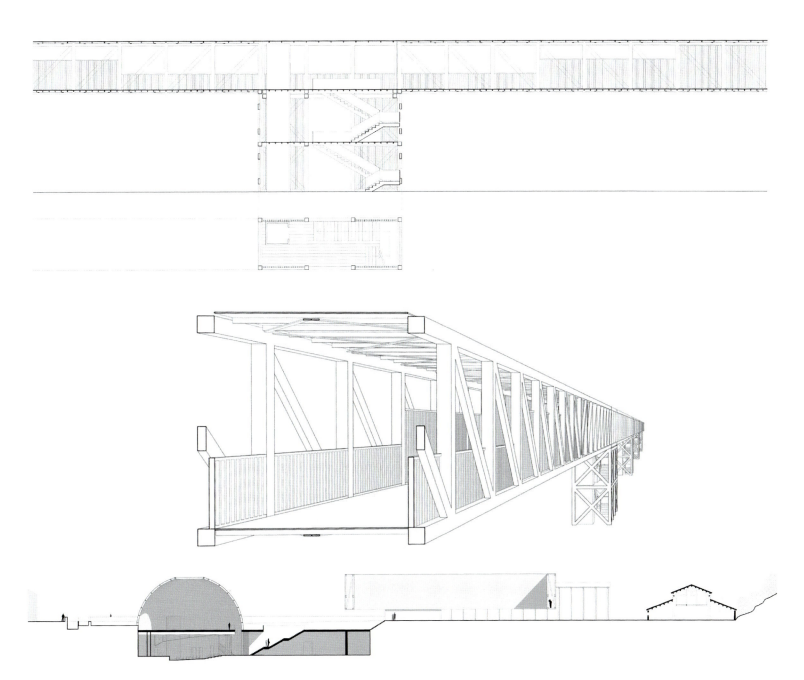
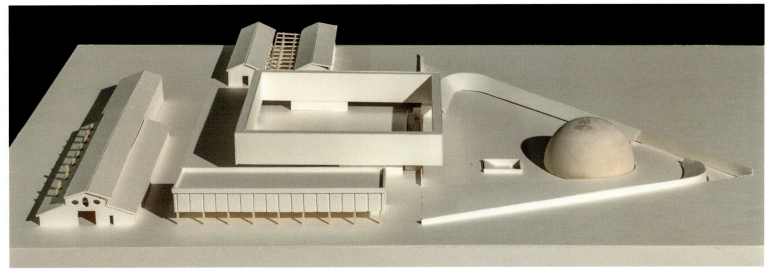

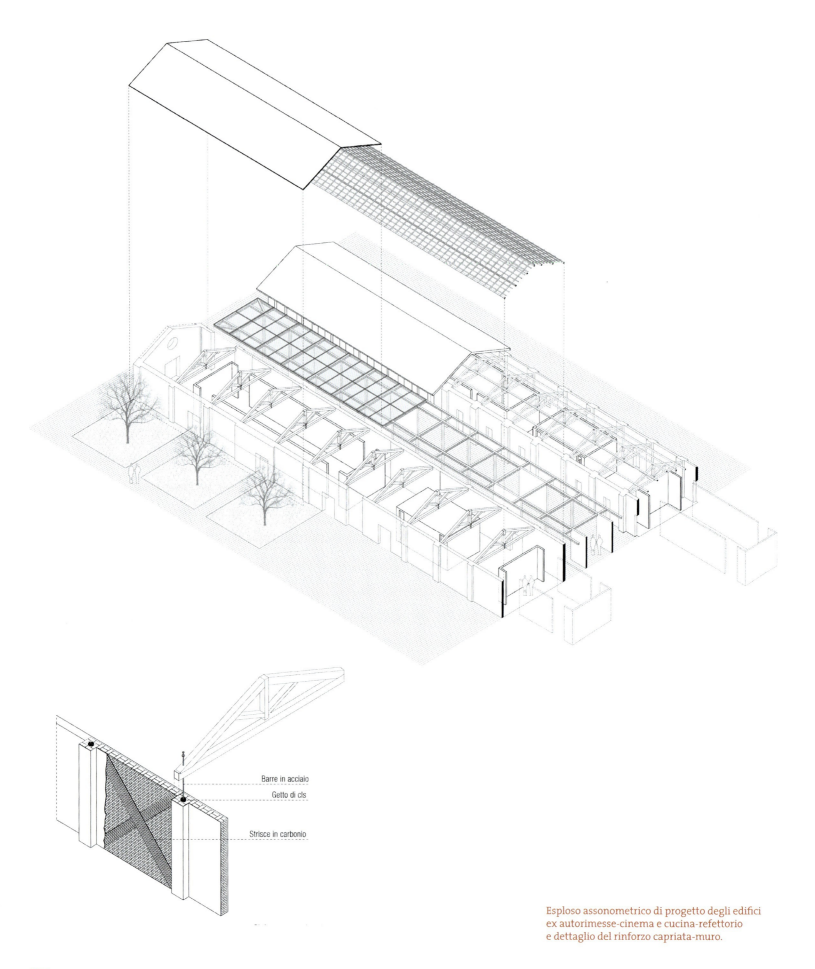

Esploso assonometrico di progetto degli edifici ex autorimesse-cinema e cucina-refettorio e dettaglio del rinforzo capriata-muro.

Il progetto *La città fortezza come polo enogastronomico* propone la valorizzazione del sito e il potenziamento turistico nazionale attraverso un polo vinicolo-gastronomico con centro degustazione, per la promozione, la vendita, la ricerca e l'istruzione legate principalmente al tema vinicolo. Il lungo portico commerciale e la piazza rialzata per il mercato dove si innesta sono spazi connettivi di vita associata che dialogano con gli elementi lineari esistenti e con la caserma Gamerra, sono luoghi recuperati per la degustazione e la vendita dei vini e dei prodotti dell'enogastronomia. In questo progetto è stata inoltre considerata la possibilità di inserire un edificio in linea in fronte alla caserma Piave – recuperata a scuola per sommelier e sede di uffici direzionali – adiacente ai bastioni, e costruito da una sequenza di portali che, oltre ad ospitare il Museo della Resistenza del Friuli previsto dall'Amministrazione di Palmanova nella struttura storica, possono contenere i collegamenti verticali e ciclabili per l'accesso ai bastioni.

Un'altra ipotesi di riuso ha previsto spazi per la promozione vitivinicola friulana. Il progetto di tesi di laurea magistrale *Attualità della città ideale: centro di produzione vinicola* propone la conversione della maggior parte delle preesistenze e l'edificazione di un edificio a corte aperta caratterizzato da una sequenza di portali. Questo edificio, fulcro del progetto, è posto tra gli edifici lineari ex autorimesse-cinema e cucina-refettorio e la caserma napoleonica Gamerra che delimita a est la piazza di Baluardo. Sono inoltre presenti alcuni luoghi ipogei che rimandano all'idea di trincee e di bunker militari.
Si tratta di un'architettura articolata su più livelli, grazie alla presenza di una piazza ribassata che conduce allo spazio ipogeo dove al suo interno trova posto una grande sala ipostila – una cantina – dedicata alle esposizioni per le aziende vinicole. L'architettura trova una relazione e un dialogo con la caserma Gamerra mediante un collegamento ipogeo, che unisce la sala ipostila agli ambienti seminterrati della caserma stessa.
Infine, le funzioni previste nell'ambito del recupero degli edifici delle caserme spaziano dalle aree espositive/direzionali presenti nella caserma Gamerra agli spazi ricettivi della caserma Montezemolo, trasformata in hotel e residenze temporanee.

In generale tutti i progetti mostrano un'attenzione particolare agli aspetti della conservazione della caserma napoleonica Gamerra e assecondano il rapporto strutturante con i bastioni, che ne determinano le proporzioni ed esaltano gli accessi agli stessi. La copertura, fortemente rimaneggiata nell'ultimo secolo, è stata, così, riprogettata secondo un percorso longitudinale che permette una continuità in quota.

Nell'area occupata dalla ex caserma Ederle, al di là della piazza Grande e in prossimità di porta Cividale, dove è possibile una maggiore sperimentazione tipologica, i progetti propongono il disegno di una nuova piazza di sestiere che concorre alla riproposizione del disegno cinquecentesco della città.
L'auspicata finalità turistica della città si può ritrovare nel progetto per un *Centro termale e di benessere nella città-fortezza*, che risulta articolato tra spazi aperti e chiusi e, soprattutto, integrato da un hotel e da un orto botanico, con cui si ipotizza un dialogo con il parco della cinta muraria. La piazza di sestiere è definita dalla riqualificazione di una caserma che ne propone un'impronta parziale dirimpetto

a un sistema porticato che ne definisce il limite sul lato opposto.
Una finalità commerciale, abitativa e di assistenza si può ritrovare nel progetto *Una nuova piazza per Palmanova*. Un centro commerciale è localizzato nelle caserme novecentesche che definiscono il limite nord dell'area Ederle; la piazza di sestiere, impostata sul quadrivio, viene perimetrata da un sistema porticato su doppio livello – luogo per esposizioni temporanee – che collega tre edifici destinati a *social housing*.
Nel progetto *Città-fortezza e insediamento polifunzionale* la nuova piazza di sestiere è il centro di una composizione paratattica di elementi destinata al mercato, al commercio, allo spazio mostre e a un auditorium da 400 posti. Dal disegno emerge il corpo di fabbrica con le residenze inclinato secondo l'andamento di contrada Donato, che esprime la volontà di connettere visivamente e funzionalmente le architetture del sestiere e la piazza di bastione con la caserma Filzi. Il centro medico e riabilitativo ricavato dalla trasformazioni delle caserme a nord dell'area si pone in connessione funzionale al centro medico per l'Alzheimer in progetto negli edifici dell'ex ospedale al di là della piazza di bastione.

Gli studi progettuali sulla caserma napoleonica Filzi, così come per la caserma napoleonica Gamerra, si è attuata un'operazione di natura conservativa: nel primo caso la riconversione a centro benessere introduce i sistemi di risalita verticale all'interno della cortina dei bastioni, evitando così demolizioni negli ambienti interni, nel secondo e nel terzo caso, per la sistemazione di un ostello oppure di un hotel e di un ristorante, i sistemi di risalita sono stati progettati interni al manufatto con parziale demolizione di un ambiente voltato. La destinazione funzionale del sottotetto della Filzi nei diversi progetti è dedicata allo sport e al tempo libero in virtù del suo collegamento diretto con la quota sommale delle cortine dei bastioni.

Linee di azione

I progetti presentati, accanto al piano di mantenimento e di salvaguardia, propongono alcune linee d'azione rilevanti che hanno permesso di indirizzare il lavoro di progettazione verso programmi funzionali, utili per il rilancio della città:
- la realizzazione di un distretto culturale e formativo a scala interregionale e internazionale;
- la valorizzazione di prodotti e servizi della tradizione locale (*food*, artigianato);
- la creazione di una nuova offerta destinata all'accoglienza turistica (ricettività);
- il potenziamento degli aspetti legati al *leisure* e al tempo libero;

Va evidenziato come le linee di azione non siano state sviluppate singolarmente da un progetto, ma abbiano rappresentato il filo conduttore di un programma più generale che ha messo a sistema funzioni sinergiche sotto il profilo dei modi d'uso. Per un approfondimento degli scenari, di seguito solo accennati, si rimanda al testo di Antonella Faggiani *Dall'analisi alla sostenibilità dei progetti: un approccio per scenari* (in questo volume nella sezione *Contributi.*).

In prima linea nel contesto della realizzazione di un distretto formativo si colloca un possibile ruolo delle università locali e internazionali con le quali costruire una rete di alleanze e un investimento nell'alta formazione da parte del tessuto imprenditoriale locale. Mentre si può ritenere che il costo della gestione dei servizi messi a disposizione, compresa la manutenzione delle attrezzature, possa essere compensato da un sistema di rientri che coinvolga – oltre che gli utenti diretti del servizio – le istituzioni interessate allo sviluppo dell'iniziativa, comprese – a questo punto – anche le istituzioni pubbliche e territoriali, per quanto riguarda l'investimento iniziale (eventuale acquisto, restauro e adattamento funzionale del patrimonio edilizio) appare indispensabile il ricorso al mecenatismo privato in appoggio all'impegno pubblico. Finanziamenti a fondo perduto che, vista la dimensione economica, possono essere acquisiti solo a livello europeo insediando a Palmanova funzioni di alto livello qualitativo e di grande rilevanza internazionale.

La seconda linea d'azione progettuale si è concentrata sulla valorizzazione dei *makers* locali di prodotti artigianali e *food* e presenta forti legami con le strutture di ricerca universitaria. La valorizzazione dei prodotti e dei servizi della tradizione locale è la linea funzionale che maggiormente si è sviluppata, anche e soprattutto nella sua relazione con la città, attraverso il disegno degli spazi aperti e delle piazze: il tema della piazza, coperta, scoperta, rialzata è stato declinato nelle forme più diverse nel mercato, nel luogo teatrale, nello spazio di connessione tra i diversi corpi della città.

La terza linea d'azione ha posto l'attenzione sulle molteplici forme della domanda turistica. Le analisi hanno evidenziato come alla straordinarietà storica e morfologica di Palmanova non corrisponda un'adeguata offerta di ricettività. Il programma funzionale sotteso a questa linea d'azione si è fondato su un duplice aspetto: la domanda turistica è in continua evoluzione e le forme dell'accoglienza si stanno modificando. Per questo, naturalmente, Palmanova deve cogliere l'opportunità di un riposizionamento in ambito europeo.

In questa prospettiva si sono sperimentati progetti con un sistema di funzioni che spaziano dalle aree espositive/direzionali nella ex caserma Gamerra agli spazi ricettivi della storica ex caserma Montezemolo, trasformata in hotel e, infine, alle residenze temporanee previste per la Piave. Si deve rilevare come in tutte le proposte si cerchi di definire lo spazio pubblico in quanto luogo di una possibile accoglienza di visitatori esterni.

La quarta linea d'azione agisce sulla riqualificazione delle caserme e dei grandi spazi aperti che la contraddistinguono che potrebbero rappresentare l'occasione per creare spazi urbani intra-moenia, ampliando le caratteristiche di interesse e punti aggregativi di percorsi storico-culturali.

Dalle analisi svolte su Palmanova si rileva come la cittadina nonostante la prossimità a generatori di domanda potenziale come Aquileia, le località balneari e un outlet, mostri l'attuale estraneità al richiamo turistico. Il recupero delle caserme va infatti nella direzione della loro conservazione e riutilizzo quali potenziali elementi differenziali della compagine urbana. In questo senso si sono proposte differenti funzioni, tutte fortemente correlate alle fabbriche e agli spazi esistenti: ad esempio le proposte di un centro equestre sperimentale oppure di un centro benessere termale si propongono di creare attività capaci di arricchire l'offerta di funzioni e spazi per il tempo libero e insieme ampliare l'accoglienza turistica.

(segue a pagina 121)

Ex caserme Montezemolo e Piave:
Architettura e vino nella città fortezza
Tesi di laurea
Relatore: Armando Dal Fabbro
Correlatori: Sara Di Resta, Paolo Foraboschi

studenti: F. Favata, B. Somensini

La vocazione alla viticultura e alla produzione vinicola di eccellenza della regione è portata in rappresentazione attraverso l'elaborazione di un progetto paesaggistico per l'area del baluardo Contarini e delle adiacenti cortine, pensato essenzialmente intorno alla coltivazione di vigneti. Dalla città e dalla promenade sui bastioni sarà così possibile avere un'immagine straordinaria di questa piantagione rigorosamente ordinata per tipi e specie.
Il riuso dell'area Montezemolo è orientato ad incentivare la destinazione turistica della città attraverso le funzioni di produzione e vendita del vino e della gastronomia, affiancate da un mercato di prodotti locali, da punti vendita al dettaglio e da una serra. Un sistema che si appoggia per i servizi e per la ricerca a istituzioni diverse dotate di particolari competenze: anche in questo progetto è proposta la sinergia con strutture universitarie di ricerca nel settore vinicolo, attraverso l'inclusione dei laboratori dei dipartimenti di biologia delle università di Udine e Trieste.
La nuova struttura semicircolare permeabile è il perno della composizione in cui si innestano due percorsi principali: uno di connessione con la piazza di sestiere, l'altro, originato nel XX secolo dall'inclinazione di uno degli assi concentrici della città, di connessione con contrada Contarini. Quest'ultimo definisce il limite nord di una piazza triangolare a quota di -3,40 metri a cui si accede dalla piazza circolare con un sistema di rampe e scale. Sul lato della piazza ribassata, in prossimità della contrada Contarini si eleva l'edificio su due livelli che ospita la cantina e permette l'accesso alla contrada stessa attraverso un sistema porticato. L'edificio del *winebar* chiude la composizione in direzione della piazza di bastione. L'ex caserma napoleonica Gamerra (A7) ospita una scuola di *sommelier* e nel piano del sottotetto, costruttivamente in continuità con il percorso sui bastioni, uno spazio polifunzionale per eventi connessi all'attività vinicola. Un lungo edificio-serra per la ricerca di settore collega le ex autorimesse-cinema (A4) e cucina-refettorio (A5) destinate ad accogliere i laboratori e i dipartimenti universitari.

Planimetria dell'attacco a terra.
Esploso assonometrico della serra.
Sezione in corrispondenza della piazza triangolare.
Sezione lungo contrada Contarini e sulla caserma Gamerra.

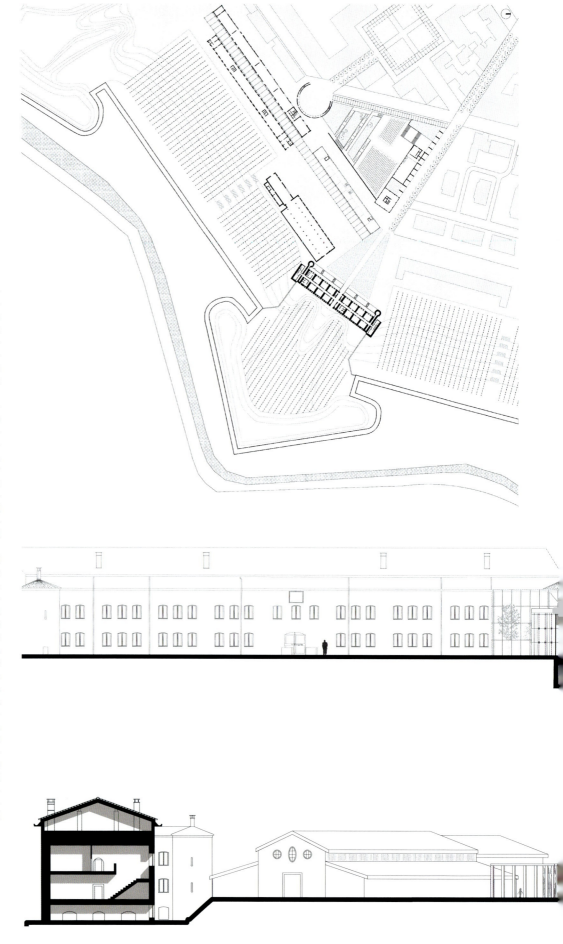

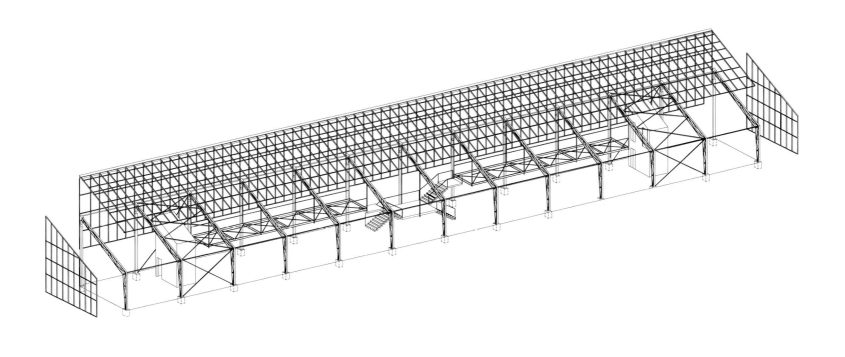
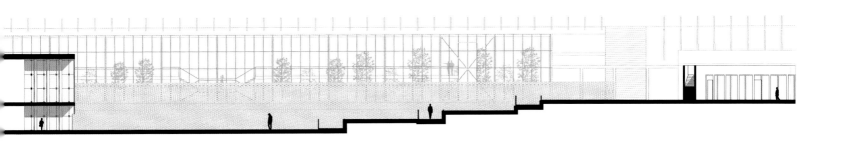
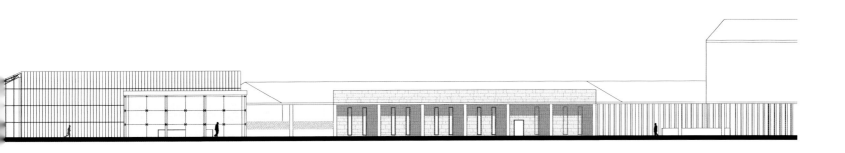

Ex caserme Montezemolo e Piave:
La città-fortezza come centro agroalimentare regionale

studenti: A. Cavarzere, F. Dal Cengio, E. Di Fiore, D. L. Rubio Cadavid

Il progetto per l'area della caserma Montezemolo prevede la realizzazione di un centro di ricerca e diffusione dei prodotti agricoli regionali. Fulcro del progetto è la grande piazza triangolare del mercato coperto, pensata per la promozione e vendita delle eccellenze territoriali, che ospita anche spazi per *startup* nel settore agricolo. La riabilitazione degli edifici esistenti prevede una scuola per *sommelier* nella caserma Gamerra (A7) e a fianco un'enoteca ricavata nell'ex magazzino-autorimessa (A6). Le strutture universitarie sono ricavate negli edifici in prossimità di porta Aquileia – la storica caserma Montezemolo (A1-A2) – dove trovano sede spazi residenziali per studenti e docenti; seguono, verso est, gli edifici delle ex autorimesse-cinema (A4) e cucina-refettorio (A5) destinati a sede didattica, laboratori e dipartimenti del corso di studi in Agraria dell'Università di Udine. Gli edifici dell'ex caserma Piave (B) ospitano funzioni ricettive quali un hotel e delle residenze.

Il progetto del nuovo si concentra su tre piazze adiacenti, differentemente caratterizzate, che riconducono ad unità la molteplicità delle nuove destinazioni previste e che mantengono il loro ruolo ordinatore e di spazio pubblico nel tempo: la prima di forma triangolare, ribassata e dedicata allo spazio commerciale del mercato coperto, la seconda come recinto rettangolare, delimitata da un portico e affiancata da via delle Milizie e su cui si innestano gli edifici in linea della didattica (A3-A4-A5), la terza di "Bastione" in fronte alla caserma Gamerra che appartiene al disegno originario di "Palma".

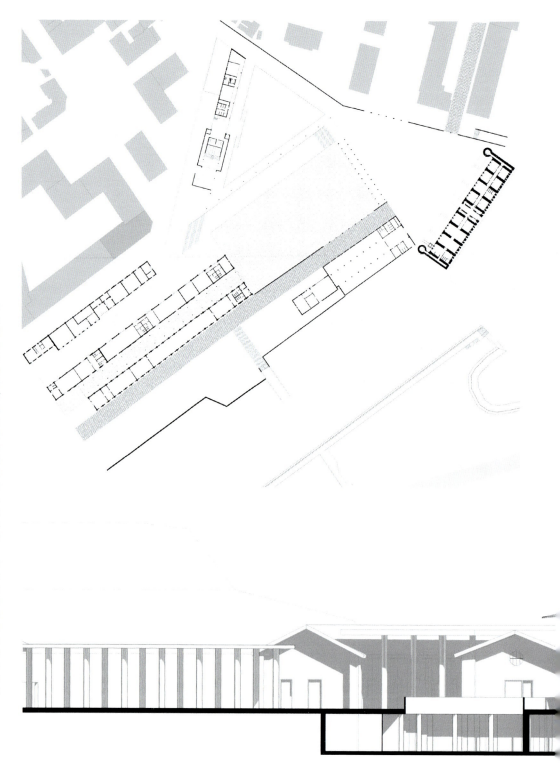

Planimetria dell'attacco a terra.
Sezione assonometrica della piazza coperta.
Sezione in corrispondenza della piazza coperta triangolare.

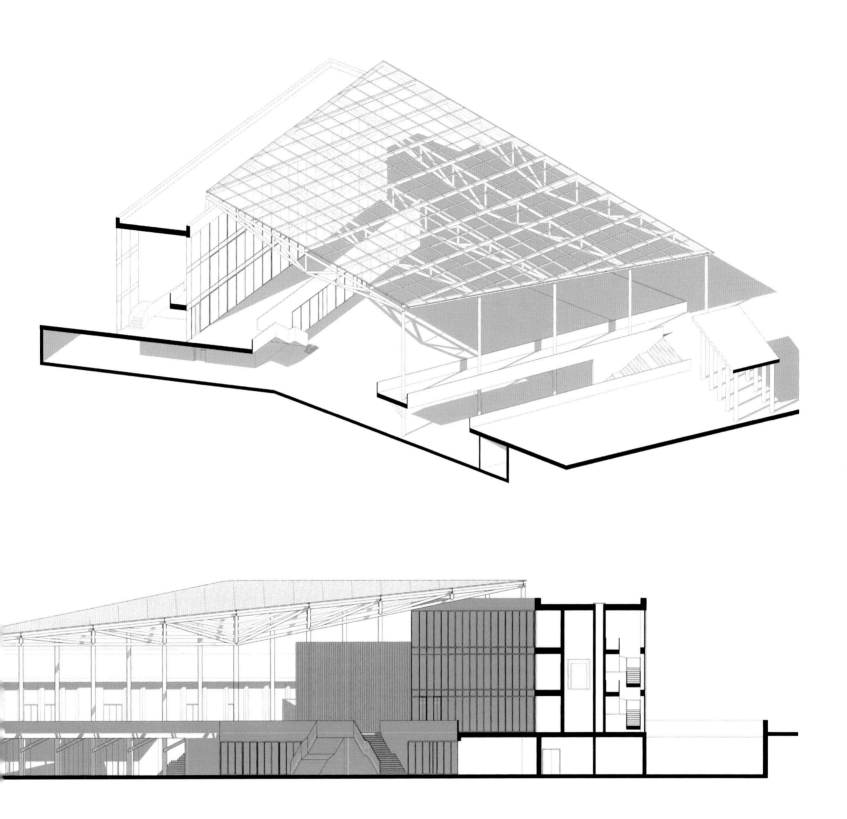

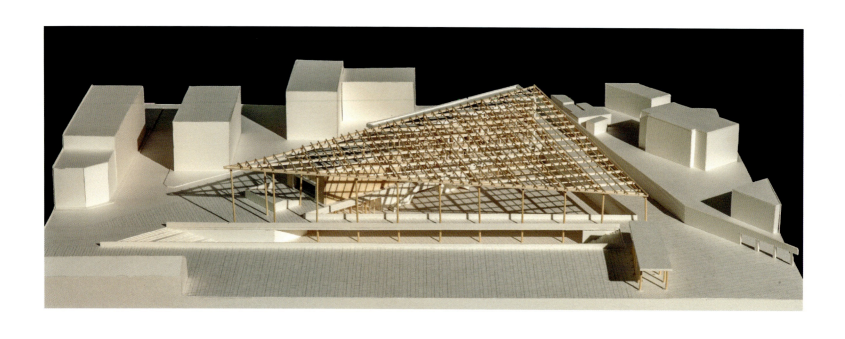

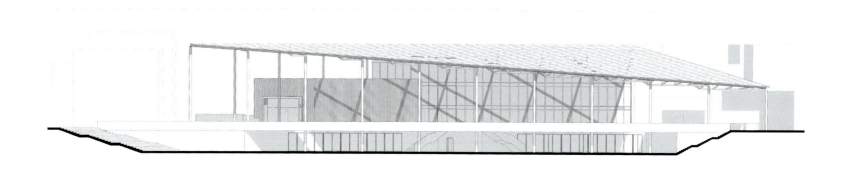

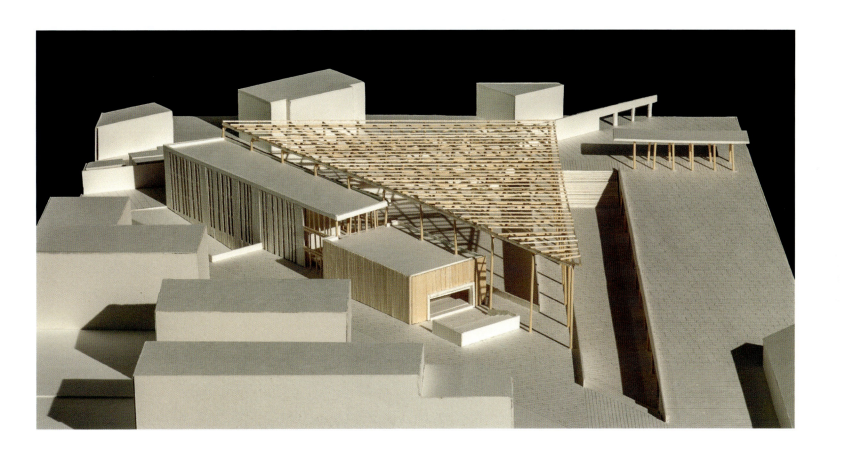

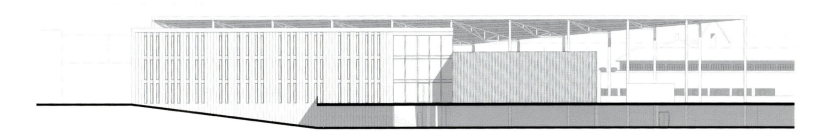

In queste pagine:
Immagini del modello.
Sezioni prospettiche della piazza coperta.

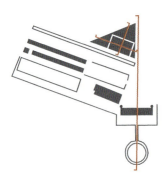

Ex caserme Montezemolo e Piave:
A cavallo nella città stellata
Tesi di laurea
Relatore: Sara di Resta
Correlatori: Armando Dal Fabbro, Paolo Foraboschi

studenti: V. Ceneda, C. Collodel

Il progetto del centro equestre – attività tradizionalmente legata alla storia militare della città e della regione – assume la scansione modulare e l'assialità degli edifici di impianto militare, mentre il parco dei bastioni, con la sua complessa orografia, diventa l'occasione per insediarvi attività collettive per lo sport e il tempo libero unitamente a servizi di tipo turistico, scolastico e sanitario. La funzione ippica diventa la chiave per sviluppare il recupero dei due complessi delle caserme Montezemolo e Piave.
Si prevedono: scuderie per lo stallo dei cavalli utilizzati sia per trattamenti medici di patologie neurologiche che per attività scolastiche e turistiche, scuderie per la pensione di cavalli di privati, un' area direzionale per la gestione del centro, una foresteria per turisti e studenti, degli spazi aperti quali paddock, dei campi gara, delle aree per la stabulazione dei cavalli, una vasca d'acqua per la riabilitazione degli stessi. La sezione territoriale che da via delle Milizie si estende alle tre cinte bastionate si presta particolarmente ad attività ippiche e legate al mondo equestre: il progetto individua ippovie sulle cortine e i bastioni napoleonici e extra moenia lungo il perimetro dell'intera cinta bastionata.
La composizione si costruisce attraverso l'accostamento di quattro grandi recinti che inglobano spazi coperti e scoperti: il primo in prossimità dei bastioni comprende la Gamerra e il retrostante campo circolare incuneato nel bastione Contarini (centro per l'ippoterapia), le adiacenti scuderie nell'ex magazzino-autorimessa (A6) e si estende parallelamente alla cortina con i campi per gare e allenamenti all'aperto, il secondo recinto rettangolare allungato assume le ex autorimesse-cinema (A4) e cucina-refettorio (A5) come scuderie e si conclude con spazi di riposo con acqua o erba. Il terzo è il campo gara coperto che si imposta planimetricamente sul triangolo viario di derivazione novecentesca. L'ultimo recinto è in prossimità di porta Aquileia e comprende la storica caserma Montezemolo recuperata come foresteria e zona direzionale e le aree verdi per la stabulazione dei cavalli in prossimità della cortina.

Veduta dal baluardo verso il centro
di ippoterapia e il campo circolare scoperto.
Immagine del modello.

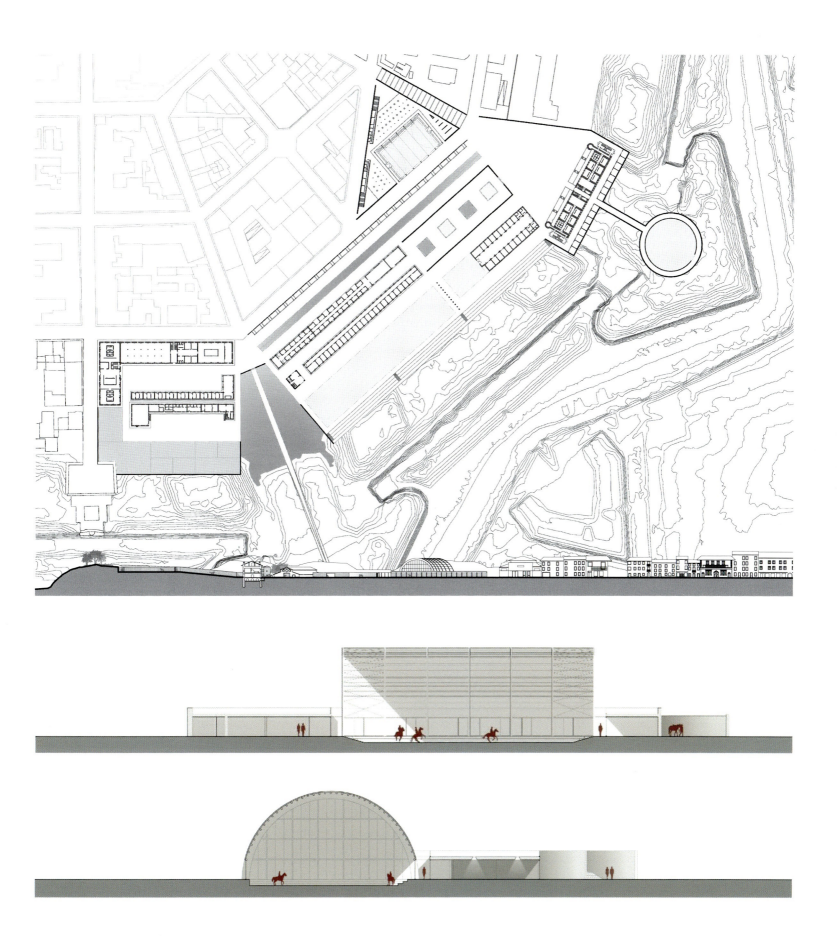

Planimetria dell'attacco a terra.
Sezioni.

115

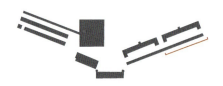

Ex caserme Montezemolo e Piave:
La città fortezza come polo enogastronomico

studenti: R. Bertoglio, C. Boccingher, F. Fagotto, J. Torres

Il recupero architettonico e funzionale dell'ex caserma Montezemolo si attua attraverso la creazione di un polo enogastronomico. Si prevedono un centro per la degustazione, promozione, vendita, ricerca ed istruzione legata principalmente al mondo del vino friulano, accompagnato da una gastronomia regionale. La piazza rialzata, centro della composizione, è una struttura in grado di ospitare il mercato ed eventi culturali; a questa si collega una struttura commerciale nella forma di un portico affiancato dagli edifici passanti delle ex autorimesse-cinema (A4) e cucina-refettorio (A5), con spazi per degustazione e vendita dei vini e dei prodotti enogastronomici. L'ex caserma Gamerra (A7) contiene la cantina vinicola, mentre nei due corpi paralleli della caserma Piave (B) una scuola di *sommelier* consente l'istruzione del personale addetto al consumo e alla commercializzazione dei prodotti e un sistema di uffici supporta il funzionamento del complesso enogastronomico. In fronte alla Piave una struttura a telaio su due livelli ospita gli spazi espositivi per il Museo della Resistenza regionale, i sistemi di collegamento verticali e il percorso ciclopedonale per l'accessibilità alla quota delle cortine bastionate. Il complesso delle funzioni si giova del riutilizzo della storica caserma Montezemolo (A1-A2) quale luogo congressuale e di accoglienza.

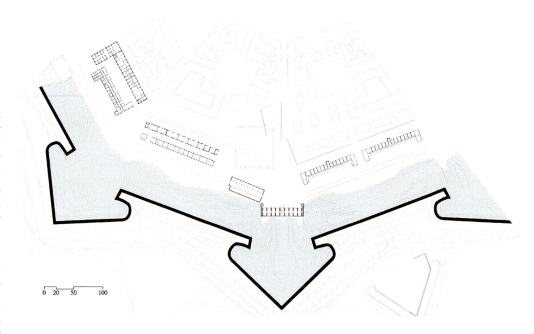
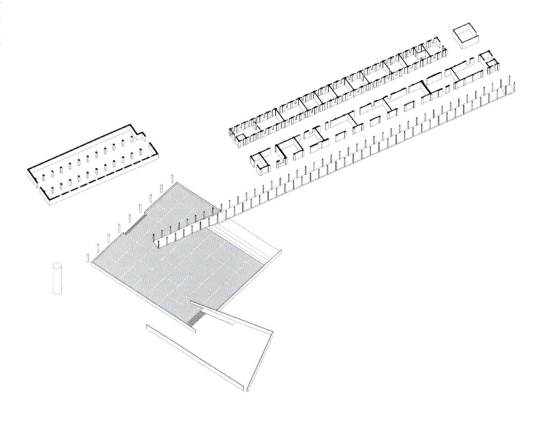

In questa pagina:
Veduta prospettica del percorso museale posizionato di fronte alla caserma Piave.
Planimetria dell'attacco a terra.
Esploso di sezione assonometrica.

Nella pagina a fianco:
Prospetto del percorso museale in prossimità del terrapieno dei bastioni.
Immagine del modello.

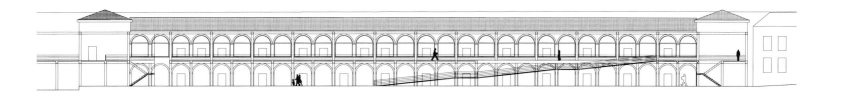

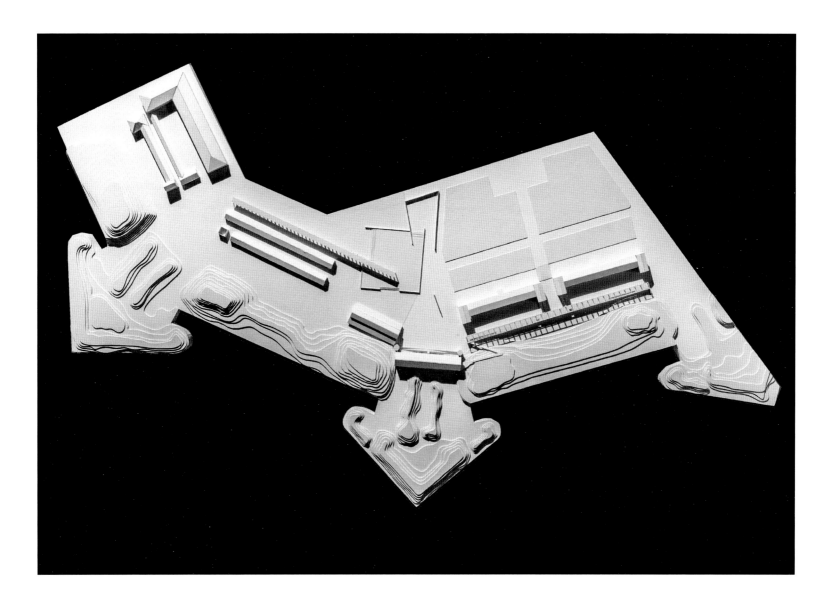

Ex caserme Montezemolo e Piave:
Attualità della città ideale: centro di produzione vinicola
Tesi di laurea
Relatore: Armando Dal Fabbro
Correlatore: Riccarda Cantarelli

studenti: M. Nassi, M. Piacentini, S. Ranzato

Anche in questo progetto si sperimenta la possibilità del recupero urbano dell'ex caserma Montezemolo attraverso l'inserimento di un centro di promozione del vino, un *hub* culturale e commerciale che porterebbe importanti ricadute in ambito turistico ed economico per l'intera regione. L'intervento prevede la riconversione della maggior parte delle preesistenze e l'edificazione di due nuovi corpi di fabbrica. Centrale nell'impianto è il volume a corte aperta su più livelli, sede di esposizioni e spazi commerciali per le aziende vinicole, con una grande sala ipostila e cantina a quota ipogea. Un'architettura articolata su più livelli con una piazza aperta e scavata, con la possibilità di essere utilizzata come teatro all'aperto. La nuova struttura è collegata alla caserma napoleonica anche attraverso un passaggio ipogeo. A nord della corte vi è l'edificio a "L" delle residenze, a tre piani fuori terra con tipologia di appartamenti *duplex* e *simplex*, che ricompone il disegno del sestiere centrato su piazza Collalto: al piano terreno lungo contrada Contarini vi sono spazi commerciali, mentre in prossimità di via Lion – che diviene un sentiero pedonale all'interno di un nuovo parco urbano con parcheggi interrati – il basamento dell'edificio diviene permeabile attraverso porticati.
Gli edifici in linea in asse con la corte (A3-A4-A5) ospitano gli spazi per la formazione enologica, un ristorante e servizi al pubblico.
All'interno della caserma Gamerra (A7) viene realizzata l'esposizione dei vini friulani e sono collocati gli uffici gestionali in diretta relazione con l'ex magazzini-autorimessa (A6), riabilitata attraverso l'inserimento di due sale convegni.
Nella storica caserma Montezemolo (A1-A2) in prossimità di porta Aquileia è previsto un hotel comprensivo di Spa con relative pertinenze funzionali.

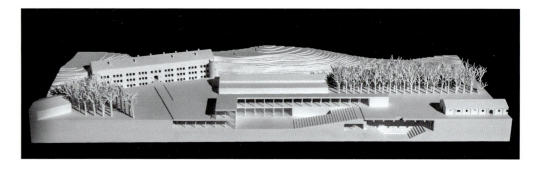

In queste pagine:
Immagini del modello.
Planivolumetrico.
Vista prospettica delle residenze.

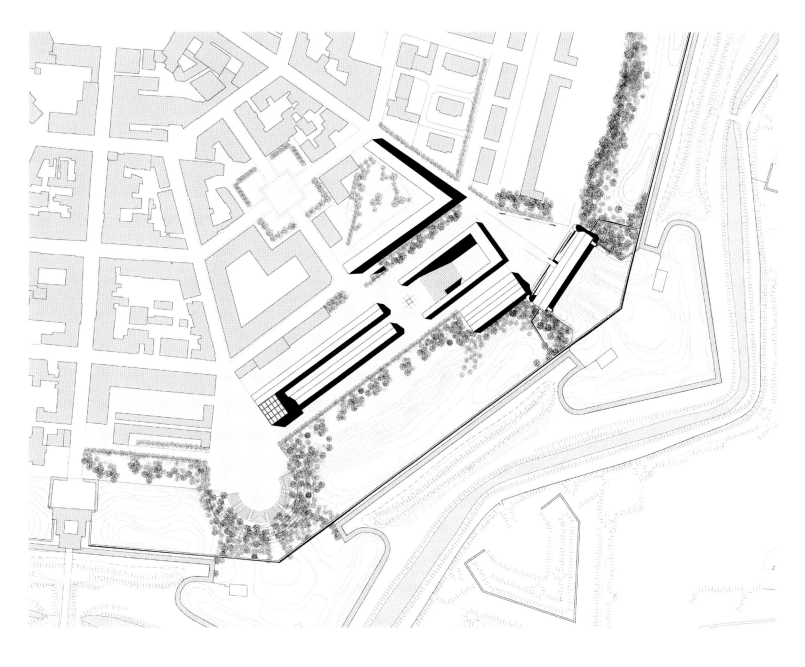

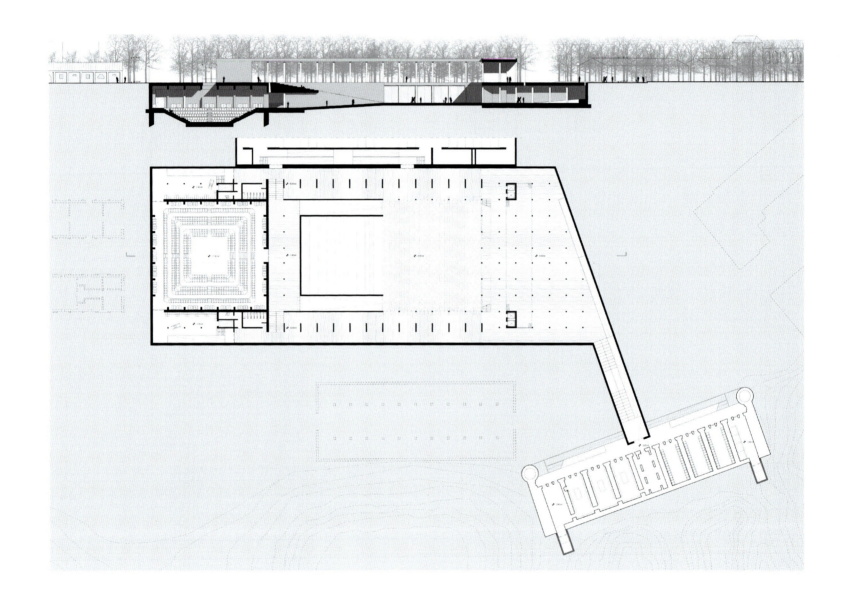

Pianta piano ipogeo del centro vinicolo e sezione longitudinale (da sinistra verso destra: cantina, piazza ribassata e sala ipostila).

Naturalmente le elaborazioni progettuali esposte in questo capitolo sono passibili di ulteriori integrazioni ed approfondimenti di natura economico-finanziaria, a partire anche dalle analisi sviluppate nel modulo di valutazione economica del progetto[1] per il reperimento e l'impiego delle risorse necessarie alle loro realizzazioni. Il lavoro si può incrementare ulteriormente con il necessario coinvolgimento di esperti di economia d'impresa dei beni culturali, di restauro architettonico, di urbanistica. Si dovranno quindi esaminare le possibilità d'inserimento in programmi di finanziamento europei, nazionali e regionali, e, soprattutto, la reperibilità di capitali privati di grandi, medi e piccoli investitori, esterni e locali, da impiegare, in affiancamento o in esclusiva, come avviamento e/o in momenti e punti, diversi e strategici, di attuazione del programma. La differente origine e natura degli apporti monetari finanziari, deve essere utilizzata con impieghi differenziati, in modo da assicurare il ritorno previsto/ipotizzato e insieme la loro ricaduta economica sul territorio in tempi diversi.

Le funzionalizzazioni proposte, alcune delle quali hanno visto lo sviluppo di specifici approfondimenti, non sarebbero nulla nel campo dell'architettura se non si fosse ricorsi al disegno di progetto, con l'individuazione di forme e di specifiche soluzioni tipologiche. Ricorrenti sono le figure e gli elementi che prendono corpo nei progetti. Tra questi il quadrato e il triangolo per le piazze, che sono immaginate come reintegrazione dei sestieri, come loro variazione o come completamento degli isolati. La linea, il portico, l'arcata sono stati scelti per il corridore, che delimita gli spazi pubblici, integra le composizioni e collega le diverse parti dell'impianto. Un elemento lineare che si spinge, in alcuni progetti, verso l'esterno, estroflettendo l'incremento figurativo e funzionale verso il territorio circostante.

Nota

1. Le funzioni dei progetti, le istituzioni coinvolte, i costi per il recupero dei manufatti e la gestione delle attività sono state definite nel corso di Valutazione economica del progetto, Laboratorio di Progettazione 3, Iuav, professoressa Antonella Faggiani.

L'AREA DI PROGETTO DELL'EX CASERMA EDERLE

Veduta d'insieme dell'ex caserma Ederle e del Duomo
in una cartolina del 1901 e in un'immagine recente.

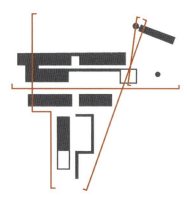

Ex caserma Ederle:
Un centro termale e di benessere nella città-fortezza

studenti: E. Ferrarin, F. Mantovani, E. Risoli, R. Roan

Il progetto dell'area comprendente l'ex caserma Ederle intende confermare e arricchire la vocazione turistica di Palmanova dotando la città di un centro di benessere-terapeutico con annessi area termale, *fitness*, terapia e un complesso alberghiero. Questo centro si articola nella zona a nord dell'area in corrispondenza del sedime degli edifici lineari militari (C1). Questi, in parte riutilizzati e integrati in nuovi edifici che segnano morfologicamente i singoli luoghi trovano tipologie compatibili, che si rapportano, nelle altezze, al campanile della chiesa e all'acquedotto.

È noto che il territorio friulano è ricco di acque termali, tra cui le terme di Arta in zona montana dove si svolgono terapie con acque e fanghi termali, riabilitazione e fisioterapia, le terme di Grado sulla costa marittima, che sfruttano l'acqua marina e le sue proprietà curative, le terme di Lignano Sabbiadoro, che si occupano delle cure di particolari patologie con uso dell'acqua marina e delle sabbie asciutte riscaldate.

Specifici studi mostrano come le acque sotterranee del territorio di Palmanova, date le caratteristiche degli elementi che le compongono, possono essere usate per la cura del benessere della persona.

A partire dal centro città si articola una sequenza di ambiti architettonici. Iniziando dal progetto del quadrivio di sestiere, dove vi è un alto gradiente di naturalità nell'organizzazione insediativa della piazza, che riutilizza in parte una struttura esistente per destinarla a galleria espositiva (C3) e ridisegna il lato restante attraverso un sistema porticato. A questo fanno seguito due edifici allineati (C2), rispettivamente il parcheggio coperto e un elemento naturalistico forte, costituito dal blocco rettangolare della serra. Verso il perimetro esterno dell'area vi è il centro benessere e in testa la torre dell'hotel.

L'ex caserma Filzi (C4) con aree benessere, terapiche e stanze lettura viene collegata con un passaggio sotterraneo al centro benessere, mentre gli elementi di risalita verticale sono ricavati all'interno del terrapieno adiacente.

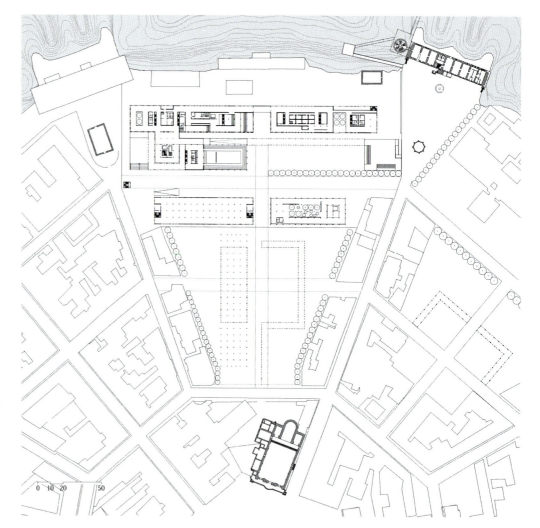

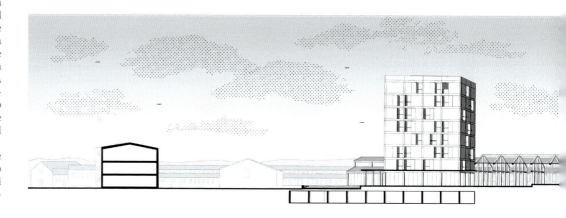

Planimetria dell'attacco a terra.
Dettaglio costruttivo del nuovo sistema di risalita dell'ex caserma Filzi.
Sezione trasversale d'insieme ovest-est.

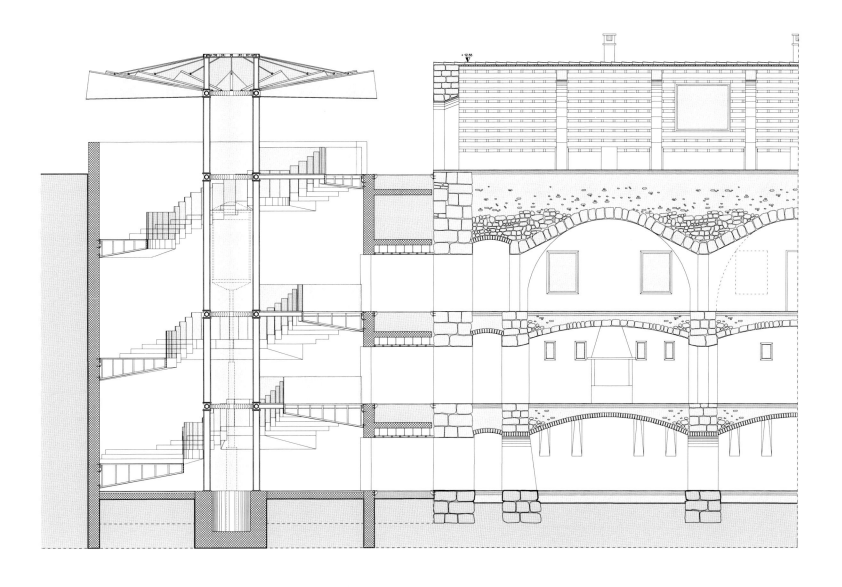
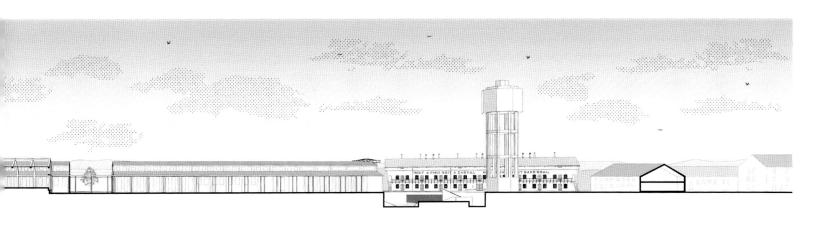

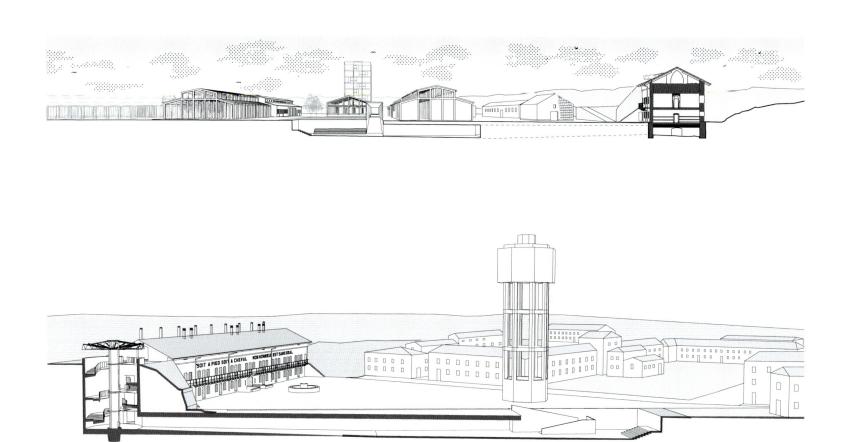

Sezione prospettica nord-sud parallela a Contrada Donato.
Sezione prospettica in corrispondenza del piano ipogeo.

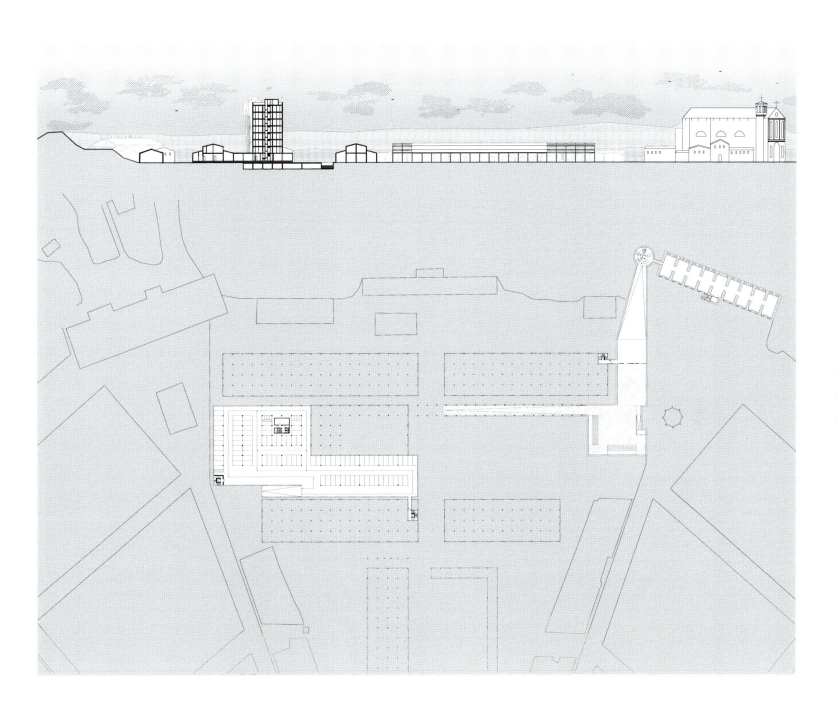

Sezione longitudinale d'insieme nord-sud.
Pianta del piano ipogeo.

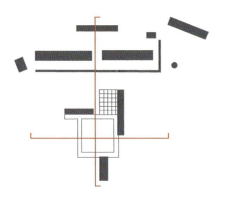

Ex caserma Ederle:
Una nuova piazza per Palmanova

studenti: P. Di Paolo, E. Bergo, F. Zovi, J. Martins

Il progetto interpreta una delle piazze di sestiere come spazio aperto in relazione al parco circostante. La scelta di fondo è offrire un gradiente di naturalità, mantenere nell'area una bassa edificazione e conservare il più possibile gli edifici preesistenti, in un'area complessivamente intesa come pedonale. L'elemento centrale è la piazza di sestiere ridisegnata attraverso un porticato al quale si agganciano tre nuovi edifici a tre piani fuori terra, destinati a *"social housing"* con piano terreno commerciale di negozi di vicinato a servizio delle residenze e una piazza coperta adibita a mercato. L'orientamento dei tre edifici riprende il disegno delle strade di sestiere.

Per la caserma napoleonica Filzi (C4) si prevede un restauro conservativo, sia per quanto riguarda il trattamento delle superfici, sia per quanto riguarda le addizioni. Per consentire la fruizione dei tre piani della caserma sono stati predisposti due vani scala e ascensori interni. In conformità con le funzioni storiche, la caserma Filzi diventa un ostello con camere al primo piano, servizi e zona giorno al piano terra e cantina per la ristorazione al piano interrato. Il sottotetto è in diretta continuità con la quota dei bastioni ed è progettato come stazione di una via ciclo pedonale che arricchisce il parco dei bastioni con percorsi sommitali che hanno una funzione panoramica in connessione con la ciclovia Alpe Adria. Un lungo porticato recinta il polo commerciale a nord della piazza di sestiere e definisce un lato della piazza di bastione in fronte alla caserma Filzi. Si prevede la gestione del polo commerciale da parte del vicino Palmanova Outlet Village, a cui è garantita l'accessibilità attraverso un sistema di parcheggi con pensiline per mezzi pubblici, collegato alla viabilità interna della città.

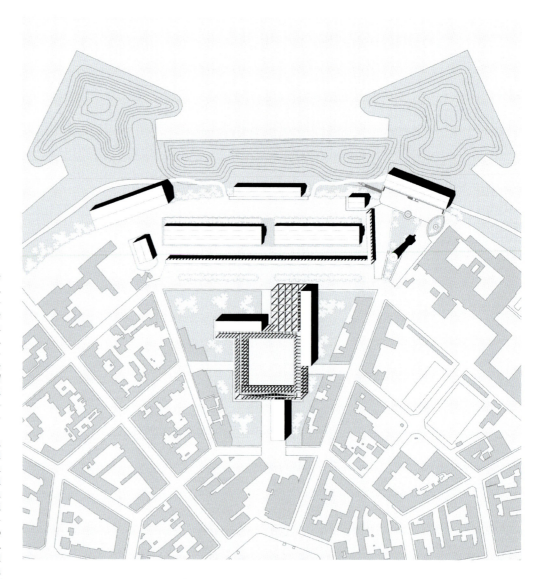

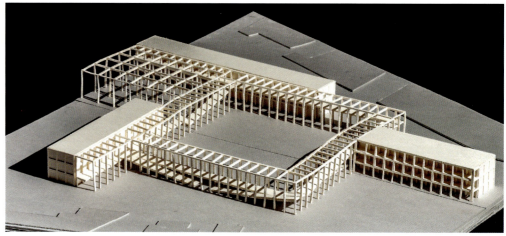

In questa pagina:
Planivolumetrico.
Immagine del modello.

Nella pagina a fianco:
Planimetria dell'attacco a terra.
Sezione longitudinale nord-sud.

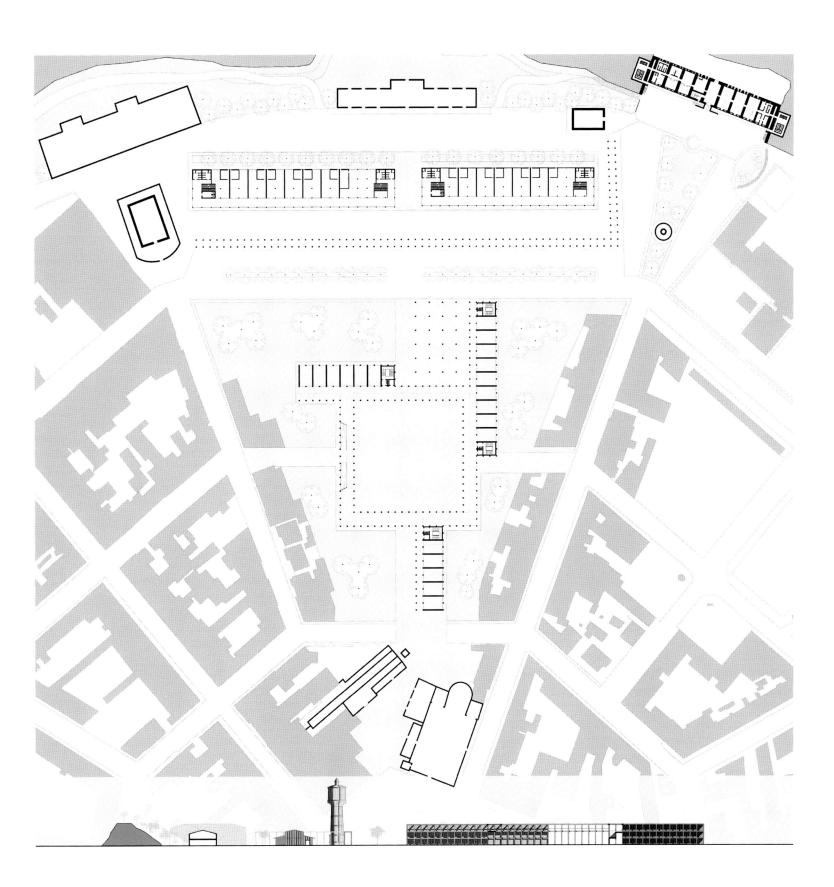

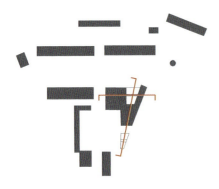

Ex caserma Ederle:
Città-fortezza e insediamento polifunzionale

studenti: N. Ditadi, A. Martino, F. Menegato, G. Ottogalli

Il progetto si articola intorno alla nuova piazza di sestiere impostata sul quadrivio a cui si accosta il corpo di fabbrica lineare inclinato secondo l'andamento di contrada Donato, con la funzione di unire visivamente e funzionalmente la piazza di sestiere a quella di bastione in corrispondenza della caserma Filzi (C4). Lo studio propone la riqualificazione dei due poli delle piazze di baluardo e del tratto di via delle Milizie che le collega. La caserma al centro della cortina di bastione (C6) viene destinata a velostazione di servizio ai percorsi ciclo-pedonali progettati sui bastioni stessi. L'ex caserma Filzi (C4) viene adibita a hotel e ristorante.
I temi funzionali principali si rapportano in modo concreto ai progetti in atto per Palmanova: il centro medico e riabilitativo ricavato dalle pesanti trasformazioni delle ex caserme lungo via delle Milizie (C1) è pensato come parte integrante del centro medico dedicato all'Alzheimer in progetto negli edifici dell'ex ospedale. Sul parco urbano, con parcheggi ipogei, affaccia l'edificio dedicato al *co-working*, anch'esso ricavato dalla ristrutturazione di depositi militari (C2), pensato in relazione ai dati economici di Confartigianato Palmanova che rilevano un aumento di liberi professionisti ed artigiani. La piazza di sestiere è definita da edifici dedicati al mercato e al commercio sul lato ovest, mentre sui lati est e nord si attestano le residenze che si prolungano verso la piazza di baluardo; sul retro si accostano lo spazio mostre e un auditorium da 400 posti.

In questa pagina:
Planimetria del piano interrato.
Sezione prospettica.
Immagine del modello.

Nella pagina a fianco:
Planimetria dell'attacco a terra.
Sezione prospettica.

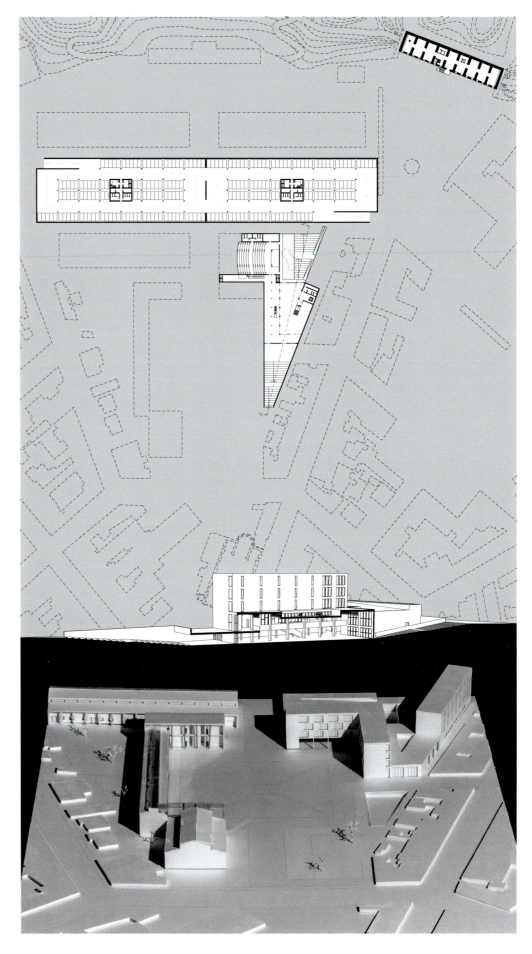

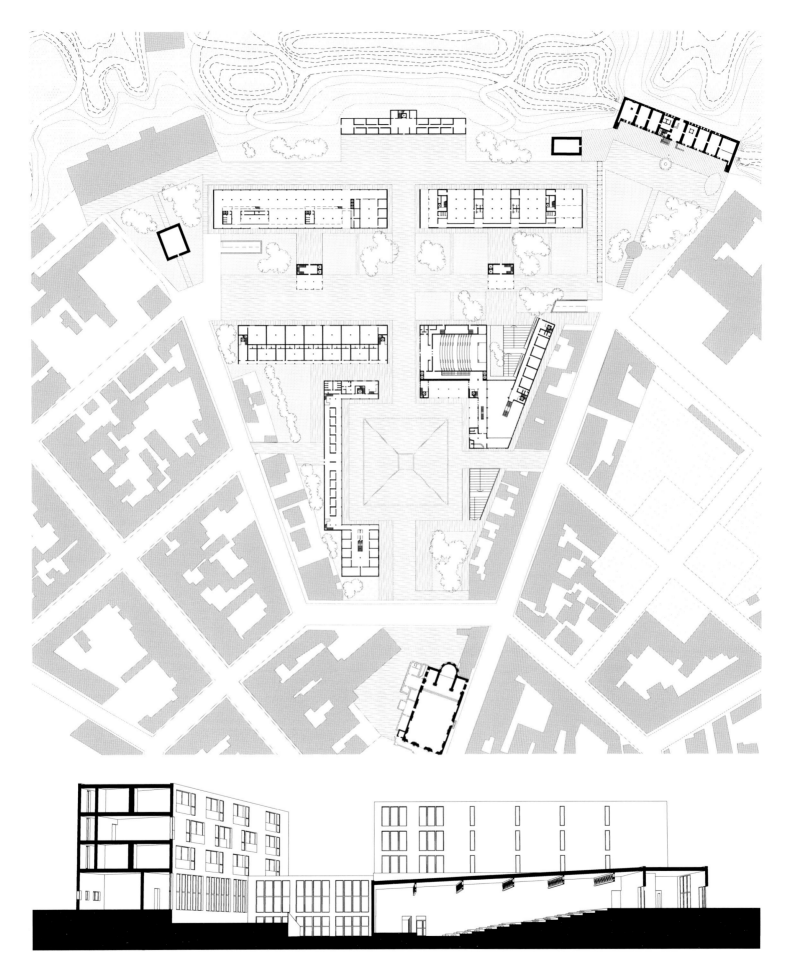

Contributi

Veduta del prospetto verso la fortezza di una caponiera napoleonica (Di Resta, 2017).

Schema del posizionamento delle caserme Napoleoniche tra le cinte fortificate.

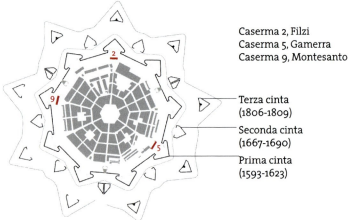

Caserma 2, Filzi
Caserma 5, Gamerra
Caserma 9, Montesanto

Terza cinta (1806-1809)
Seconda cinta (1667-1690)
Prima cinta (1593-1623)

Dalla dismissione alla valorizzazione

La restituzione della forma urbana nella conservazione delle caserme Gamerra e Filzi

Sara Di Resta
Giorgio Danesi

Affrontare a Palmanova il tema del riuso del patrimonio militare dismesso significa guardare alle possibili forme di conservazione e di valorizzazione di una struttura urbana monumentale dove i singoli edifici rappresentano i vocaboli di un testo più complesso. Un'eredità eterogenea e polisemica, le cui sorti sono strettamente connesse all'elaborazione di un piano lungimirante, coerente e unitario.
Progetto ideale interrotto, Palmanova è un intreccio di storia, memoria e paesaggio che oggi si scontra con la realtà dei vuoti urbani e delle aree in abbandono, parti di città incompiute o neglette che documentano il tradimento della funzione che quegli stessi luoghi aveva generato.
Un primo grande piano di dismissione dei siti militari aveva caratterizzato l'Italia già a partire dalla sua unificazione. Un abbandono progressivo che ha coinvolto, in quella fase, prevalentemente le mura urbane e le zone limitrofe: «venuta meno la loro funzione difensiva – efficacemente definita come la "dissoluzione dei confini" della città storica – [questo processo ndr] ha accompagnato e favorito il radicale mutamento della fisionomia urbana e territoriale europea»[1]. L'abbandono definitivo delle caserme di Palmanova risale invece agli anni Novanta del Novecento, periodo in cui il reparto Comando e Trasmissioni del Genio Militare e il Comando del Reggimento "Genova Cavalleria" dell'Esercito Italiano attuano la dismissione sistematica di edifici e siti ritenuti sovrabbondanti, obsoleti e costosi nella gestione ordinaria e straordinaria.
I siti militari in disuso rappresentano nuovo materiale culturale che, ancora ai nostri giorni, stenta ad avere risposte. Per queste ragioni, immettere in un nuovo sistema di valori e di funzioni oggetti che, nel tempo, hanno programmaticamente perduto le ragioni e le logiche per le quali sono stati edificati, richiede di mettere a fuoco e di comprendere contesti diversi ma legati da una comune origine e da un comune destino, riattivando le relazioni che questi siti intessono con la città.
Monumento nazionale dal 1960[2], Palmanova si trova oggi a gestire gli effetti del riconoscimento dei suoi 7 km di strutture bastionate all'interno del patrimonio UNESCO[3]. A dispetto di ciò, la città, cresciuta nel Novecento al di fuori delle mura, esige proposte e risposte per la tutela attiva di un paesaggio fortificato i cui segni si percepiscono per episodi ma dei quali non si coglie, se non dall'alto, il significato generale.
Lo studio delle caserme napoleoniche, inserito in un più ampio contesto di analisi delle aree militari dismesse della città, offre l'opportunità di ampliare la prospettiva della conservazione e della valorizzazione dalla scala architettonica a quella ambientale e paesaggistica. Le questioni emerse definiscono un ambito che tiene saldamente insieme ricerca e didattica, in un percorso che si misura sulla sfida di tracciare strategie concrete per il destino di questi luoghi. (SDR)

Il ruolo delle caserme nella *facies* napoleonica di Palmanova

Nel marzo del 1797 le truppe francesi guidate da Napoleone Bonaparte entrano in territorio friulano coinvolgendo l'area in conflitti che avrebbero interessato l'Europa per i successivi vent'anni[4]. La *facies* napoleonica di Palmanova sarebbe coincisa con un ampliamento della propria estensione tramite la costruzione di una terza cinta muraria, la cosiddetta *Enceinte Napoléon*[5]. Le scelte napoleoniche sono rivolte innanzitutto all'aggiornamento tecnologico delle fortificazioni veneziane preesistenti tramite adattamenti necessari alle nuove esigenze belliche[6]. Oltre alla costruzione di nuove polveriere e delle strutture oggi note come "lunette francesi"[7], il rafforzamento delle linee difensive ha comportato l'edificazione di tre caserme poste in continuità con i bastioni[8]. Le tre architetture, che raccordano da cortina a cortina le cosiddette "gole di bastione", si inseriscono ancora oggi nel disegno di Palmanova come segmenti di unione tra i piani inclinati dei bastioni, realizzati in funzione delle traiettorie dei proiettili[9]. Le tre caserme – note come Montesanto, Gamerra e Filzi[10] – derivano da un medesimo modello progettato tra il 1808 e il 1813[11] sotto la supervisione del Generale del Genio Chasseloup e portato in cantiere dal capitano Louis Joseph Felix Laurent[12]. I disegni conservati negli Archivi Centrali del Genio Militare a Roma[13] forniscono spunti sulla possibile configurazione originaria degli edifici, oggi parzialmente offuscata dalle trasformazioni operate negli ultimi due secoli.
Le tre caserme rappresentano dunque declinazioni di un unico progetto, pur rimanendo distinte da specificità che caratterizzano le singole edificazioni e che saranno considerate nel corso della trattazione. Lo studio condotto non approfondisce invece la vicenda della terza caserma napoleonica, nota come Montesanto, interessata da pesanti interventi di ristrutturazione nel 1993[14] e attualmente in concessione d'uso a privati. [GD]

Progetto, costruzione, trasformazioni

Obiettivo centrale nella costruzione delle caserme risiede nella volontà napoleonica di chiudere le gole dei bastioni, consentendo il «trinceramento interno»[15]. L'impianto planimetrico degli edifici prevede l'allineamento delle caserme con l'asse dei terrapieni ai quali sono addossati i due lati corti delle costruzioni. Rimangono liberi i due prospetti principali, scanditi da nove moduli, ciascuno dei quali segnato da tre aperture. Fa eccezione il modulo centrale, cui è demandata la funzione di filtro e di passaggio al piano terra tra il fronte e il retro dell'edificio, segnalato da un più ampio portale ad arco ribassato. La simmetria dei prospetti si riflette nella modularità degli ambienti interni, scanditi da setti perpendicolari alla facciata e collegati da una teoria di aperture poste sull'asse maggiore dell'edificio.

La caserma Gamerra, come il modello rappresentato nei disegni del 1812, presenta ai lati due torrette provviste di feritoie, caratteristica non riscontrabile nella caserma Filzi, costituita invece da un volume unico innestato sul bastione senza soluzione di continuità. L'analisi delle fonti d'archivio fa supporre che il piano seminterrato dovesse essere raggiungibile dall'esterno attraverso una scala dotata di due rampe simmetriche. Tale corrispondenza risulta oggi perduta: la caserma Filzi presenta una sola rampa di scale, mentre la caserma Gamerra è dotata di quattro rampe scavate nel terrapieno in coincidenza del prospetto principale. Dagli elaborati di progetto è possibile dedurre che il piano seminterrato fosse occupato da locali che ospitavano forni necessari al sostentamento della guarnigione[16], con ambienti collegati tra loro da un corridoio addossato alla facciata posteriore.

Ulteriore elemento di distinzione dei due edifici risiede nei sistemi di accesso ai piani superiori: per la caserma Filzi è stato realizzato un ballatoio in legno e ferro accessibile tramite due scale laterali in pietra, mentre per la caserma Gamerra era interdetto l'accesso dei soldati al piano primo direttamente dall'esterno. I piani adibiti originariamente a camerate sono collegati tra loro da una scala interna posta nel modulo centrale. Nella caserma Filzi tale caratteristica viene meno con il posizionamento della scala nel primo modulo a ovest dell'ingresso.

La struttura delle caserme è costituita da murature portanti che – sulla base del confronto tra le realizzazioni e i contenuti della trattatistica di riferimento[17] – si possono verosimilmente ipotizzare costruite con nucleo misto di pietrame sbozzato. I paramenti sono invece costituiti da blocchi di pietra calcarea perfettamente squadrati e da giunti di malta a base di calce di spessore estremamente ridotto. Come mostrano alcune lacune negli intonaci interni, le volte a botte dei piani inferiori sono realizzate in laterizio. Le strutture voltate poste tra primo e secondo piano sono invece realizzate con conci in pietra sbozzata, sui quali è presente un rinfianco dello spessore di oltre un metro realizzato con terra e materiali di risulta. L'elevato spessore è dovuto alla necessità di difendere la caserma in caso di attacchi dall'alto, aumentandone la resistenza ai bombardamenti[18].

Fin dal loro primo assetto, le caserme mostrano un ulteriore carattere tipologico nelle scelte di definizione del sistema di copertura: dal punto di vista distributivo, l'ultimo piano risulta sempre sconnesso dai piani sottostanti, poiché accessibile soltanto dalla sommità dei bastioni. La documentazione d'archivio mostra un modello dotato di copertura lignea che poggia sulla volta sottostante. Il ruolo della struttura lignea, ininfluente ai fini della difesa bellica, era quello di proteggere le volte dagli agenti atmosferici, aumentandone la durabilità. Nel tempo le coperture sono state progressivamente sostituite. Ai nostri giorni, infatti, nessuna delle caserme napoleoniche di Palmanova presenta la struttura lignea originaria. Nella caserma Filzi la copertura fu sostituita nel corso del Novecento con una struttura in arconi di muratura e puntoni lignei. Nella caserma Gamerra, presumibilmente tra gli anni Trenta e gli anni Sessanta del secolo scorso, la copertura fu invece sostituita con un solaio tipo "SAP": un sistema costituito da travetti in laterizio armato assemblati a piè d'opera mediante l'inserimento di barre di armatura in tasche appositamente predisposte nel laterizio e sigillate con malta cementizia.

Nel corso del Novecento le caserme hanno subito ulteriori trasformazioni dovute alle variazioni della destinazione d'uso che hanno portato a pesanti frazionamenti interni e all'inserimento, spesso di fortuna, di impianti idrici ed elettrici.

La storia delle trasformazioni delle caserme ha inizio immediatamente dopo la loro costruzione: nel 1814, terminate le guerre napoleoniche, gli austriaci occupano nuovamente la città, determinando i primi cambi d'uso[19]. La caserma Filzi fu trasformata in carcere nel 1856[20] mentre, a partire dal 1853, il piano terra della caserma Gamerra fu adibito a scuderie. Solo dopo il 1866[21] le opere di difesa passarono dall'Austria all'Italia, dando il via ad una prima fase di abbandono[22]. Durante la Prima Guerra Mondiale Palmanova diventò centro di smistamento e di rifornimento per la prima linea situata sull'Isonzo[23]. In questo periodo, entrambe le caserme furono adibite a deposito di munizioni[24].

Tra il secondo dopoguerra e i primi anni Novanta la caserma Gamerra è stata occupata dal Reparto Comando e Trasmissioni del Genio militare, mentre la Filzi, dal 1947 al 1992, è stata sede del Comando del reggimento "Genova Cavalleria". Nonostante il degrado delle superfici, sulla facciata della caserma Filzi campeggia ancora il motto del reggimento in caratteri gialli: «*Soit à pied soit à cheval mon honneur est sans égal*»[25]. [GD]

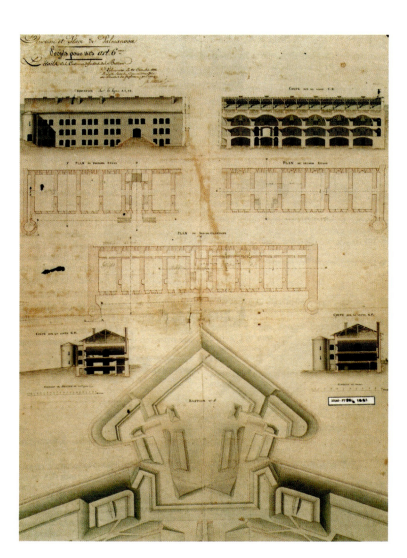

Progetto del capitano Saint Laurent, 20 dicembre 1812, Istituto Storico e di Cultura dell'Arma del Genio, Roma, inv. FT 26-B 1861.

Nelle pagine successive:
Caserma Gamerra, veduta esterna (F. Martinelli, 2016).

Caserma Filzi, veduta esterna (S. Di Resta, 2017).

Progettare la conservazione dei luoghi dell'abbandono

Tornare a connettere i temi della conservazione con quelli del progetto urbano costituisce un aspetto centrale del misurarsi con il riuso delle caserme di Palmanova[26]. Incardinate nel sistema bastionato e parte integrante di settori urbani in abbandono, queste architetture, a partire dalle strategie dedicate alla loro conoscenza, sono state oggetto di studi che hanno richiesto infatti il continuo passaggio dalla scala architettonica alla scala urbana. Il restauro delle caserme è stato inteso come motore di riattivazione di frammenti di città. Un approccio archeologico condotto sul passato prossimo e orientato a estrarre «da beni inanimati, immersi in un sonno mortifero, il potenziale vitale capace di risvegliarli»[27].

La conservazione e la valorizzazione di questi siti, chiara espressione del processo di estensione del concetto di patrimonio culturale che coinvolge il nostro periodo storico, concorre a preservare la memoria del territorio e, allo stesso tempo, a promuovere lo sviluppo della cultura[28]. Le strategie e le modalità di conseguimento di questi obiettivi sono parte sostanziale del carattere che la proposta progettuale deve assumere nei confronti di questo patrimonio: una progettazione che esige mediazione di cultura e di scienza e che, in quanto tale, deve essere supportata dalla conoscenza dell'oggetto, della sua materialità, dei suoi significati. Da imparare ad interpretare, questi ultimi, attualizzandoli nel presente.

Un primo aspetto degli interventi delineati riguarda il contrasto al degrado causato dal prolungato abbandono. Ampie porzioni delle caserme sono avvolte da vegetazione infestante e interessate da ulteriori fenomeni di natura biologica che amplificano l'esser parte integrante di un sistema in cui aspetti naturali e antropici coesistono fin dalla realizzazione di questi edifici. Definire le strategie dell'intervento e tracciarne con coerenza i confini è parte del percorso formativo dedicato allo studente. Delineare i nuovi caratteri che concorrono a tracciare l'identità di questi oggetti, saper distinguere i segni che documentano la vicenda delle architetture dai fenomeni di degrado che ne mettono a rischio la permanenza, è un aspetto del percorso intrapreso.

Le fragilità di questi edifici possenti e austeri non risiedono nelle caratteristiche costruttive – erano pensati per resistere alla forza di gravità e a quella del fuoco[29] – ma nella rigida reiterazione sequenziale di piccoli ambienti e nella scarsa accessibilità, che costituiscono barriere evidenti alla loro fruizione. Gli interventi proposti seguono i criteri di *adaptive-reuse*[30], misurandosi nella scelta di idonee destinazioni d'uso che sappiano tutelare i valori

materiali e immateriali di queste architetture e le loro caratteristiche di autenticità. È in quest'ambito che la capacità di governare il rapporto tra "antico" e "nuovo" ha costituito un aspetto dirimente in proposte in cui la compatibilità dei materiali e delle tecniche impiegate risulta essere al centro di un'azione responsabile che valorizza l'oggetto senza prevaricarlo.

Come parte del patrimonio architettonico, le caserme sono espressione di identità culturale collettiva che evolve nel tempo, e richiedono, in quanto tali, strategie in grado di rispondere anche alle esigenze contemporanee sui requisiti della sicurezza, dell'accessibilità, del comfort: l'obiettivo, in questo caso, è stato quello di facilitare una pubblica fruizione conciliabile con la conservazione.

Un progetto di alta qualità dedicato alle preesistenze storiche rifiuta l'applicazione di schemi aprioristici. Al contrario, fa dell'attività conoscitiva lo strumento che indirizza, governa e promuove metodi e strategie orientati alla reimmissione di questi oggetti all'uso e all'attenzione collettiva.

Attualizzando la lezione che ci viene dai paesaggi antichi[31] dove forma, funzione e idea di società si fondono nei tratti con i quali l'uomo incide il territorio, il riuso delle caserme si configura anche come strumento di miglioramento dei contesti fisici e sociali che, attorno al recupero delle aree dismesse, si genera e si sviluppa.

In quest'ottica, la proposta delle nuove funzioni, elaborata intrecciando la domanda reale del mercato con le istanze di tutela degli edifici, è indirizzata a restituire questi luoghi alla collettività, orientando le scelte verso la valorizzazione delle eccellenze enogastronomiche locali, la formazione e il tempo libero.

La sfida è quella di immaginare scenari in cui i processi di tutela siano integrati con quelli di valorizzazione, e in cui i nessi tra le strategie di promozione e i processi di sviluppo locale concorrano a tracciare un perimetro d'equilibrio tra conservazione e trasformazione, temi cruciali per il futuro dei due edifici, ma anche per quello della città. [SDR]

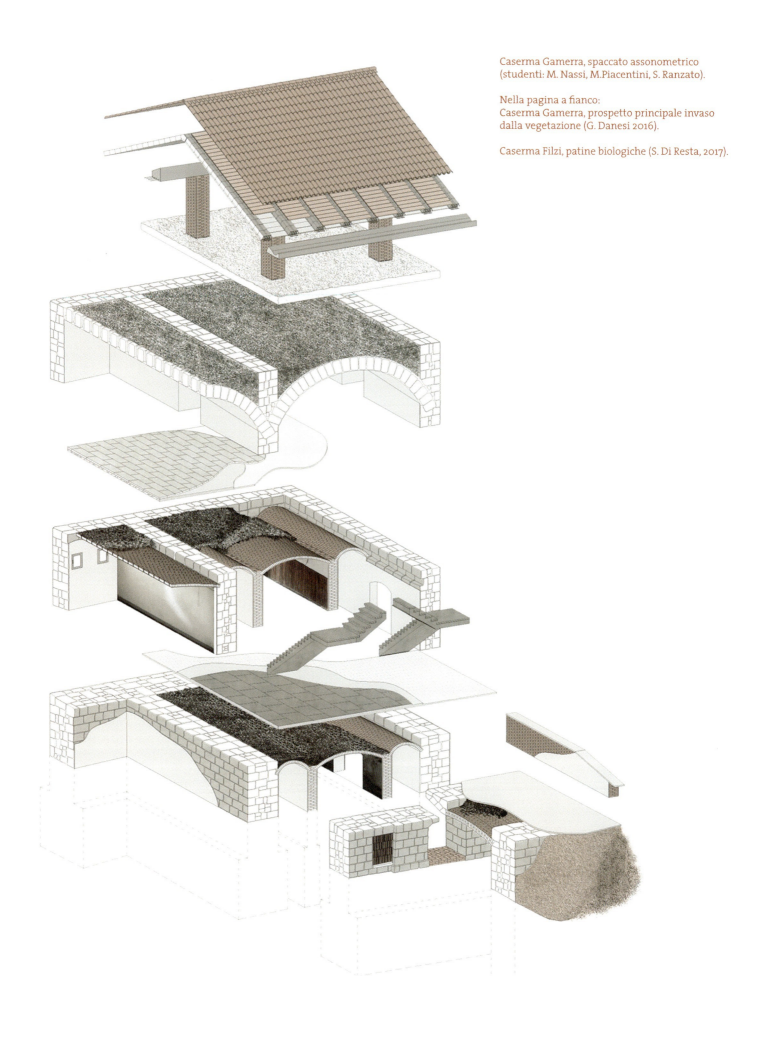

Caserma Gamerra, spaccato assonometrico (studenti: M. Nassi, M.Piacentini, S. Ranzato).

Nella pagina a fianco:
Caserma Gamerra, prospetto principale invaso dalla vegetazione (G. Danesi 2016).

Caserma Filzi, patine biologiche (S. Di Resta, 2017).

Note

1. Fiorino Donatella Rita, *Nota introduttiva*, in Damiani Giovanna, Fiorino Donatella Rita (a cura di), *Military landscapes: scenari per il futuro del patrimonio militare*, Skira, Milano 2017, p. 51.

2. Con il D.P.R. 21 luglio 1960 n. 972, il Presidente della Repubblica Giovanni Gronchi decreta la Fortezza di Palmanova monumento nazionale: «Considerata la opportunità che la Fortezza di Palmanova (Udine) sia conservata e additata al rispetto della Nazione per il suo rilevante interesse storico ed artistico, costituendo il complesso stesso il prototipo dei baluardi dell'epoca moderna, legato alla memoria delle eroiche campagne sostenute dalla Repubblica Veneta contro austriaci, turchi e francesi, nonché al ricordo della prima guerra per l'indipendenza italiana».

3. Il riconoscimento da parte dell'UNESCO World Heritage Committee, il cui iter si è concluso nel luglio 2017, inserisce i bastioni di Palmanova all'interno di un più ampio contesto di tutela dedicato alle "Opere di difesa Veneziane realizzate tra XV e XVII secolo" che coinvolge Italia, Croazia e Montenegro. Le fortificazioni bastionate erano naturalmente già oggetto di vincolo di tutela da parte della legislazione nazionale corrente ai sensi del D.lgs. n. 42/2004 "Codice dei Beni Culturali".

4. Foramitti Paolo (a cura di), *Le fortificazioni napoleoniche in Friuli: Palmanova*, Savorgnani, Palmanova, 1997, p. 7.

5. Cfr. Pavan Gino (a cura di), *Palmanova fortezza d'Europa 1593-1993*, Venezia, Marsilio, 1993, p. 120.

6. Fara Amelio, *Napoleone architetto nelle città della guerra in Italia*, L.S. Olschki, Firenze, 2006, p. 124.

7. Ivi, p. 127.

8. Valiante Jesu Teresa (a cura di), *Le mura di Palmanova: itinerario storico, architettonico, paesaggistico*, Italia Nostra, Udine, 2001, p. 109.

9. Ivi, p. 114.

10. La caserma Montesanto si trova nel bastione Grimani, in età napoleonica denominato bastione n. 9, la caserma Gamerra nel bastione Contarini (n. 5) e la caserma Filzi, infine, nel bastione Donato (n. 2).

11. Fara Amelio, op. cit., p. 131.

12. Prelli Alberto, *L'Enceinte Napoleon*, in Foramitti Paolo (a cura di), op. cit., p. 17.

13. Le cartografie inerenti alle fortificazioni di epoca napoleonica a Palmanova sono conservate negli Archivi Centrali del Genio Militare a Roma, all'Istituto Storico e di Cultura dell'Arma del Genio (ISCAG).

14. Cfr. Valiante Jesu Teresa (a cura di), op. cit., p. 109.

15. Gli studi condotti da Amelio Fara descrivono la costruzione delle fondazioni delle caserme in coincidenza con le gole di ciascun bastione come parte di un più ampio progetto di integrazione dei sistemi difensivi di Palmanova, interrotto prima del suo completamento. Cfr. Fara Amelio, op. cit., p. 131.

16. Pavan Gino (a cura di), op. cit., p. 130.

17. Sulle tecniche di costruzione degli edifici difensivi nel XIX secolo cfr.: Rondelet Jean-Baptist, *Traité théorique et pratique de l'art de bâtir*, Firmin-Didot, Paris, 1802-1817; Ditri Federica, Silva Maria Pia, Tubi Norberto, *Gli edifici in pietra*, Sistemi editoriali, Napoli, 2009. Sulle strutture voltate cfr.: Breymann Gustav Adolf, *Archi, volte, cupole*, Dedalo, Roma, 2003 (dal *Trattato di Costruzioni Civili*, Stuttgart, 1885). Si veda inoltre: Koenig Giovanni Klaus, Furiozzi Biagio, Fanelli Giovanni, *La tecnologia delle costruzioni*, Le Monnier, Firenze, 2002.

18. Fara Amelio, op. cit., p. 131.

19. Cfr. Di Sopra Luciano, *Palmanova. Analisi di una città-fortezza*, Electa, Milano, 1983, p. 16.

20. ISCAG, Fm, 38. Cfr. Fara Amelio, op. cit., p. 131.

21. Anno nel quale Palmanova viene annessa al Regno d'Italia.

22. Di Sopra Luciano, op. cit., p. 9.

23. Valiante Jesu Teresa (a cura di), op. cit., p. 18.

24. Pavan Gino (a cura di), op. cit., p. 128. Si veda anche la mappa elaborata dall'Ufficio delle fortificazioni di Udine, ISCAG, inv. FT 26/B n. 1872.

25. "Sia a piedi che a cavallo il mio onore non ha eguali".

26. La regione Friuli-Venezia Giulia conta 428 siti militari dismessi, 198 dei quali trasferiti dall'Agenzia del Demanio ai Comuni. Fonte: Micheluz Daniele, inchiesta *Siti militari*, «Il Friuli», 28 giugno 2013, pp. 24-25.

27. Carandini Andrea, *La forza del contesto*, Laterza, Bari, 2017, posizione Kindle 2535.

28. Cfr. D.lgs. 42/2004 "Codice dei Beni Culturali e del Paesaggio", art. 2.

29. Di Sopra Luciano, *Azioni dall'alto*, in Di Sopra Luciano, op. cit., pp. 41-42.

30. Cfr. Fiorani Donatella, Kealy Loughlin, Musso Stefano Francesco (a cura di), *Restoration/Adaptation. Keeping alive the spirit of the place. Adaptive reuse of heritage with symbolic value*, EAAE, n. 65, Hasselt, 2017.

31. Cfr. Settis Salvatore, *Man and Nature. La lezione dei paesaggi antichi*, in Settis Salvatore, *Architettura e democrazia. Paesaggio, città, diritti civili*, Einaudi, Torino, 2017, pp. 29-30.

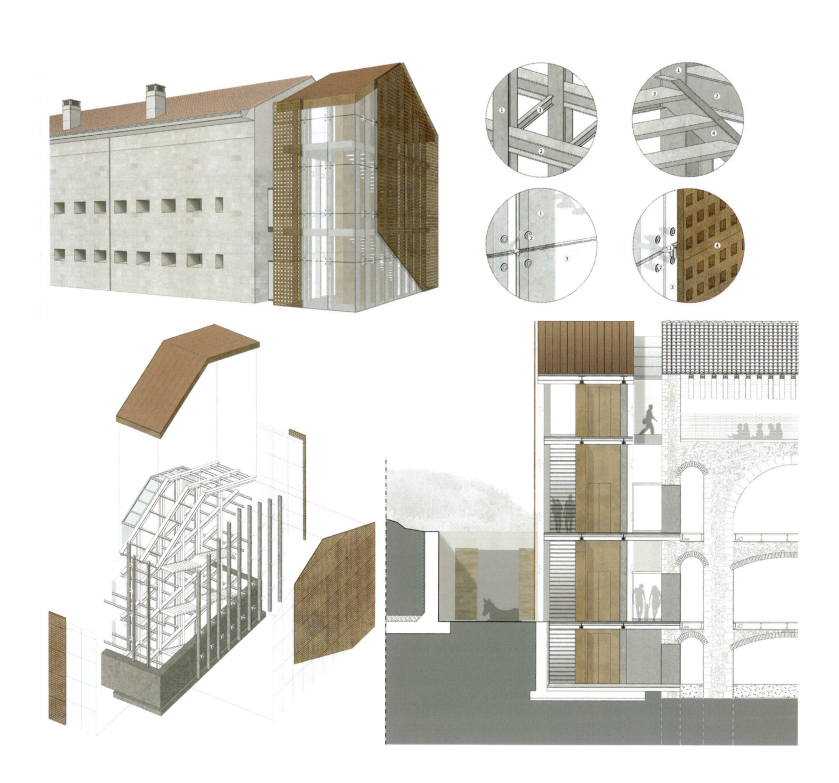

In questa pagina:
Caserma Gamerra, studio dei nuovi collegamenti verticali (studenti: V. Ceneda, C. Collodel, 2018).

Nella pagina a fianco:
Caserma Gamerra, innesti contemporanei (studenti: A. Benedetti, F. Favaro, 2017).

La secentesca ex caserma Piave.
L'edificio è costituito da due corpi di fabbrica in linea caratterizzati in origine da un doppio ordine porticato.

Restauro strutturale della città-fortezza di Palmanova: alcune singolarità

Paolo Foraboschi

La ricerca sul recupero urbano e sul riuso di Palmanova è stata sviluppata in modo interdisciplinare, con il contributo integrato di composizione, storia, restauro, economia e strutture. L'integrazione ha caratterizzato tutta la ricerca, a partire dall'analisi preliminare dello spazio urbano e del costruito volta a interpretare l'architettura e a determinare come l'impianto urbanistico e i singoli manufatti siano correlati al valore e al significato dell'architettura di Palmanova.

Tale analisi preliminare ha mostrato alcune singolarità alle quali tutte le attività hanno dovuto conformarsi, indipendentemente dalle nuove funzioni che si intendano attribuire a Palmanova. In questa sede si illustrano le peculiarità individuate e si accenna a come queste siano state trattate nell'attività di restauro strutturale.

Il costruito di Palmanova si compone di due sistemi drasticamente distinti dal punto di vista edilizio: la macchina da guerra e la macchina civile.

La macchina da guerra consiste nel sistema fortificato, composto da numerose caserme (rinascimentali, veneziane e napoleoniche), da edifici funzionali alle caserme (magazzini, depositi, capannoni) e da tre bastioni di cinta (rilevati e muri di sostegno, fossi e fossati, secchi o con acqua, rivellini o mezze lune, porte e controporte, postazioni e baluardi vari, casematte e caponiere, tanti cunicoli e passaggi sotterranei).

Le strutture delle caserme sono esclusivamente in muratura: paramenti e volte. L'unica eccezione è il coperto, che è ligneo (ma non originale) o in latero-cemento (anch'esso in sostituzione dell'edificazione primigenia), poiché il suo ruolo era la protezione della volta sottostante dagli agenti atmosferici, mentre la protezione dalle azioni belliche era fornita da tale volta, di elevato spessore e di eccellente qualità costruttiva (una sorta di elmo).

Generalmente, le strutture verticali delle caserme sono in muratura di pietra e le volte sono in pietra o in mattoni. In particolare, le caserme napoleoniche di bastione, che in questa ricerca sono state oggetto di indagini in sito e saggi, sono in conci lapidei in pietra d'Istria, oppure paramenti in blocchi di pietra calcarea squadrati con nucleo misto di pietrame sbozzato, mentre le volte sono in mattoni ai piani inferiori e in pietra ai piani superiori.

La capacità di una muratura è prodotta dai carichi e non dalla resistenza del materiale (come invece nel caso del cemento armato, dell'acciaio o del legno); perciò, si riduce solo se la costruzione perde massa. Il caso tipico è quando la copertura e i solai lignei degradano sino al collasso, determinando una riduzione del carico verticale applicato alle pareti murarie (oltre alla perdita dei collegamenti), cui consegue una riduzione della portanza alle azioni orizzontali. Difatti le murature maggiormente vulnerabili sono le rovine archeologiche.

In sintesi, la meccanica delle murature coincide con la geometria. Ergo, una costruzione muraria la cui geometria rimane invariata nel tempo non è soggetta ad alcuna significativa forma di degrado strutturale o di invecchiamento. Siccome in una costruzione muraria gli unici componenti soggetti a degrado e invecchiamento sono le strutture di legno, le strutture murarie presentano una riduzione di capacità solo dopo il crollo delle eventuali strutture lignee.

Le uniche strutture lignee delle caserme di Palmanova sono quelle di alcuni coperti, che però rappresentano masse marginali e comunque avulse dal sistema strutturale complessivo. Per cui la condizione strutturale delle caserme è rimasta quella primigenia, che era eccellente.

Un comune edificio murario soffre le azioni sismiche, poiché il materiale muratura ha una scarsa resistenza a trazione, per cui una struttura muraria non tollera forze normali aventi eccentricità maggiore di metà spessore. Per quelli che sono gli spessori murari di un comune edificio, anche azioni orizzontali relativamente modeste possono determinare l'uscita della risultante dalla sezione, causando il ribaltamento della struttura.

Una caserma non è però un edificio comune: deve resistere alle azioni belliche, in particolare alle armi da fuoco pesanti. Le azioni prodotte dalle cannonate sono di natura diversa dalle azioni sismiche (forze localizzate quelle, movimenti del suolo queste). In ultima analisi, però, si tratta sempre di forze orizzontali equivalenti. Difatti le strutture murarie di una caserma vengono realizzate con spessori elevati, di modo che le forze orizzontali necessarie a determinare l'uscita della risultante dallo spessore murario siano altrettanto elevate. Ergo, dotare una costruzione della capacità di resistere alle cannonate significa dotarla anche di capacità sismica.

Logica conseguenza, lo stato di fatto delle caserme di Palmanova garantisce la sicurezza sismica, oltre che statica, con larghissimi margini di sicurezza, come pure lo garantiscono le tre cinte bastionate.

L'unica carenza strutturale è stata registrata per qualche copertura, però sanabile senza particolari difficoltà. Anzi, le carenze delle coperture sono state l'occasione per riconformare lo spazio del sottotetto, finalizzandolo a una nuova funzione.

Al tempo stesso le caserme non si prestano a modifiche e addizioni, stante il rigido impianto architettonico e gli elevati spessori delle strutture. Gli unici spazi dove il progetto di riuso può trovare una certa libertà d'azione sono proprio i succitati volumi al di sopra del sistema di volte sommitali, poiché le pareti si arrestano all'imposta, lasciando il sottotetto libero da vincoli. Per il resto, il progetto di riuso ha uno spazio di manovra assai limitato. Per inciso, i sottotetti delle caserme di bastione, il cui livello è alla quota dei rilevati, venivano spesso usati come stalla.

D'altra parte, un qualsiasi riuso deve prevedere modifiche e addizioni: se è vero che è possibile concepire un riuso in ordine al quale, con poche variazioni, l'impianto esistente può servire gli spazi, è però altrettanto vero che, in ogni caso, occorrono nuovi spazi serventi. Per esempio, occorre realizzare sistemi di risalita verticali *ex-novo*.

A tale proposito, la ricerca ha esplorato sia soluzioni interne, che hanno previsto demolizioni e ricostruzioni (aperture praticate in pareti e volte, con elementi strutturali *ex-novo* di compensazione delle parti demolite, in alcuni casi con sistemi in coazione), sia soluzioni esterne (connesse architettonicamente all'esistente, ma giuntate strutturalmente).

Le strutture degli edifici funzionali alle caserme sono sia in muratura, talvolta con strutture orizzontali lignee o in cemento armato, sia in ossatura, di cemento armato o d'acciaio. Questi edifici sono stati trattati allo stesso modo degli edifici appartenenti alla macchina civile, poiché non possiedono quelle peculiarità costruttive delle caserme e dei manufatti componenti le cinte bastionate.

Fanno però eccezione le ossature metalliche incluse negli edifici funzionali alle caserme, che hanno invece richiesto attenzioni particolari, poiché anch'esse rappresentano una singolarità. Trattasi infatti di manufatti in sé molto poveri, che però costituiscono parte integrante della macchina da guerra della città-fortezza di Palmanova. Pertanto, la conservazione di quella comporta la conservazione anche di questi; tutto questo, però, con oneri commisurati. Sennonché, tali ossature metalliche sono staticamente sottodimensionate ai sensi delle normative attuali, anche a prescindere dalla sismica; cui si aggiunge la mancanza di controventi e il degrado per corrosione dell'acciaio. Metterli in sicurezza può quindi essere oneroso. Si è dunque presentato un tipico problema di restauro delle opere minori. Tale problema è stato risolto o con l'edificazione di tralicci *ex-novo*, di supporto ai tralicci esistenti, oppure esautorando i tralicci metallici esistenti dalla funzione strutturale e mantenendoli allo stato di rovina archeologica. Entrambe le soluzioni, anche la prima, sono risultate poco onerose.

La macchina civile è tale nel senso etimologico del termine. Trattasi degli edifici necessari alle funzioni civili che la città doveva comunque garantire, sebbene la macchina da guerra prevalesse sulla macchina civile, per cui la prima minimizzava la seconda. Non case e palazzi, quindi, ma manufatti civili di modesta qualità architettonica. Tuttavia gli edifici componenti la macchina civile sono disposti con una serialità e una conformazione planimetrica che danno luogo a un impianto urbano di valore culturale, nel quale i vuoti hanno importanza quanto i pieni. Per cui la conservazione di Palmanova passa per la conservazione della macchina civile e quindi la conservazione di ciascun edificio civile riguarda sia la dimensione specifica del manufatto sia la dimensione urbana. Considerando mezzi proporzionati alla qualità architettonica, però, il restauro del manufatto giustifica oneri non più che moderati. Quindi un'altra singolarità: il restauro strutturale deve conservare l'impianto urbano, incluso la concezione di città ideale, lavorando su manufatti di qualità modesta. Cui si aggiunge che Palmanova richiede di essere valorizzata e riutilizzata, dopo che, con la dismissione degli edifici militari iniziata negli anni Settanta, la città-fortezza ha perduto la sua prima ragione d'essere. Anche qui, trattasi di singolarità che il restauro strutturale ha dovuto adeguatamente considerare.

Le costruzioni civili hanno una condizione strutturale pressoché duale alle caserme: la sicurezza sismica è nettamente inferiore a quanto richiesto a una nuova costruzione e la sicurezza statica è, al più, stringentemente sufficiente.

Una soluzione è stata trovata dotando le costruzioni in muratura o in cemento armato con tamponamenti esterni in muratura, di un esoscheletro in muratura armata: armature *ex-novo* applicate alle murature perimetrali esistenti. Le armature consistono in strisce in composito fibro-rinforzati a matrice polimerica (fibre di carbonio annegate in una resina epossidica). Le strisce vengono incollate sull'involucro dell'edificio e, avendo spessore inferiore al millimetro, vengono poi celate nell'intonaco. Tale tecnica realizza un involucro in muratura armata, che dota il manufatto della capacità statica e sismica necessaria, senza modificarne la fisionomia e il carattere. Il tutto con costi molto modesti.

Tale tecnica risolve la quasi totalità delle situazioni, poiché quasi tutti gli edifici esistenti sono intonacati. Nei casi di edifici non intonacati (faccia a vista) oppure là dove si preferisce dare leggibilità all'intervento, la ricerca ha esplorato soluzioni alternative (le strisce in composito non si prestano a essere poste faccia a vista; non tanto per la protezione dal fuoco o da altri agenti, ma per ragioni estetiche). Tra le tecniche utilizzate a quest'ultimo proposito, la sostituzione di murature interne o di tamponamenti con pareti murarie armate o in cemento armato.

Un'altra singolarità riscontrata è l'incompiutezza del progetto di Palmanova. La ricerca sul recupero urbano e il riuso della città-fortezza di Palmanova ha esplorato il completamento del disegno urbano, analizzando le parti mancanti, perdute o distrutte, con l'obiettivo di una azione di consolidamento della forma urbana e di riuso della città.

Le parti di completamento e integrazione sono state definite non solo considerando i manufatti necessari all'espletamento delle nuove funzioni cui la città può essere destinata, ma anche in base a criteri di compatibilità, contemplando il valore dell'esistente, rispettando il rapporto tra antico e nuovo, e proponendo trasformazioni coerenti con la storia e l'architettura di Palmanova, in particolare con il fatto che le forme e l'impianto urbano erano dettati da ragioni militari.

La ricerca volta all'edificazione di nuovi manufatti all'interno di Palmanova ha portato a un risultato inatteso: i manufatti che soddisfano i criteri sopra citati comportano strutture speciali, in particolare di grande luce. Casi emblematici di nuove edificazioni che completano Palmanova e, anche, forniscono occasione di rilancio sono la piazza coperta e la piazza ipogea.

La soluzione ideale individuata per la copertura delle piazze è stata la struttura mista acciaio-calcestruzzo (struttura composta). In particolare, una soluzione strutturale che è risultata estremamente efficiente e appropriata è la struttura costituita da lamiere (lastre) di acciaio, connettori e getto di calcestruzzo. Trattasi di una soluzione, se non totalmente innovativa, comunque utilizzata al di sotto delle sue potenzialità. Infatti, la prassi professionale impiega le strutture composte solo in casi particolari (in generale nei ponti), mentre sono la soluzione ottimale anche in molti altri casi. Ma soprattutto, sia la carpenteria metallica sia il settore delle strutture composte raramente utilizza le lamiere, preferendo i profilati (la prassi ritiene che le lamiere appartengano solo all'ingegneria navale e quindi adotta solo le putrelle).

Al contrario la soluzione lastra metallica, con lamiere spesse, connettori saldati, in forma di pioli o di barre, e getto sovrastante di calcestruzzo armato si è rivelata validissima, consentendo di coprire luci molto grandi senza bisogno di pilatri intermedi: vere piazze coperte, in quanto esenti da vincoli. Il costo dall'acciaio necessario è sì elevato, ma è compensato dalla riduzione dei costi di realizzazione, poiché il sistema a lastre metalliche richiede pochi rompitratta, e quindi un banchinaggio non particolarmente costoso; inoltre fornisce automaticamente la cassaforma per il getto di calcestruzzo.

Tra le singolarità riscontrate nell'ambito delle attività finalizzate al restauro strutturale vi è il rapporto, il legame, che la città di Palmanova ha con la città di Venezia. Su tale relazione in termini di forma urbana si è detto e scritto molto.

Ciò che non è stato quasi mai osservato è una analogia di fondo. Sia Venezia sia Palmanova sono l'unica risposta edificativa possibile alla loro ragion d'essere.

La ragion d'essere di Venezia è quella di città costruita sulla laguna veneta: le fondazioni e il basamento dovevano tollerare l'acqua salmastra, poiché i cicli di marea sono ampi; gli edifici dovevano scaricare al suolo pesi non più che moderati, poiché il terreno, anche se compattato dai pali, ha scarsa capacità portante; il suolo doveva essere fittamente edificato, poiché la popolazione di Venezia ben presto diventò numerosa.

L'architettura di Venezia è la mera e unica risposta a tali problemi. Un'altra Venezia sarebbe stata impossibile. Gli edifici di Venezia non sono "sulla laguna" ma "della laguna". Parlare di stili architettonici non avrebbe senso nel caso di Venezia.

La ragion d'essere di Palmanova è quella di città-fortezza: la città doveva poter tollerare le azioni belliche più violente, in particolare le cannonate, mentre in caso di attacco le caserme rappresentavano solo l'ultimo riparo, laddove la prima difesa doveva essere data dall'intera città; gli edifici non dovevano emergere dai bastioni di cinta, poiché la città non doveva essere visibile da fuori; la pianta urbana doveva essere priva di punti di riferimento (uniforme, specie in direzione anulare, da cui la pianta assial-simmetrica), poiché chi avesse superato le cinte dei bastioni, avanzando nella città, avrebbe dovuto trovare difficoltà di orientamento e localizzazione.

Venezia affrontò un caso unico al mondo: costruire una città in un ambiente lagunare. I progettisti e i costruttori dovettero pertanto concepire un sistema *ad hoc*, poiché le tecniche costruttive usate sulla terraferma non avrebbero funzionato sulla laguna. I Veneziani inventarono un sistema costruttivo originale, di immenso valore culturale, che ha funzionato perfettamente (gli edifici sono degradati soprattutto negli ultimi decenni, a causa dall'innalzamento del medio mare).

Palmanova affrontò un caso tipico: realizzare un sistema difensivo. Fu però proposta una soluzione atipica: una intera città-fortezza anziché un semplice sistema di caserme. I progettisti e i costruttori realizzarono i singoli edifici, in particolare le caserme, avvalendosi di una manualistica di valore, poiché l'ingegneria militare era di alto livello e ben codificata; mentre per quanto riguarda il sistema urbano, dovettero concepire una soluzione originale, poiché avevano pochi riferimenti. La soluzione trovata è di grande valore culturale e, come tale, deve essere conservata. Al tempo stesso, la peculiarità della soluzione trovata riverbera nell'attività strutturale: la conservazione di Palmanova comporta una dimensione urbana del restauro strutturale.

Polveriera Napoleonica Garzoni.

Dall'analisi alla sostenibilità dei progetti

Un approccio per scenari

Antonella Faggiani

Il segno è anticipato dal pensiero e dalle domande. Per questa ragione, la ricerca si è chiesta se, a Palmanova, la numerosità degli immobili dismessi, le suggestioni e i significati che evoca il paesaggio urbano militare in stato di abbandono e disuso, siano condizioni sufficienti ad innescare efficaci operazioni di rigenerazione.

Al di là di una generica volontà, da parte della comunità, e della necessità, da parte della proprietà, di valorizzare un ingente patrimonio immobiliare attualmente sottoutilizzato, è utile chiedersi se le scelte architettoniche relative alle ex caserme, futuri contenitori di funzioni pubbliche e private, siano elementi sufficientemente solidi su cui poggiare l'attivazione di dinamiche sociali ed economiche per una rigenerazione, temporanea o permanente, di successo.

Le questioni poste rappresentano, in estrema sintesi, alcuni tra i temi su cui è stata portata l'attenzione tanto nell'ambito della ricerca quanto nelle attività didattiche condotte nel Laboratorio di Progettazione 3 del corso di laurea Magistrale Architettura per il Nuovo e l'Antico, con riferimento al nucleo urbano storico e consolidato di Palmanova entro la cinta bastionata e ad alcuni episodi urbani rappresentati dalle ex caserme Montezemolo, Gamerra e Piave e dall'ex caserma Ederle.

La struttura di Palmanova, il patrimonio edilizio militare, le cinte fortificate enfatizzano il ruolo di sistema culturale di primario interesse: non è un caso che recentemente il sito sia stato aggiunto al sistema culturale seriale transnazionale UNESCO denominato *Le opere di difesa veneziane tra il XVI e XVII secolo: Stato da Terra – Stato da Mar occidentale* composto da sei strutture in Italia, Croazia e Montenegro. Questo ulteriore riconoscimento pone ancor più enfasi sulla necessità di una progettualità in grado di attivare la produzione e la distribuzione di servizi culturali facendo leva sulle relazioni ampiamente riconosciute tra la dimensione culturale e lo sviluppo economico e sociale nella sua valenza individuale e collettiva, materiale ed immateriale.

In questa prospettiva, ripensare e mettere a sistema i brani di città di cui la ricerca si è occupata, ha significato gestire la complessità che caratterizza temi e strumenti necessari per decidere, progettare, gestire, attuare la trasformazione, il recupero e la rigenerazione di questi luoghi. Anche scontando una certa schematicità, questa complessità può essere tematizzata in tre ambiti: la complessità delle funzioni, quella dei soggetti in gioco e quella delle risorse.

La complessità delle funzioni rimanda tanto alle modalità di collocazione delle funzioni pubbliche e private quanto alla ricerca e all'individuazione degli usi di successo per i luoghi. Affrontare le complessità connesse alle funzioni significa comprendere le relazioni esistenti, e prevedere quelle future, tra i luoghi, gli usi, i modi di produzione di beni e servizi, le persone e le generazioni, le forme della comunicazione. Gli elementi che caratterizzano le operazioni di successo per il rilancio di ambiti urbani problematici e i progetti di trasformazione e di riqualificazione di importanti brani di città partono da queste considerazioni: la ricerca di nuova qualità urbana attraverso la ricapitalizzazione della città e la promozione di opere ed interventi pubblici e privati sinergici e coordinati deve rappresentare uno degli obiettivi del processo decisionale di supporto all'attuazione del progetto di valorizzazione e rilancio di Palmanova.

La seconda dimensione della complessità è propria degli interventi nella città esistente e consolidata, caratterizzata da assetti proprietari articolati e dalla presenza, come nel caso di Palmanova, di un importante patrimonio immobiliare di valore storico pubblico. I nuovi assetti economico finanziari, il passaggio dall'economia della produzione industriale all'economia digitale, le innovazioni che caratterizzano il mercato immobiliare aprono alla definizione degli attori coinvolti nella riqualificazione e potenzialmente interessati a parteciparvi. Questi sono i soggetti legati allo stato di fatto delle aree e degli immobili (i proprietari e gli utilizzatori), alle loro trasformazioni e alla successiva gestione (i proprietari, il decisore pubblico, gli investitori, gli attuatori, i gestori), in una prospettiva circolare dove essi possono agire attraverso il progetto urbano e quello architettonico con capacità e creatività, in funzione degli obiettivi pubblici o privati di cui sono portatori.

Infine, la complessità dei soggetti e delle funzioni rimanda alla complessità delle risorse economico finanziarie e degli investimenti da parte di soggetti pubblici e privati, alle modalità del loro reperimento per concorrere alla realizzazione degli interventi, alla molteplicità dei canali di finanziamento che di volta in volta è possibile attivare, con la consapevolezza circa i vincoli di bilancio economico e finanziario che spingono gli operatori verso scelte efficienti e sostenibili nel lungo periodo.

Il progetto rappresenta dunque l'esito di un processo decisionale sotteso all'individuazione degli usi e delle funzioni, delle forme, dell'architettura e della sua attuazione e gestione che deve rappresentare un gioco a somma positiva per i soggetti coinvolti. In questa prospettiva, Palmanova costituisce un'occasione per riflettere sul ruolo del partenariato pubblico e privato, laddove il recupero delle caserme rappresenta, negli obiettivi del soggetto pubblico, l'innesco necessario per l'operazione e l'adesione del settore privato alla progettualità e alla successiva gestione; tutto questo diventa una necessità ineludibile sotto il profilo economico e finanziario.

Mettere in gioco il patrimonio delle caserme dismesse per il rilancio di Palmanova significa accettare una sfida che va ben oltre i temi più consueti del progetto poiché rappresenta un'occasione per la ricerca di un accordo, un patto tra soggetti economici, operatori finanziari, l'ente locale, lo Stato e la comunità locale per il perseguimento del benessere collettivo in una visione di lungo periodo.

Nel presente saggio, l'attenzione è portata alle due dimensioni concettuali della trasformazione e della rigenerazione contemporanea, il progetto e il processo; il ruolo del progetto architettonico è, così, calato nel processo decisionale entro cui si colloca la sua ideazione, elaborazione e attuazione.

Processi decisionali per Palmanova

Troppo spesso, il progetto di rigenerazione di un luogo, come il centro urbano di Palmanova, con i suoi brani di città sottoutilizzata e dismessa, viene pensato e strutturato seguendo un processo lineare all'interno del quale la decisione viene assunta sulla base di una sequenza di azioni che, partendo dalla formulazione del problema e degli obiettivi (riqualificare il centro urbano di Palmanova anche attraverso il restauro delle caserme), procede alla ricerca delle informazioni giungendo all'elenco delle possibili alternative progettuali.

Questo approccio, di natura razional-comprensiva[1], presuppone una sequenza di azioni (individuazione degli obiettivi, scelta dei contenuti di progetto, progettazione e decisione di attuare/finanziare il progetto) che non richiede particolari retroazioni di riassetto decisionale, poiché le informazioni e i criteri necessari alla scelta, e quindi all'elaborazione del progetto, sono considerati soddisfacenti e coerenti alle utilità attese dichiarate a priori dai decisori.

Tuttavia, le esperienze e la letteratura scientifica (Heap, Hollis, Lyons, Sugden, Weale, 1996) hanno modellizzato e teorizzato la difficoltà di operare in simili condizioni, enfatizzando la dimensione ambigua e spesso poco razionale dei processi decisionali, giungendo fino alla definizione del *garbage can model*, ovvero un percorso sotteso alla progettazione privo di strutturazione dove le scelte, e quindi i progetti che ne derivano, dipendono dall'interazione occasionale e non strutturata fra i partecipanti, che esprimono, intenzionalmente o meno, preferenze ambigue o cambiano idea quando la situazione evolve (Bobbio, 1996).

Entrambi i modelli si sono rivelati inefficaci nella predisposizione di strategie finalizzate alla riqualificazione e rigenerazione urbana per i limiti strutturali di cui sono portatori: nel primo caso l'assunzione di perfetta conoscenza del contesto e di un comportamento assolutamente razionale da parte degli operatori coinvolti e la debole presenza di una dimensione circolare limita le occasioni di retroazione e impedisce, di fatto, la gestione di eventi e elementi inattesi, rendendo il progetto un dispositivo rigido destinato a rimanere inattuato qualora alcune delle condizioni del contorno mutino. D'altro lato, l'approccio occasionale svilisce il ruolo sociale del progetto, poiché annulla la responsabilità di stabilire *ex ante* obiettivi condivisi e di identificare una rete di soggetti principali che rispondano del raggiungimento di un risultato coerente alle politiche di sviluppo dei luoghi e della comunità di riferimento.

Il modello di lavoro sviluppato nell'ambito della ricerca, alla difficoltà di stabilire a priori i decisori e i portatori di interesse, ha contrapposto lo sforzo di riconoscere ed esplicitare la complessità relazionale tra i partecipanti, le comunità locali e i rispettivi obiettivi con la consapevolezza che le relazioni dinamiche tra le azioni progettuali, le policy e le persone, richiedono disponibilità alla revisione delle scelte progettuali. Tale modello, attraverso una fase preliminare di indagine e conoscenza, ha messo le basi per una maggiore consapevolezza e controllo dei possibili effetti delle distorsioni che normalmente caratterizzano le operazioni di trasformazione e rigenerazione urbana.

Le attività di supporto alle azioni progettuali hanno indagato il rapporto tra i contenuti del progetto, l'incertezza dell'attuale contesto socio-economico locale e il suo ruolo rispetto ai possibili cambiamenti introdotti nel mercato dalle innovazioni tecnologiche, dai *trend social* e dai mutamenti nei comportamenti (Urban Land Institute, 2016).

La prefigurazione si è basata sull'elaborazione di differenti visioni di futuri alternativi, scenari elaborati in relazione agli obiettivi dei possibili soggetti coinvolti, alle politiche pubbliche desiderabili e al livello informativo disponibile. In questa prospettiva, lo scenario rappresenta la prefigurazione di una situazione futura: non tanto una previsione o uno sviluppo preferito rispetto alla situazione attuale quanto, piuttosto, una descrizione, coerente e credibile di differenti visioni di futuri alternativi[2].

Nel caso di Palmanova, gli esiti della ricerca hanno prefigurato ipotesi per la rigenerazione della città capaci di fornire differenti *story telling* che aprono a molteplici declinazioni progettuali, rappresentando, nella dimensione urbana ed edilizia, le risposte alla domanda "cosa accadrebbe… se?". La formulazione degli scenari dei diversi futuri possibili entro cui declinare le trasformazioni e le azioni di rigenerazione delle caserme si è sviluppata attraverso un percorso multidisciplinare di raccolta delle informazioni e di successiva rielaborazione.

Nella prima fase, attraverso un processo conoscitivo, l'obiettivo è stato rappresentare il *problem space* indagandone le caratteristiche, i limiti e le aree critiche, le opportunità, attraverso un percorso di analisi conoscitiva del contesto geografico, sociale, demografico, economico, turistico, mettendo in luce le condizioni in cui potrebbero operare i soggetti coinvolti dal progetto. A questa analisi è stato affiancato un modulo di approfondimento multidisciplinare volto a individuare le caratteristiche multidimensionali che attengono alle ex caserme, focalizzando, infine, l'attenzione sulle chiavi interpretative della formazione del valore immobiliare: quelle estrinseche di relazione con il contesto e il paesaggio, con il sistema infrastrutturale e quello dei servizi e delle centralità e quelle intrinseche che rimandano agli elementi tipologici, dimensionali, conservativi. L'obiettivo è quello di cogliere l'attitudine dell'immobile a essere trasformato e la "vocazione funzionale", intesa come la maggiore propensione alle trasformazioni funzionali a specifici usi, in riferimento alle predette caratteristiche.

La messa a sistema degli elementi caratterizzanti il *problem space* e le vocazionalità emerse attraverso l'analisi delle caratteristiche multidimensionali consente di passare agli scenari e alle progettualità che ne conseguono.

Tra *problem space* e marketing territoriale

Il percorso conoscitivo si è sviluppato dal generale al particolare, operando cambi di scala e di prospettive che hanno consentito di cogliere ogni sollecitazione. L'analisi è stata svolta in una ottica esplorativa ed esemplificativa attraverso un lavoro *desk*, basato quindi su saperi esperti, ma va evidenziato che i livelli di approfondimento possono essere molteplici e avvalersi delle diverse tecniche di partecipazione[3] allo scopo di individuare informazioni, suggestioni ed elementi da capitalizzare condivisi fra esperti e *stakeholder*.

Il momento iniziale è rappresentato dall'indagine circa le caratteristiche del territorio e del rapporto con i sistemi socio-economici e culturali che lo caratterizzano, anche in riferimento al quadro strategico e programmatico della Regione Friuli Venezia Giulia. Le informazioni hanno spaziato dal contesto demografico, sociale ed economico, al mercato immobiliare e alle infrastrutture funzionali fino al tema della valorizzazione territoriale di Palmanova. In questa prospettiva, l'analisi ha osservato la città, valutandone il patrimonio materiale ed immateriale complessivo e i suoi competitors. Ogni aspetto potenzialmente rilevante ha fornito elementi su cui fare leva o punti di criticità da monitorare: le risorse ambientali, storico-archeologiche, artistiche e culturali, il tessuto sociale, la presenza di infrastrutture e la disponibilità del contesto urbano, l'offerta ricettiva e turistica e le risorse economiche e strutturali di enti e dei sistemi turistici locali. Lo scopo è stato quello di cogliere i segnali delle opportunità di sviluppo dell'area attraverso la valorizzazione degli elementi di forza e il contenimento delle debolezze[4], anche in considerazione del rango urbano di "cintura" che la contraddistingue rispetto alle forze di attrazione del vicino polo rappresentato da Udine[5].

Le letture multisettoriali e multidisciplinari del contesto sono state raccolte in macro *cluster* tematici. Il primo *cluster* ha avuto lo scopo di cogliere la dimensione demografica e socio-economica della comunità destinata ad accogliere le progettualità, mentre il secondo si è concentrato sulle caratteristiche del territorio che aprono a questioni di marketing territoriale.

I temi demografici, affrontati nel primo *cluster*, appaiono interessanti poiché consentono di prefigurare le caratteristiche, il profilo e i plausibili bisogni della comunità locale nella quale si collocheranno i progetti, prefigurandone le interrelazioni. Le dinamiche demografiche fotografano una situazione attualmente critica per Palmanova: un tasso di crescita negativo, un modestissimo saldo migratorio negativo e un unico elemento in crescita, rappresentato dal tasso di crescita degli stranieri. Gli indici di profilazione demografica sono tutti al di sotto della media provinciale, evidenziando una criticità sotto il profilo dell'indice di vecchiaia, dell'età media e della composizione del nucleo familiare. Ciò che traspare dai dati è una proiezione demografica che colloca le progettualità in un contesto di comunità fortemente caratterizzata da una popolazione anziana e in erosione, sottolineando, al contempo, una possibile crescita connessa più al fenomeno migratorio che alla natalità, aprendo la necessità di gestire una costante mutazione delle caratteristiche socio-culturali della comunità locale.

La dimensione della comunità locale relazionata alla dimensione degli immobili sui quali si intende intervenire pone con forza il tema della coerenza di scala tra domanda locale ed offerta potenziale, richiedendo un importante sforzo di collocazione del progetto entro strategie e mercati sovra regionali e, plausibilmente, sovra nazionali.

La relazione tra le scale dei possibili interventi e la città esistente sono stati indagati anche a partire dagli indicatori statistici relativi al profilo insediativo di Palmanova, evidenziando la significativa densità demografica del comune, settima nella provincia di Udine (407,8 abitanti/kmq), prevalentemente concentrata nel centro storico e nelle frazioni di Sottoselva e Jalmicco, mentre il territorio agricolo presenta interessanti caratteri di naturalità e una urbanizzazione piuttosto contenuta. In relazione a tali indicatori e rispetto al dibattito sul riuso del patrimonio edilizio esistente finalizzato alla conservazione e al ripristino di suolo permeabile e naturale, va evidenziato come la presenza di un patrimonio immobiliare dismesso così rilevante in termini quantitativi e, soprattutto, qualitativi rappresenti un'occasione di accentramento e polarizzazione di usi e funzioni. Merita ricordare che le sole ex caserme Montezemolo, Gamerra e Piave e l'ex caserma Ederle consentono di rimettere nel circolo volumetrie e superfici di notevole entità, in un contesto urbano di grande valore e riconoscibilità, in parte già urbanizzato e collocato in adiacenza al sistema infrastrutturale autostradale e non distante da due aeroporti.

Il progetto quindi si presta al rilancio e alla rigenerazione di Palmanova a condizione che sia in grado di interessare operatori, utilizzatori e quindi mercati riferiti ad una scala territoriale molto più ampia di quella locale, immaginando progettualità finalizzate a promuovere l'organizzazione o la riorganizzazione di poli, centri, *hub* in cui concentrare e trasferire anche funzioni e usi attualmente disseminati sul territorio. Un progetto che persegua, quindi, politiche di accentramento sinergico e di riorganizzazione di funzioni ed economie anche attraverso coraggiose azioni di demolizione di edifici non più funzionali o collocati in contesti urbani meritevoli di azioni di recupero volte alla ri-permeabilizzazione del suolo.

In questa prospettiva, l'edilizia scolastica e quella rivolta alla ricerca di livello superiore ed universitario, ma anche le funzioni della produzione materiale ed immateriale, potrebbero essere oggetto di una sperimentazione progettuale volta alla ricollocazione strategica in grado di capitalizzare i vantaggi della prossimità e le economie di aggregazione supportate da azioni di perequazione territoriale[6] in grado di redistribuire sul territorio i benefici generati da un progetto di accentramento organizzato e compensare i costi sopportati dalle comunità.

Eventuali strategie di accentramento funzionale e l'attivazione di economie di agglomerazione devono fare i conti, in primo luogo, con un tessuto economico ed imprenditoriale che attualmente caratterizza Palmanova e i comuni contermini. Per quel che riguarda la struttura produttiva, si evidenzia che sulla base dei dati riferiti al 2016, il comune di Palmanova contava 486 imprese attive di cui 124 artigiane e più della metà operavano nel settore del commercio e dei servizi. I dati disponibili al 2016 non consentono un'analisi approfondita, tuttavia ad essi è stato possibile affiancare gli esiti di uno studio condotto da Confartigianato con il Dipartimento di Scienze Economiche e Statistiche dell'Università degli Studi di Udine finalizzato a definire un indicatore comunale di "benessere socio economico e facilità di fare impresa". Rispetto all'indice complessivo di benessere socio economico e facilità di fare impresa, Palmanova si colloca al 44° posto, mantenendo sostanzialmente invariata la posizione rispetto al 2014, incuneata tra alcuni comuni problematici (ovvero con indicatore di benessere medio-basso) che hanno visto diminuire l'indicatore di benessere nel periodo compreso tra il 2014 e 2016. Analizzando i soli dati del benessere socio-economico, Palmanova si colloca al 46° posto in provincia, con un giudizio di benessere socio-economico "medio alto", migliorando di 10 posizioni rispetto al 2014. Per quanto riguarda invece l'indice che rappresenta la facilità di fare impresa, la situazione si inverte, poiché il comune si colloca a 58° posto perdendo 27 posizioni rispetto al 2014.

Nel secondo *cluster*, l'attenzione è portata verso l'analisi del patrimonio immobiliare e mobiliare storico ed architettonico, il sistema urbano e la sua relazione con il paesaggio e i dispositivi materiali ed immateriali per l'accoglienza e l'ospitalità, indagando fenomeni e caratteri rilevanti tanto per la progettualità quanto per le possibili azioni di marketing territoriale.

Nella prospettiva del marketing territoriale, si possono annoverare tutti gli elementi che costituiscono un valore e che possono essere considerati tanto attrattori culturali quanto turistici. Nel caso specifico palmarino la numerosità delle emergenze puntuali e le relazioni evidenziate dall'inclusione della città al sito UNESCO transnazionale *Venetian Fortresses* rappresentano una presenza significativa su cui costruire un'agenda di azioni strategiche. Qualunque progettualità dovrà partire dall'idea che i beni culturali presenti a Palmanova sono radicati nella vita del sistema locale e che ogni possibile strategia che li riguarda e che coinvolge il patrimonio immobiliare e i beni comuni dovrà prevedere un'elaborazione condivisa con le diverse comunità (sociale, economica, culturale) allo scopo di prevenire e mitigare il conflitto sociale che si potrebbe innescare in relazione ad usi competitivi degli spazi e alla introduzione nelle comunità locali di elementi esterni, sgraditi ed ostacolati.

Tra i temi connessi al marketing territoriale, una posizione centrale è occupata dall'argomento dell'ospitalità, poiché coinvolge gli aspetti operativi e quelli psicologici della condizione di benessere che la progettualità può attivare anche in forma sinergica rispetto all'offerta esistente. Se infatti le strutture per l'ospitalità non rappresentano, di norma, un elemento primario nel grado di attrattività di una zona, esse ne qualificano l'accoglienza e l'attrattività. Dall'analisi delle informazioni raccolte, emerge uno stato di fatto piuttosto problematico con segnali di contrazione dell'offerta in termini di ricettività, ristorazione e attività commerciali, come si evince dalle rilevazioni condotte nel periodo compreso tra il 2011 e 2016. L'analisi evidenza come a fronte di una progressiva contrazione dell'offerta si registri un *trend* positivo dei dati relativi alla domanda, aspetto che motiva l'attenzione sulla cura dei beni culturali e su una nuova declinazione di distretto culturale che capitalizzi i temi oggetto del dibattito attuale nella relazione tra creatività e impresa, patrimonio tangibile e intangibile, paesaggio storico urbano, museo diffuso, beni comuni, artigianato arte e cultura come condizioni di innesco di nuove prospettive di benessere anche per la comunità locale.

Merita sottolineare che se da un lato le attuali esigenze di *accommodation* di Palmanova sembrano essere soddisfatte dalla disponibilità di strutture esistenti, la situazione appare problematica nella prospettiva di una valorizzazione futura della località, non solo sul piano dell'aumento di unità ricettive, ma anche per quanto attiene la qualità e l'innovatività delle offerte proposte oltre alla organizzazione. L'analisi empirica dell'offerta contrassegna le criticità connesse all'assenza di una filiera di servizi che capitalizzano le opportunità dei sistemi di attrazione che circondano Palmanova: la costa adriatica, le centralità tradizionalmente interessanti dal punto di vista storico testimoniale della Regione (Aquileia, Cividale, a titolo di esempio) e alcuni poli attrattori quali la struttura commerciale *retail* (l'Outlet) e il Centro di ricerca e per l'innovazione d'impresa Friuli Innovazione localizzato a sud di Udine.

La progettualità dovrà quindi confrontarsi con i diversi *format* dell'ospitalità, da quelli più tradizionali alle forme innovative, e cogliere le opportunità del contesto competitivo in cui si colloca Palmanova, geograficamente baricentrica tra le località balneari (Lignano, Grado, Bibione) e i luoghi friulani della cultura e dello sviluppo economico. Rinunciando ai modelli di ricettività tradizionale, tipicamente rivolti a mercati ed operatori interessati ad investire in aree caratterizzate da un importante flusso turistico, gli scenari potranno esplorare modelli e *format* dell'ospitalità e residenzialità temporanea innovativa, saldata ad usi che le siano sinergici e complementari.

Le SWOT per gli scenari

Gli esiti delle analisi e l'elaborazione del *problem space* hanno consentito di identificare gli elementi chiave e le possibili forze trainanti dello sviluppo sostenibile per le ex caserme e per il contesto urbano attraverso l'elaborazione di analisi *Swot* che, a partire dalle informazioni e dai dati raccolti nella fase precedente, hanno consentito di elaborare il posizionamento competitivo dei possibili progetti cogliendo i principali *driver* sui quali organizzare le elaborazioni scenariali e i successivi progetti. A partire dalle vocazionalità e linee di tendenza compatibili con il *problem space*, la *Swot* ha consentito di evidenziare i punti di forza e di debolezza degli ambiti oggetto di progettazione al fine di fare emergere le opportunità e le minacce che derivano dal contesto esterno cui è esposta la specifica realtà settoriale analizzata. Essa, inoltre, ha consentito di concentrare l'attenzione sui fattori endogeni (punti di forza e di debolezza) sui quali sarà possibile intervenire progettualmente mediante opportune scelte strategiche di carattere urbano ed architettonico per raggiungere gli obiettivi prefissati, e sui fattori esogeni (minacce e opportunità) sui quali il progetto non è in grado di intervenire direttamente, poiché dipendono da variabili di natura macro economica e di ampia scala, che, tuttavia, possono essere tenute sotto controllo allo scopo di sfruttare gli eventi positivi e prevenire eventi negativi mediante specifiche strategie progettuali o gestionali.

Le *Swot* sono state elaborate a partire dalle seguenti vocazioni settoriali:

- **le funzioni culturali ed *educational***, attraverso il ripensamento del posizionamento strategico di Palmanova rispetto al contesto culturale e della formazione che non può limitare lo sguardo alla dimensione locale, ma deve proiettarsi nel contesto europeo e internazionale;
- **le forme e le pratiche del tempo libero**, nella misura in cui il mercato specifico dà segnali positivi in questo senso e alcune esperienze di respiro nazionale[7] mostrano una spiccata tensione alla trasformazione e valorizzazione verso forme e pratiche di consumo e di investimento del tempo libero;
- **la manifattura**, nella prospettiva dell'innovazione tecnologica e creativa orientata, soprattutto verso l'innovazione nel campo agroalimentare, puntando sulla relazione tra natura e lavoro manuale, sull'innovazione del prodotto alimentare, la sua produzione, le dinamiche socio-culturali e commerciali associate ad esso.

	Punti di forza	Punti di debolezza
Fonti interne Controllabili	Immobili di grandi dimensioni e buona flessibilità nell'uso degli spazi Edifici di pregio architettonico Elevata qualità degli spazi aperti Progetto collocato entro una forma urbana distintiva e riconoscibile	Trasformazione spesso limitata dalla presenza di vincoli tecnici o amministrativi/legali Elevato rischio amministrativo della trasformazione
	Opportunità	**Minacce**
Fonti esterne Non controllabili	Posizione baricentrica tra gli atenei di Udine, Trieste e Venezia Interesse per gli operatori del settore della residenza Studentesca Sito UNESCO Prospicienza con autostrada	Accessibilità con trasporto pubblico poco efficace Limitate risorse negli investimenti immobiliari universitari Modesto numero di operatori con interesse nell'investimento a reddito ed expertise gestionali Possibile competizione tra atenei

	Punti di forza	Punti di debolezza
Fonti interne Controllabili	Immobili di grandi dimensioni Edifici di pregio architettonico Elevata qualità degli spazi pertinenziali Presenza delle cinte fortificate Aumento delle presenze e degli arrivi	Trasformazione spesso limitata dalla presenza di vincoli tecnici o amministrativi/legali Elevato rischio amministrativo della trasformazione Impoverimento dei servizi commerciali del centro storico Assenza di operatori turistici specializzati
	Opportunità	**Minacce**
Fonti esterne Non controllabili	Vicinanza con Grado e Aquileia Sito UNESCO Attivazione di progetti di de-stagionalizzazione del turismo Interesse da parte degli operatori per immobili storici Punto di tangenza con la ciclovia Alpe Adria	Paesaggio in alcuni casi compromesso dall'urbanizzazione contemporanea Accessibilità con trasporto pubblico inefficiente Carenza di risorse pubbliche per la valorizzazione e la manutenzione dei beni comuni Modesto numero di operatori economici con interesse nell'investimento a reddito ed expertise gestionali Assenza di coordinamento intercomunale nelle politiche di attrattività degli ospiti

La *swot* per le funzioni culturali ed educational è finalizzata a fornire le linee strategiche per una rigenerazione che guarda al consolidamento della forma urbana in una prospettiva di distretto culturale e formativo evoluto a scala interregionale e internazionale allo scopo di rendere Palmanova un *education/knowledge marketplace* (Knight, 2011). In questo contesto si colloca un possibile ruolo delle Università locali e internazionali con le quali costruire una rete di alleanze e un investimento nell'alta formazione da parte del tessuto imprenditoriale locale. Ancorché le analisi socioeconomiche abbiano evidenziato una serie di criticità, la singolare e unica struttura urbana unita alla collocazione territoriale poco distante da Austria, Slovenia e Croazia, in un ambito che da decenni cerca di trovare forme di coesione (si pensi all'esperienza dell'Alpe Adria e, successivamente dell'Euroregione) potrebbero rappresentare l'occasione per innescare un progetto coordinato culturale e di alta formazione che capitalizzi le esperienze e le risorse degli atenei più prossimi a Palmanova caratterizzati da progetti formativi, ambiti di ricerca ed eccellenze diverse (quelli italiani, veneti e friulani, e quelli austrici e sloveni, ad esempio).

In questo scenario, la rigenerazione assume un respiro internazionale che, riprendendo le esperienze degli *educational hub*, dovrebbe favorire l'innesco alla competitività economica, tecnologica e un volano per l'innovazione spingendo le diverse componenti del progetto a dialogare con le funzioni destinate alla formazione e alla ricerca (aule, auditorium, laboratori), ai servizi per studenti, ricercatori e studenti (residenzialità temporanea e servizi) ed infine con le funzioni *spin off* dell'alta formazione, specializzate nell'economia della conoscenza e del terziario. L'analisi dei casi *benchmark* evidenzia come il successo di simili esperienze si basi su una forte cooperazione tra istituzioni universitarie, enti di ricerca e soggetti pubblici e aziende ed istituti di ricerca privati che si avvantaggino delle economie di agglomerazione e di prossimità generate dall'*hub*.

La seconda macro strategia si fonda sugli esiti delle analisi che evidenziano come il turismo in generale, e quello culturale in particolare, si caratterizzano per performance in crescita, anche grazie a specifiche politiche regionali e nazionali mirate alla valorizzazione della destinazione Italia. La seconda *Swot* sulle forme e le pratiche del tempo libero indaga quindi i caratteri di uno sviluppo scenariale del progetto che coniughi funzioni ed usi verso una maggiore riconoscibilità di un distretto culturale di Grado-Aquileia-Palmanova e che veda in quest'ultima la Porta di accesso al percorso dei 10 chilometri culturali, che congiungono la pianura al mare e che declinano i diversi tematismi del tempo libero e del turismo.

Le parole chiave su cui si potranno incardinare i progetti sono cultura, benessere e ospitalità, attraverso forme e azioni di riqualificazione che ripensano, con analoga intensità, gli spazi aperti, le caserme e il patrimonio immobiliare del centro storico seguendo una strategia di valorizzazione di rete, orientata ad aumentare l'apprezzabilità delle ex caserme in una prospettiva di fruizione integrata di spazi. In un contesto di criticità del mercato e in una congiuntura economica particolarmente problematica come quella emersa nel corso delle analisi, una strategia di valorizzazione di rete consente di concentrare l'interesse degli operatori privati, e quindi gli investimenti, verso gli interventi puntuali delle ex caserme, caratterizzati da elementi edilizi assolutamente eccezionali, lasciando al soggetto pubblico e alla comunità lo sviluppo e la gestione delle aree scoperte, degli spazi di relazione e dei luoghi di elevato valore storico e testimoniale, beni comuni la cui valorizzazione sarebbe inefficiente in una prospettiva privatistica. In quest'ottica assume un ruolo importante la funzione ricettiva e gli usi ad essa complementari che si caratterizza per una molteplicità di possibili declinazioni: alberghiera di diversi livelli di qualità e servizi, extra-alberghiera orientata a forme anche innovative di ospitalità ovvero declinata rispetto a specifici segmenti della domanda.

La terza matrice *Swot* indaga, infine, la dimensione della produzione e la sua relazione con il territorio. Quest'ultimo tematismo si sviluppa a partire dalle funzioni e dagli usi di una progettualità che può coniugare la manifattura con le opportunità connesse ai prodotti e alle filiere locali dell'agro alimentare e dei beni ad alto valore aggiunto della pianura friulana. In questo caso, i progetti potranno declinare gli spazi e i luoghi in ragione di esigenze connesse alla produzione e alla commercializzazione dei prodotti

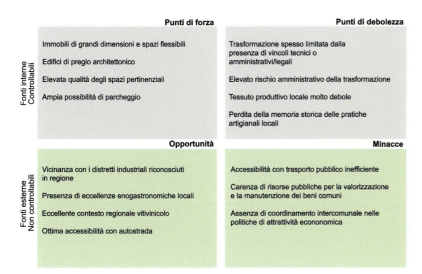

offrendo l'opportunità di attivare filiere d'innovazione che coprano tutte le fasi e le possibili azioni complementari: laboratori, officine, fabbriche e botteghe artigiane. La progettualità potrà, così, pensare i luoghi a partire dalla formazione degli artigiani fino al consumo dei beni prodotti prefigurando, in continuità, spazi dove si pensano, si fabbricano, si commercializzano e si consumano le cose.

Anche in questo caso, alla base del successo delle progettualità e delle iniziative va collocata un'alleanza tra soggetti pubblici e privati in una patto per la promozione della nuova manifattura e dell'artigianato d'innovazione, che potrebbe anche avvalersi di strategie di uso temporaneo in grado di valorizzare le ex caserme, o porzioni di queste, come luoghi del fare, dell'artigianato innovativo e della creatività, luoghi dove si vive, si produce, si trasforma, si impara, si crea, si mostra, fino a rivolgere l'attenzione alle opportunità dell'economia del turismo esperienziale, connesso al consumo dei prodotti *food & beverage*, e del turismo enogastronomico.

Quale futuro?

Evocare il turismo, la cultura, la produzione per la rigenerazione di un territorio come Palmanova nel quale ancora si abita, si produce e si elaborano, anche se in modo non coordinato, proposte culturali e turistiche richiede di abbandonare la dimensione statica del "progetto" e di spostare l'attenzione verso un'estensione processuale e complessa di un territorio caratterizzato da una rete di soggetti collaborativi in continuo mutamento.

Ecco quindi che il tema della valorizzazione di Palmanova, della rigenerazione, del ri-creare e ri-attivare condizioni di successo per un luogo/territorio richiede un approccio dinamico che, seguendo gli oramai ineludibili paradigmi dell'economia circolare[8], conduca il territorio verso una progettualità circolare capace di saldare gli usi con i luoghi attivando forme e micro-forme di sviluppo economico attraverso collaborazioni con le comunità esistenti anche in relazione alle mutevoli dinamiche demografiche, turistiche ed economiche.

Note

1. A questi temi si rimanda il testo di Bobbio (1996), *La democrazia non abita a Gordio* nel quale l'autore, a partire dalla vicenda di Alessandro Magno che risolse l'intricato "nodo gordiano" con un colpo di spada, richiama l'attenzione sull'impossibilità, nel contesto decisionale contemporaneo, di non considerare la complessità del reale e di promuovere approcci semplicistici a processi decisionali complessi.
2. Il tema rimanda al concetto sviluppato dalla disciplina dei *future studies*, alla quale si rimanda (Maack, 2001).
3. La letteratura raccoglie un importante numero di metodologie e tecniche di analisi sociale. Per un'analisi approfondita si rimanda a Bezzi, 2013.
4. Sulla base dei dati rilevati al 2016, Palmanova inserisce nel contesto provinciale udinese con i suoi 5.422 abitanti (circa l'1% della popolazione provinciale) e un impatto superficiario molto modesto (3,30kmq di superficie pari allo 0,3% della superficie provinciale).
5. Per approfondimenti si rimanda all'analisi policentrica della Regione effettuata nell'ambito dell'individuazione dei poli, dei poli intercomunali e delle aree interne da parte dell'Agenzia di Coesione Territoriale.
6. Le APEA rappresentano un esempio, tanto virtuoso, quanto poco praticato di una simile strategia. Le APEA infatti sono Aree Produttive Ecologicamente Attrezzate progettate per attivare processi virtuosi di aggiornamento tecnologico, non solo applicato al processo produttivo, ma anche alle infrastrutture d'area, alla definizione del *lay-out* urbano e degli involucri edilizi, e alla gestione unitaria dei servizi e delle attrezzature di supporto ai fruitori e ai lavoratori e delle infrastrutture presenti nell'ambito.
7. In particolare il progetto Valore Paese.
8. I principi dell'economia circolare sono promossi e illustrati efficacemente nei documenti della Fondazione Ellen MacArthur ai quali si rimanda (https://www.ellenmacarthurfoundation.org).

Riferimenti bibliografici

Architectures Militaires Napoléoniennes, Actes de la journée d'étude du 19 novembre 1993, Ministère de la Culture et de la Francophonie, Direction du Patrimoine, Musée des Plans-Reliefs, 1994.

AA. VV. *Sabbioneta. Una stella e una pianura*, Industrie Grafiche S.p.a., Lainate (Milano), 1985.

Aymonino Carlo, Brusatin Manlio, Fabbri Gianni, Lena Mauro, Lovero Pasquale, Lucianetti Sergio, Rossi Aldo, *La Città di Padova. Saggio di analisi urbana*, Officina Edizioni, Roma, 1970.

Azzollini Corrado, Biasi Alessandra, Casucci Stefania (a cura di), *Contributi alla conoscenza e tutela della cinta muraria di Palmanova*, ME Publisher - Mazzanti Libri, Venezia, 2018.

Bertelli Paolo (a cura di), *Costruire, abitare, pensare. Sabbioneta e Charleville città ideali dei Gonzaga*, Universitas Studiorum S.r.l., Mantova, 2017.

Borsi Stefano, *Fortificazioni: introduzione* e *Fortificazioni: idee e contributi di Giuliano*, in Borsi Stefano, *Giuliano da Sangallo. I disegni di architettura e dell'antico*, Officina edizioni, Roma, 1985, pp. 353-371, 373-392.

Breymann Gustav Adolf, *Archi, volte, cupole*, Dedalo, Roma, 2003.

Burelli Ottorino, Zannier Italo, *Palmanova*, Casamassima, Udine, 1977.

Cantarelli Riccarda, *Palmanova, conservation and metamorphosis*, in Gambardella Carmine (a cura di), *XV International forum Le vie dei Mercanti. World heritage and disaster: knowledge, culture and representation*, vol. 1, Fabbrica della conoscenza, La Scuola di Pitagora, Napoli, 2017, s.n.

Cassi Ramelli Antonio, *Dalle caverne ai rifugi blindati. Trenta secoli di architettura militar*, Nuova Accademia, Milano, 1964.

Cassi Ramelli Antonio, Perogalli Carlo, *Palmanova da fortezza veneta a fortezza napoleonica*, Istituto per l'enciclopedia del Friuli-Venezia Giulia, Grafiche Tirelli, Fagagna, 1982.

Concina Ennio, *La macchina territoriale. La progettazione della difesa nel cinquecento Veneto*, Laterza, Bari, 1983.

Crochet Bernard, *Vauban et l'invention du pré carré français*, Editions Ouest-France, Lille-Rennes, 2013.

Damiani Giovanna, Fiorino Donatella Rita (a cura di), *Military landscapes. Scenari per il futuro del patrimonio militare*, Skira, Milano, 2017.

Damiani Piero, *Palmanova. Borghi e monumenti - grafici*, vol. III, Istituto per l'enciclopedia del Friuli Venezia Giulia, Udine, 1982.

Damiani Piero, *Palmanova. Da fortezza veneta a fortezza napoleonica*, vol.II, Istituto per l'enciclopedia del Friuli Venezia Giulia, Udine, 1982.

Damiani Piero, *Il Duomo di Palmanova. Storia della chiesa e della parrocchia di Palmanova*, a cura dell'Ufficio arcipretale di Palmanova, 1974

Damiani Piero, *Palmanova. La storia*, Istituto per l'enciclopedia del Friuli Venezia Giulia, Udine, 1982.

Damiani Piero, *Piccola guida di Palmanova*, Centro Grafico Visentin, Palmanova, 1957

De Maio Fernanda (a cura di), *15-18 progettare la storia*, Quaderni della ricerca, Dipartimento di culture del progetto, Mimesis, Milano, Udine, 2016.

Di Sopra Luciano, *Palmanova. Analisi di una città-fortezza*, Electa, Milano, 1983.

Di Sopra Luciano, *Palmanova. Città-fortezza*, 2ª ed., Aviani & Aviani editori, Udine, 2014.

Ditri Federica, Silva Maria Pia, Tubi Norberto, *Gli edifici in pietra, Sistemi editoriali*, Napoli, 2009.

Fara Amelio, *La città da guerra*, Giulio Einaudi Editore, Torino, 1993.

Fara Amelio, *Napoleone architetto nelle città della guerra in Italia*, L. S. Olschki, Firenze, 2006.

Feresin Fabio, Piani Luca, Savi Silvia (a cura di), *Le gallerie di Palmanova*, Comune di Palmanova, Tipografia Menini Spilimbergo, 2014.

Fiorani Donatella, Kealy Loughlin, Musso Stefano Francesco (a cura di), *Restoration/Adaptation. Keeping alive the spirit of the place. Adaptive reuse of heritage with symbolic value*, n. 65, EAAE, Hasselt, 2017.

Fiore Francesco Paolo (a cura di), *L'architettura militare di Venezia in terraferma e in Adriatico fra XVI e XVII Secolo: atti del convegno internazionale di studi, Palmanova, 8-10 novembre 2013*, Olschki, Firenze, 2014.

Fiorino Donatella Rita (a cura di), *Military Landscapes. Atti del Convegno internazionale (Scenari per il futuro del patrimonio militare/A future for military heritage)*, Skira, Milano, 2017, ebook. In particolare:
- Cantarelli Riccarda, *Palmanova. Città militare come città civile | Palmanova. A military city as a civilian city*, paper n. 64, pp. 967-975.
- Foramitti Vittorio, *Le fortificazioni nel paesaggio e la loro tutela nel Piano Paesaggistico Regionale del Friuli Venezia Giulia | The fortifications in the landscape and their protection in the Friuli Venezia Giulia Regional Landscape Plan*, paper n. 98, pp. 941-948.
- Gatti Maria Paola, Russo Giovanni, *Strutture militari abbandonate: problematiche di rigenerazione per gli acquartieramenti di Palmanova | Abandoned military structures: problems with the restoration of the Palmanova barracks*, paper n. 42, pp. 958-966.

Foramitti Paolo (a cura di), *Le fortificazioni napoleoniche in Friuli: Palmanova*, Savorgnani, Palmanova, 1997.

Ghironi Silvano, Manno Antonio, *Palmanova. Storia, progetti e cartografia urbana (1593-1866)*, Catalogo della Mostra stampe antiche tenuta a Palmanova nel 1993, Giampaolo Buzzanca-Stampe antiche, Padova, 1993.

Gutkind Erwin Anton, *Urban development in western Europe: France and Belgium*, The Free Press, New York, Collier-Macmillian, London, 1970.

Gutkind Erwin Anton, *Urban development in southern Europe: Italy and Greece*, The free press, New York; Collier-Macmillan, London, 1969.

Hogg Ian, *Storia delle fortificazioni*, Istituto geografico De Agostini, Novara, 1982.

Koenig Giovanni Klaus, Furiozzi Biagio, Fanelli Giovanni, *La tecnologia delle costruzioni*, Le Monnier, Firenze, 2002.

Kruft Hanno-Walter, *Le città utopiche. La città ideale dal XV al XVIII secolo fra utopia e realtà*, Editori Laterza, Bari, 1990.

Lavedan Pierre, *Les villes françaises*, V. Freal & C.ie, 1960.

Lugli Piero Maria, *Storia e cultura della città italiana*, Laterza, Bari, 1967.

Mancuso Franco, *Palmanova e la "bella forma" della città*, in "Casabella", n. 675, febbraio 2000, pp. 69-72.

Marani Pietro Cesare (a cura di), *Disegni di fortificazioni da Leonardo a Michelangelo: Firenze, Casa Buonarroti, 27 ottobre-28 febbraio 1985*, Cantini, Firenze, 1984.

Micheluz Daniele, inchiesta, *Siti militari*, in "Il Friuli", 28 giugno 2013.

Neri Raffaella (a cura di), *Milano. Caserme e aree militari*, Maggioli Editore, Segrate (MI), 2014.

Ongaretto Rossella, *Baldassarre Peruzzi e Rocca Sinibal-*

da. Disegni di Baldassarre Peruzzi per Rocca Sinibalda, in Frommel Christoph Luitpold, Bruschi Arnaldo, Burns Howard, Fiore Francesco Paolo, Pagliara Pier Nicola (a cura di), *Baldassarre Peruzzi, 1481-1536*, Centro internazionale di studi di architettura Andrea Palladio Fondazione, Marsilio Editori S.p.a., Venezia, 2005, pp. 303-308.

Pavan Gino (a cura di), *Palmanova fortezza d'Europa (1593-1993)*, Marsilio Editori S.p.A., Venezia, 1993.

Prelli Alberto, *Milizie ed armamento della Repubblica di Venezia nella fortezza di Palma: 1593-1797*, Chiandetti, Reana del Rojale, 1988.

Prelli Alberto, *Palmanova ottava meraviglia. La fortezza nei libri tra realtà e fantasie (1593-1797)*, Edizioni del Confine, Udine, 2012.

Prelli Alberto, *Popolare una città: artigiani e commercianti nel 17° sec. a Palmanova*, in "Sot la Nape. Riviste friulane di culture", n. 1-2, 1996, pp. 39-50; n. 3, 1996, pp. 33-44; n. 4, 1996, pp. 45-54; n. 1-2, 1997, pp. 49-61.

Prelli Alberto, Finco Franco, *L'esercito veneto nel primo '600*, Filippi Editore Venezia, Venezia, 1993.

Prelli Alberto, Foramitti Paolo, *La guarnigione franco-italiana in Palma-Nova (1797-1914)*, Chiandretti, Reana del Rojale, 1992.

Prelli Alberto, Foramitti Paolo, *L' I.R. esercito austriaco in Palma-Nuova (1797-1866)*, Chiandretti, Reana del Rojale, 1992.

Presta Claudio (a cura di), *Castra et ars: palazzi e quartieri di valore architettonico dell'esercito italiano*, Laterza, Roma, 1987.

Prost, Philippe, *Les forteresses de l'Empire. Fortifications, villes de guerre et aesenaux napoléoniens*, Moniteur, Paris, 1991.

Rondelet Jean-Baptist, *Traité théorique et pratique de l'art de bâtir*, Firmin-Didot, Paris, 1802-1817.

Santarossa Alessandro, Scirè Risichella Giovanni, *Un paese di primule e caserme*, Cinemazero, Pordenone, 2016.

Santini Muratori Marco, *Baldassarre Peruzzi e Rocca Sinibalda. La ristrutturazione cinquecentesca della Rocca Sinibalda: notizie e nuovi documenti*, in Frommel Christoph Luitpold, Bruschi Arnaldo, Burns Howard, Fiore Francesco Paolo, Pagliara Pier Nicola (a cura di), *Baldassarre Peruzzi, 1481-1536*, Centro internazionale di studi di architettura Andrea Palladio Fondazione, Marsilio Editori S.p.a. in Venezia, 2005, pp. 297-302.

Sciolla Gianni Carlo (a cura di), *La città ideale nel Rinascimento*, Strenna UTET, Torino, 1975.

Tafuri Manfredo, *L'architettura dell'umanesimo*, Gius. Laterza & Figli, Bari, 1972.

Terza Mostra Internazionale di Architettura. Progetto Venezia, vol. I, Electa Editrice, Edizioni La Biennale di Venezia, Milano, 1985.

Valiante Jesu Teresa (a cura di), *Le mura di Palmanova: itinerario storico, architettonico, paesaggistico*, Italia Nostra, Udine, 2001.

Altri riferimenti di tipo politico, giuridico, economico

Agenzia Nazionale per l'attrazione degli Investimenti e lo Sviluppo d'Impresa S.p.A., *PST 2017-2022 Piano strategico di sviluppo del turismo*, Roma, 2017.

Bezzi Claudio, *Fare ricerca con i gruppi. Guida all'utilizzo di focus group, brainstorming, Delphi e altre tecniche*, Franco Angeli, Milano, 2013.

Bobbio Luigi, *La democrazia non abita a Gordio*, Franco Angeli, Milano, 1996.

Bonomi Aldo, Della Puppa Federico, Masiero Roberto, *La società circolare. Fordismo, capitalismo molecolare, sharing economy*, Derive Approdi, Roma, 2016.

Caroli Matteo Giuliano (a cura di), *Il marketing territoriale*, Franco Angeli, Milano, 2005.

Carandini Andrea, *La forza del contesto*, Laterza, Bari 2017, posizione Kindle 2535.

Confartigianato Imprese Udine, *Benessere socio-economico e facilità di fare impresa nei comuni della provincia di Udine*, 2016.

Faggiani Antonella, *Gestire l'incertezza nei progetti di trasformazione urbana: dallo scenario building alla fattibilità finanziaria*, in Patassini Domenico (a cura di), *Esperienze di valutazione urbana*, Franco Angeli, Milano, 2006.

Faggiani Antonella, *Dall'Albergo Diffuso alla rete di ospitalità smart*, in Nicosia Corinna, Velo Luca, *Territori del pedemonte veneto*, Aracne editrice, Roma, 2017.

Heap Shaun Hargreaves, Hollis Martin, Lyons Bruce, Sugden Robert, Weale Albert, *La teoria della scelta. Una guida critica*, Laterza, Milano, 1996.

Knight Jane, *Education Hubs: A Fad, a Brand, an Innovation?*, in "Journal of Studies in International Education", vol. 15, issue: 3, luglio 2011, pp. 221-240.

Maack Jonathan N., *Scenario Analysis: A Tool for Task Managers*, in World Bank, *Social Analysis. Selected Tools and Techniques*, Paper 36, Washington, DC, 2001, pp. 62-87.

Patassini Domenico (a cura di), *Esperienze di valutazione urbana*, Franco Angeli, Milano, 2006.

Settis Salvatore, *Architettura e democrazia. Paesaggio, città, diritti civili*, Einaudi, Torino, 2017, pp. 29-30.

Urban Land Institute, *Building the Innovation Economy: City-Level Strategies for Planning, Placemaking and Promotion*, ULI London, 2016.

English texts

The Piazzas of Palmanova [1985] *
Gianugo Polesello

The perception of Palmanova from ground level impoverishes the articulate complex image of the stellar composition that can be read in aerial photos or in plans of the city. A fortified system consisting of three circles of ramparts, with twenty-seven emplacements, of dry moats or filled with water and an urban layout with blocks cut by a rigorous geometry.

The current access roads are the result of a rectilinear gutting of the fortified system. The winding route, unsuitable for motorized means, closed by gates, has in fact been abandoned and the current road cuts a ravelin in two and fills the moat to enter straight up to the main gate. Outside the city walls, at a distance of seven hundred and fifty metres from the central square, the countryside begins. The entire fortified system is thus camouflaged by the image of the countryside.

The historical development of the three fortified circles proceeded over time with a growth from the inside towards the outside starting from 1593 until 1811, and, as a result, on entering, we run through the history of the city in reverse. Still today the plan of Palmanova imposes itself as a complete man-made sign, in contrast with the "soft" organization of the surrounding settlements and the medieval configuration of the territory.

The decisive element that marked the start of the military science of the Renaissance period was the use of canon for a positional strategy: originally their range did not exceed a maximum of three hundred metres. The need to make the system of defensive works as perfect and expedient as possible led to the development of military engineering and construction techniques for fortresses that would maximize the combined effect of different ranges.

Basically, there were three phases in the development of the defensive system: the first circle with nine ramparts realized by the Venetian Republic starting from the end of the 16th century; the second perimeter with its nine half-moons or ravelins realized by the Veneti from 1650; the third walls of nine Napoleonic lunettes built between the end of the 18th century and the beginning of the 19th century.

Analyses of the various destinations of use inside the city allows us to reconstruct the stronghold's urban space in a functional sense.

The administrative offices are located at the centre of the system; the command of the superintendent general and the troops is located at the centre; as are the guards. The Piazza Grande is the place where the troops mustered; the command signals were entrusted to a bell which is reflected by nine bells located at the tips of each rampart.

The fortress space is defined by three concentric circles: an inner ring which overlooks Piazza Grande to command the fortress; a peripheral ring, located adjacent to the defensive system of mercenary troops; three external settlements of military police.

The military history of Palmanova had four main phases: the first began from 1593, the year of its foundation, up until 1886, the year that Friuli was annexed to Italy, and this was the active military phase of the fortress.

With the abandonment of the by-then obsolete defensive works, it entered the second stage. The fortress city turned into a barracks-city: the walls were given over to grazing army horses and a large part of the barracks were used as stables.

The third phase began this century with the mushrooming of publications on urban planning issues and also abroad the "star" of Palmanova came to constitute a fundamental testimony of Renaissance urbanization.

The fourth phase began just a few years ago: it reconstructs the functioning of the system by entering into possession of the key to understanding; this was the beginning of the process of valorizing a historical asset, that had become intelligible, a source of documented information, social communication, a testimony to historical standing in the field of military techniques and a necessary premise to carry out interventions that can make the asset available to a wide range of users. The urban planners who contended the recognition of Palmanova's design or, at least, played a decisive role include: Count Giulio Savorgnan, Count Marc'Antonio Martinengo, Scamozzi, Bonajuto Lorini, and Orazio Guberna.

After the annexation to Italy, the military role of the fortification works waned, and they fell into disrepair. The city-fortress became a simple military district, with the creation of large barracks, in the state-owned areas still free from buildings. This phase of interventions lasted until the last war.

The civilian expression too continued and the relationship between state-owned areas (52%) and civilian areas (48%) continues to proceed towards a total state sell-off.

The current status quo of the city features three large areas:
a) that of the bastions and the fortified works which stretches over a good hundred and twenty-four hectares;
b) the internal military zone, measuring around 11 hectares, is located predominantly in the perimeter of the urban space and thus occludes the relationship between the inner city and the fortified system.
The first eleven hectares include two and a half hectares that should be given over to streets and squares;
c) the internal civilian zone, where the Municipality of Palmanova is established, of approximately 34 hectares including streets and squares.

The programme to develop and exploit the city of Palmanova should potentially be geared to an implementation of the selection of priorities for the protection and enhancement of the city's cultural heritage, avoiding abandonment to disrepair by tackling the problem of the Old Town, as suggested by the theme of the competition.

By keeping in mind the geometrical structure of Palmanova as a general pattern that presides over all the interventions that constitute the city, whether military or civilian, we can proceed via different paths to outline a project (or several projects) of *architecture*.

We can consider the general problem of the "war machine", i.e. Palmanova, in its various adjustments to the military techniques (the three projects, two Venetian and one Napoleonic) which affected only the city's ground plan and modified the accessories of the countryside while leaving the architecture of the gates untouched.

It may also be noted that, with respect to the internal geometry, the division into nine parts whose centre is the Piazza, there is a latent or unexpressed functionalization: the three streets that lead from the Piazza to the gates and whose name indicates the relationship with the historical Friulan territory (Udine, Cividale, Aquileia) are uninterrupted. Instead, the other parts are mutually coupled with respect to a public square (the 6 piazzas of the *sestieri*).

The functionalization consists in the civil-dwelling use of these six parts and in the collective use of the six piazzas to define the city's "internal architecture".

These six squares, never realized, (arguably) architecturally demonstrate the prevalence of the "war machine" over the "civilian machine" and are the sign of a policy which aimed at limiting (up to excluding) civilians usage to a minimum so that the fortress could exist. Indeed, "there are no works of architecture in Palmanova that correspond either to the "home" type or the "mansion" type. One of the most important ways to "make" the Renaissance design almost homologous between "civilian" and "military" [...] is to build these places (the 6 piazzas of the *sestieri*) starting from the original ground plan, in which only 2 of the 6 squares exist today.

Looking at other meanings: the architectural figure of the Piazza Grande has never been completed. Perhaps it was never intended to be. "It would be interesting [...] to overturn the architecture's relationship of before and after with respect to the geometry of the layout and show the true meaning of the architecture in the city's communal places (the streets, squares) with respect to the original design."

Then there are obviously meanings that are not internal to the city of Palmanova and referable to the Renaissance architecture which is constituted as a city or as a point or place of the city.

What is certain is that the relationship between the civilian and the military (reproposed in Palmanova at a very late age) disappears today as a problem of technical architecture and instead becomes the meaning of certain works of architecture in an overall design.

* Gianugo Polesello, *Piazze di Palmanova*, in *Terza Mostra Internazionale di Architettura. Progetto Venezia*, vol. I, Electa Editrice, Edizioni La Biennale di Venezia, Milan, 1985, pp. 152-155 (an anticipation of the inspiring ideas already to be found in the 1984 competition brochure).

Presentation
Palmanova, a city out of the ordinary

Alberto Ferlenga

While Gianugo Polesello was writing the introductory text to the competition for the piazzas of Palmanova, one of the ten proposed by Aldo Rossi to worldwide architectural culture for the Venice Biennale of 1986, he could not have imagined that the "stone lion" which was the prize for the best projects would be awarded to the then little-known Jewish-Polish-American architect Daniel Libeskind. In an era of the greatest fortune for architectural design, Libeskind's proposal consisted of large wooden wheels, substantially abstract models that had the bad luck of catching fire shortly after the end of the exhibition.

Although clearly provocative, the cerebral constructions of the architect who at that time ran the Department of Architecture of the University of Cranbrook but would soon begin a dazzling career, expressed the dual nature of the city: that of the machine, specifically dedicated to war, and that of the rigorous geometric expression of a constructive thinking. Indeed, Palmanova is both these things and something different from an urban layout, even if its plan was often used as an exemplary representation of the ideal city. In reality, to discover it properly, we must wish to conquer it, only then can we appreciate its ramparts, its walls, its lunettes; or we must wish to defend it, and in this case we can appreciate the diagonals that made it possible to strike assailants from the side, the shelter provided by its depressions and embankments, hidden streets for *extra-moenia* sorties. Instead, for those who would only observe it from afar, it would be elusive, camouflaged among the rolling Friuli countryside, and if we thought then to live there without being a soldier, we would suffer the disorienting difficulties of a layout made to accommodate barracks, parades of troops, and to allow rapid attainment of the defensive walls. The strenuous opposition to the geography and the allocation of spaces designed for movement *en masse* unites the Palmanova of Count Savorgnan with other settlements conceived by military minds, despite not sharing the defensive use: from the Grammichele of Prince Carafa (destined for the farmers of his fief) to the Timgad of the Roman legionaries in Africa stationed at Lambaesa. Cities without walls but designed as if they were supposed to have them and as if the geometry could defend them from social disorder or from the harshness of nature. Then, in the volume, a closer comparison is established with Sabbioneta, a small capital that arose out of time with respect to the military techniques of its era. A real collection of "desires" copied from Rome or Mantua, in its theatre, its palace, in its gallery and piazzas, Sabbioneta materialized the frustrations of its shady prince. Its very walls are more of a scenographic citation than a real defensive work. Vespasiano knew the art that presided over their construction, having practised it in his youth in the land of Spain, but he also knew well how little his tiny principality would be of interest to foreign eyes and that in those places walls were less useful for defensive purposes than the fogs which concealed the city from the eyes of its own people for most of the year.

In Palmanova, Grammichele, Timgad, and partially in Sabbioneta, the geometry is imposed on the features of the sites which are forced into their original nature more than in any other city. It is the geometry that imparts form and meaning to the edifice and the former is the true monument. It is still the geometry that dictates the rules of everyday life opposing those deformations of "the convenient" which constitute the specific character of almost all cities. And it is for this reason that Palmanova and other settlements of this kind, as perfect as stars in their aerial design, are less so in the opportunities they offer to people's typical habits. Too large the main public spaces, conceived as parade grounds, too similar to one another the secondary ones, and then substantially monotonous the buildings in the absence of those social divisions (only peasants, only soldiers) that make streets and piazzas different while remaining unitary bodies. As is pointed out in this book, Palmanova is unfinished, from the urban point of view, with no significant monuments, equipped with a single evident trait, that of its masonry enclosure, its history blocked by a form that was too perfect to be modified over time and with buildings that were always at risk of passing from foundation to abandonment due to a lack of uses other than military ones.

Riccarda Cantarelli's text skilfully reconstructs the creative story of the war machine, the reasons for its geometric outline, and the history of its construction. The whole is amply framed historically but what is more important is that the point of view adopted is that of an architect. This gives it a particular value in times like these where the few research works involving cities see the historical point of view prevailing. The very structure of the volume describes the steps of a project activity applied to a complex place, that makes diversified skills necessary but coordinated by a single director.

To describe Palmanova, we enter within the logic of its masses and alignments, inside the nature of its spaces and buildings, inside the construction reasons of a large machine designed for lines of fire and suitable ranges for ballistics, made for a myriad glances around itself towards a territory from which an enemy could appear at any moment. The design approach also stresses that the historical study alone might not explain how the relationship between architecture and public space came to conceive a possible and contemporary completion of the urban story through teaching and research. Everything starting from its present state, knowing full well that the future Palmanova should be conserved without becoming a museum and completed without being disrupted, and above all, keeping its design and nature alive by imagining an evolution compatible with its form and its past as a city out of the ordinary.

Preface
The perfect city

Armando Dal Fabbro

Urban walls are an example of a way to bring the whole of the artefacts to the artefact: first and foremost, the city becomes its walls; the city's form becomes the form of its walls.

Giuseppe Samonà, Gianugo Polesello, *Piano territoriale di coordinamento della regione veneta*, 1968 (typescript).

The work presented here investigates the theme of the city-fortress of Palmanova from the point of view of the design and architecture of its urban space, interpreting and contrasting the city and its internal parts with the constituent elements of its form (its singular urban geometry) and with the value and significance of its most representative architecture (the military buildings and the city gates). In fact, as Polesello too stated, it is the perception from the surrounding land of Palmanova which "impoverishes the articulate and complex image of the stellar composition that can be read in aerial photos or in plans of the city"[1].

Starting from these assumptions, the research focused on an exploration of Palmanova's urban form, its recognized identity as a star-shaped city, in particular the study of the fortified city of Renaissance origin, through the contemporary condition of a city which over time has substantially lost its original purpose and its function as a stronghold and finds itself facing a reality that is in certain ways contradictory and is still suspended today between the remembrance of the fortress city as the ideal city and today's civilian town commensurate with its actual fabric. In this particular case, the issue of 'urban identity' assumes various aspects. It can be understood as the fundamental value on which to build every possible intervention on the city and its parts through a coordinated strategy that takes into consideration the entire urban space, both inside and outside, the form of the city and its constituent parts (blocks and districts, piazzas and streets), and the most representative architecture of the city (the military quarters along Via delle Milizie).
This identity is based on the development of two different homologies. The first, the homology of city/fortress, must now be rethought formally and functionally. The second, the homology between the present and the various temporal dimensions in which the construction of the city took place, of which the main one, that of (Venetian) Renaissance origin, represents an extraordinary opportunity for study and design research. The investigation of the urban form is therefore an opportunity to assess the question of its continuity and that of the necessary changes in relationship with the territory, which, from a "machine" of control could become a network of relationships to revitalize the city and its territory. The study of the space, or rather, the issue of the contemporary construction of public space, applied to the theme of the six residential piazzas (of each *sestiere*) as a counterpoint, variation and completion of the spaces of the fortified machine, can usefully explore the real and virtual relationship between the contemporary city and the Renaissance city, between reality and an urban utopia. Lastly, the study of the architecture, applied to the theme of the barracks to be relocated functionally within the town's urban fabric, represents an opportunity to explore the potential of the analogy between the architectural forms of the present and those of the past.
The fundamental objective of the research programme was the development of a planning investigation on different levels of profundity, that could form the basis for further thematic nuclei of improvement and implementation of construction.
This general goal consists of specific objectives related to the thematic divisions of the research. As regards the question of the shape, understood basically as the form of the city, the aim was to establish a general framework through summary tables which allowed us to highlight the role that Palmanova enjoyed in the complete series of Renaissance fortified cities. For example, the theme of the foundation cities could be an excuse to consider the opportunity to think about a museum for the city, intended as an observatory of ideal cities, to be located in one of the decommissioned barracks.

This work on the form would necessarily be linked to an analysis of the territorial evolution that outlines the role of "Palma" within the framework of the Venetian cities' defensive system and in some way to prepare the creation of an observatory for the development of the territory linked to the themes of the foundation cities.
The hypothesis has emerged of an Inter-University Institute, a school of architecture for the north-east, which could find in Palmanova a point of intersection between Venice, which still maintains its high historical prestige, and the Universities of Trieste and Udine, the fruit of Venetian germinations and which today, together, could constitute a cultural hub, with student residences, a special protected place for research, and experimentation in design.
In this direction it is possible to envisage the location at Palmanova of an inter-university centre or agency, or an interregional agency which deals with this territory which historically belonged to the Venetian Republic and that today is one of the most affected by the process of de-industrialization and territorial impoverishment. Then a re-examination could be initiated that could encourage the reconnection of the lost areas within the framework of a figurative planning implemented with tools that interpret and valorize the original historical characteristics.

In sequence, the work on the urban space would have the objective of developing a study on the relationship between the space of the contemporary city and that of the Renaissance city, between the forms and meanings, between the practices and the ideas. This study would be operational in nature and would apply initially to the space of the "six piazzas never built"[2], with the aim of drawing up a project/plans for their completion and transformation in view of the acquisition of a new role for Palmanova today.

Finally, the research looked directly at the theme of repurposing and architectural recovery, pursuing the objective of drawing up some strategic projects for the three main barracks to be transformed: the

Napoleonic Montezemolo Barracks, firstly, seen as an (ideal) generating unit of the urban form close to the Aquileia Gate, the Ederle Barracks lying on the never-constructed footprint of one of the six piazzas of the *sestieri*, and the Piave Barracks, the most representative of the 16th-century military quartering system. The projects for the three barracks would provide an opportunity for a similar project for Renaissance buildings, both barracks and mansions, but also for the piazzas and the Via delle Milizie which would allow an examination of the construction of urban elements closely connected with the character of the city – military and civilian – and its radial design.

The overall programme has sought to produce a unitary design, with its constituent elements corresponding to the themes of the research into the contents of the form, space and architecture.

In particular, as regards the first question, relating to the investigation of the urban form, two basic lines of research can be followed: on the one hand, an analytical graphic scheme of the theme of Renaissance fortified cities, on the other, a reconstructive analysis of the role of Palmanova in the territory of the Venetian Republic designed to primarily examine the relationships and thoroughfares to find guidelines to indicate and consolidate a current role for the city, as a cultural tourist destination, but also a new territorial hub that is no longer military, used for scientific research, urban studies, and to display the city's history.

With regard to the study of urban space, we proceeded to acquire materials related to the piazzas that will be the object of the intervention, in the form of various photographic, geometric, and physical-functional surveys. These surveys were used to initiate a dialectical confrontation with other similar spaces in Renaissance cities. Subsequently, we drafted a plan-programme to reposition the piazzas of the *sestieri*, which will not necessarily exclude a precise functional indication to build a reliable basis for future interventions of formal and functional redevelopment.

In this regard, it is hypothesized to resume the concept of piazzas – and not only the piazzas of the Sestiere – as "internal architecture of the city" for civilian use with the task of reconfiguring themselves in relationship with the urban fabric of the residential neighbourhoods and of the military pre-existences, and to be formally and functionally redeveloped for civilian uses. The most interesting outcome was the fact of having made new relationships possible between the different piazzas (I am referring in particular to the piazzas of the bastion near the Napoleonic Gamerra and Filzi barracks) starting from a redevelopment of portions of Via delle Milizie, with its pedestrianization, connected with the streets heading towards the central piazza.

Finally, as regards the study of the architecture of the urban buildings we focused on a project design for the three barracks, Montezemolo, Ederle and Piave, and on the renewed urban role that such complexes could enjoy in the future. Having acquired and refined the surveys through a collaboration with the IUAV photogrammetry lab already active at Palmanova, we drafted a functional programme, parallel to which analogies were introduced with the Renaissance buildings of the barracks and mansions. The analogous procedure used critically to define the parts of completion and integration required to carry out the new functions was chosen on the basis of criteria of settlement compatibility, in respect of a correct relationship between the old and the new that contemplates both the value of preserving the existing (the geometric-settlement principle of frontages) and the potential for a transformation that is consistent with the history and substance of the city's architecture.

"The plan of Palmanova still imposes itself today as a completed artificial sign"[3]. However, it will not be this absolute design of the walls, of which Polesello was speaking, with its overpowering geometry – a physical structure that has never managed to build an urban dialectic with the territory[4] – that conceals the city fortress' link with Venice. "Palma" is the mirror of an idealized Venice in its geometric perfection, as Antonio Manno wrote: "In the initial urban design for Palma the signs of a tacit project seem to emerge. In the *forma urbis* of the ideal city-fortress the *imago* of a geometrically ordered Venice was supposed to be apparent. In Friuli, in the territory of Aquileia, where Saint Mark preached, a city had to rise, the mirror of beauty and order in homage to the apostolic origins of the Venetian Republic"[5].

We can say that like Venice, also for Palmanova the topicality of the city lies in its total outdatedness. Being unable to betray this territorial sign, this limit figure, which has maintained and conditioned over time the urban incommunicability between interior and exterior, despite the defensive system of the third circle of Napoleonic bastions blending into the landscape, we have attempted to initiate a project from a reconsideration of the walls as an urban amenity, the centre of a new polar configuration of the stellar city. The Via delle Milizie, the nine bastion piazzas, the system of the Venetian and Napoleonic barracks, the three monumental gates of the fortress city and the piazzas of the *sestieri* have constituted the primary elements on which to build the strategies of the project and the rebirth for modern civilian use of the defensive system as a whole.

A project, as has been said, of a broad spectrum, multiscale, multidisciplinary and whose goal is to verify the usability of the signs of history and military engineering, and how these physical elements that have led to the construction of the city, by maintaining their figurative value and their spatial quality unchanged, have significantly affected the architectural choices of the overall design.

Notes
1. POLESELLO Gianugo, *Piazze di Palmanova*, in *Terza Mostra Internazionale di Architettura. Progetto Venezia*, vol. I, Electa Editrice, Edizioni La Biennale di Venezia, Milan, 1985, p. 154.
2. Ibid., p. 155.
3. Ibid., p. 154.
4. ROSSI Aldo, *I caratteri urbani delle città venete*, in AYMONINO Carlo, BRUSATIN Manlio, FABBRI Gianni, LENA Mauro, LOVERO Pasquale, LUCIANETTI Sergio, ROSSI Aldo, *La Città di Padova. Saggio di analisi urbana*, Officina Edizioni, Rome, 1970, p. 401.
5. MANNO Antonio, *Utopia e politica nell'ideazione e costruzione di Palmanova*, in GHIRONI Silvano, MANNO Antonio, *Palmanova. Storia, progetti e cartografia urbana (1593-1866)*, Gianpaolo Buzzanca-Stampe antiche, Padua, 1993, p. 29.

Palmanova form space architecture
New lines of research

This design research focused on an investigation of the form, space and architecture of the city-fortress of Palmanova. Work on different scales to do with the architecture of the urban form as well as that of its individual buildings.
It arose from a concrete need to systematize the proposals to reuse its public real estate as a result of the ongoing decommissioning of its military buildings, while taking a closer look at the theoretical-design hypotheses proposed by Gianugo Polesello for the Third International Architecture Exhibition *Progetto Venezia* (1985).
The systematic abandonment of the buildings, which had already begun in the seventies, has in fact progressively deprived the city of its primary *raison d'être*, dramatically condemning it to an uncertain future and continuous impoverishment on the social and economic planes and in the quality of its most emblematic buildings.
The constraints determined by the design of the city's foundation impose a different methodological approach to the relationship between the city-fortress – seen in its formal completeness, conditioned by a wall which has substantially crystallized over time – and its territory, in contrast increasingly dependent on transformations of an infrastructural, production and residential nature. In other words, the strong landscape imprint of the military system has not been matched by an adequate figurative development in the transition to the post-modernity of its territory, and an adequate cultural project at a regional scale that could curb the continuous impoverishment of the quality of the surrounding areas and the adjacent historical contexts.

From these assumptions, the desire was to try tackling different design themes that could transcend the simple conservation or restoration project, involving issues of the city's role in the territorial context, the urban and architectural regeneration of the buildings of the *sestieri* and the piazzas. Starting from the instances mentioned above, the nature of the military buildings was questioned, as was the history of the sites and the relationship between the architecture of ideal cities and contemporary design.
A situation which sees the territorial infrastructure and the urban project coincide and become consolidated in the design of the city's foundation, characterized by a nonagonal plan with its three circles of ramparts, which match the urban structure internally with its circular separation between the military and civilian *sestieri*, the six piazzas of the *sestieri*, and the huge central hexagonal parade ground. The military city's extraordinary plan can become the driver of an urban and territorial metamorphosis starting from an idea of reconstruction that combines conservation, enhancement of the pre-existences, and the project itself. To give the city and its architecture a different role.

The research programme *Palmanova form space architecture*, which gave birth to this book, respects a Memorandum of Understanding between the State Property Office, MiBAC and the IUAV (April 2016), to launch a pilot project to study and valorize the property assets of the Friuli-Venezia Giulia Region (2016). In addition, a specific convention was drawn up between the State Property Office and the IUAV University establishing criteria and procedures to deliver co-financing of a research project called *"Palmanova form space architecture"* (2016) which, in concrete terms, would study the architecture of the "urban buildings" and, specifically, carry out a survey of the three barracks known as Montezemolo, Ederle, and Piave, and the renewed role that such complexes could have within the city with respect to future scenarios of physical-functional recovery. The work continued by delving into and exploring the issues most closely linked to the urban project and its implementation in certain parts of the city. Specifically, we focused on a hypothesis of redesigning the six piazzas of the *sestieri*. The work that we are showing here is therefore characterized by a strong intertwining of theory and practice, and certain aspects of the project experimentation merged into a specific feasibility study for the State Property Office[1]: the research thus assumed an experimental character simultaneously matching the real needs of the intervention while complying with demands from the State institutions. Entering into more detail regarding the themes that constituted specific areas of work, we considered the study of the urban form of Palmanova in regard to the construction of the city-fortresses of the Renaissance period inspiring an open and fruitful confrontation with the architecture and art of building foundation cities, historically and nowadays. The research was further enriched through an interdisciplinary exchange with specialists from several disciplines (teachers of restoration, historians, economists, and structuralists) on the issues of conservation and urban regeneration, whose results were presented at seminars and international conferences. Lastly, the project experimentation was intensified at the teaching workshops and the degree workshop of the IUAV University of Venice, with results of great interest.
The work focused on an exploration of the urban form of Palmanova, and a study of fortified cities of Renaissance origin in order to compare the ambiguity and connections between the city-fortress and the ideal city and consequently the historical role that these assumed in the territory of the Venetian Republic. The work also wanted to examine the territorial relationships and processes with the aim of identifying traces of a historical route that might be of use to indicate and consolidate an active role for Palmanova, investigating possible functional requirements to enhance or introduce *ex novo* (thinking for example of the potential of Palmanova as a destination for a cultured and diversified tourism, or as a territorial Inter-University Centre, i.e. a site assigned for control that is no longer military, but destined to the observation and planning of local characteristics).
The meticulous investigation of the city's works of architecture, an understanding of the meaning of each of the places that identify its nature as a "war machine" (the piazzas, Via delle Milizie, and the ramparts), as well as the ambiguity between the military city and the ideal city and between the military city and the civilian city, constituted the *fil rouge* to understand and design specific urban aspects that still dominate the contemporary design of the city.
The research was tackled on a consolidated basis from the historical point of view as well as the ongoing dynamics but is also rather innovative in the field of architectural research. The projects explore a very wide case history of possible interventions, with the aim of favouring strong pragmatism and the widespread contribution of possible private initiatives to complement the public intervention.

The morphology and history of a "war machine"

The morphological question was the first to be explored, starting from the foundation and looking closely at its history, synchronic particularities and diachronies, including the dynamics of that permanence which is the most extraordinary quality of its identity.

Subsequently, a direct comparison with the Sabbioneta of Vespasiano Gonzaga was made which highlighted the parallel traits of the urban component of the foundation and the differences between the persistence of the geometric abstraction of "Palma" and the precise implementation of the civil structure inside the creation of Mantua.

We thus verified the precise concurrence of the two military and civilian characteristics as foundations of the urban composition, against the background of Palmanova's ideal identity.

The theme of the six piazzas of the *sestieri*, seen as a fundamental strategy for the necessary consolidation of the urban form, was followed by a thorough examination of the possible objectives of urban regeneration starting from the large-scale decommissioning of the military zones and buildings, as well as present and future territorial strategies. Then a list was made of the design themes to be verified, from both compositional and implementational points of view.

In the same vein, *Palmanova form space architecture* was also a theme tackled at the Architectural Design Workshop 3, and in the workshop of the master's in architecture for the New and Old of the IUAV (academic years 2016-17, 2017-18) in which the author participated directly, also as co-supervisor of the theses.

The projects were also tested through a critical-economic reading instigated by the teaching module on the economic assessment of projects, in which opportunities and constraints were analysed and verified regarding the economic/financial sustainability of the interventions in view of the possible preparation of a feasibility plan.

Starting from an urban analysis, from the substance of the military architecture and actual economic surveys, the intention was to proceed with a working hypothesis involving several disciplines and different design proposals open to many functional solutions. This produced a particularly significant experience which showed through the design results a possible and real recovery of Palmanova within the scope of a contemporary design increasingly leaning towards the recovery, exploitation and functional conversion of existing structures on an urban or territorial scale, be they military or civilian.

The study of the origins of "Palma" and the city's military-defensive past, which has constantly influenced its form, space and architecture, allowed a reinterpretation of the characteristics of the architecture revealing a new/old figurativeness in the prospect of a potential balance between the conservation, transformation and rebirth of the city.

Note
1. For the report on the feasibility studies relating to the Montezemolo, Piave, and Ederle barracks see Cantarelli Riccarda, *Ricerche e studi di fattibilità*, in Cantarelli Riccarda, *Palmanova forma spazio architettura, Assegno di ricerca annuale 2016-2017, Rapporto di ricerca*, Università IUAV di Venezia, Venice, 2018, pp. 67-126.

Palmanova, a city-fortress of the Venetian Republic, is today a UNESCO World Heritage Site within the framework of *"Venetian defence works between the 15th and 17th centuries"*, together with Bergamo, Peschiera del Garda, Zara, Sebenico and Cattaro[1].

This fortified structure represents a unique testimony of Renaissance urban planning, and with its radial streets, to some extent marks an extreme point and almost a vertex of the trend of newly-founded military cities. In many respects, its conception elaborates the idea of the ideal city, in keeping with the original Renaissance dictates, however, it is its military character that has constituted its urban and identifying imprint right from the outset[2]. Even so, its established defensive purposes do not exclude a set of elements that cannot merely be classified as "military" and that also contain in their incompleteness (and today in their abandonment) both the virtual and the possible. Here we are dealing in architecture with different themes that transcend the question of simple preservation and involve issues of the city's role and regeneration, as well as the forms of its architecture in the present and over time.

Traditionally, the fundamental character of the city of Palmanova is seen as that of an urban war machine, with an outstanding nonagonal form. At the end of the 16th century, the hypothesis of the ideal Renaissance city was detailed in the stellar geometric constructions of the treatise by Pietro Cataneo, printed in Venice in 1567. Palmanova is the embodiment of those ideas and theories of the ideal military city, a formal absolute that complements the extreme functionality of conflict.

As the object of a lively debate, it is difficult to establish a single fatherhood for Palmanova; however, the foundation and the very origin of the idea for the great work were overseen by the extraordinary figure of Giulio Savorgnan (1510-1595)[3], a military engineer, an artillery general, and General Superintendent of the fortresses of the Venetian Republic. Already a supporter of the necessity of construction in the early 1550s, he was above all the author of the original plan approved by the Senate in October 1593. The following year, Savorgnan completed his work on *Twenty-five rules for fortification* which, thirty years after his construction of Nicosia, constitutes a synopsis of his work and is almost a memoir for the construction of Palmanova. The realization of the city-fortress was initially entrusted to Marcantonio Martinengo di Villachiara (1545-?), who was responsible for the choice and the tracing out of the site – an authorship also claimed by Vincenzo Scamozzi – on which Palmanova rises, a plain with ideal hydrogeological characteristics for a fortified citadel. In the first phase of the building a dispute arose between the designer and inspirer Savorgnan and the director of the works, Villachiara, on the construction methods, due to changes made to the original scheme in order to adapt it to the site chosen. This caused a temporary suspension of the works pending a resolution of the conflicts, which eventually came with the approval of the final project in September 1594 by the Senate who welcomed Savorgnan's comments as a recapitulation of the strategic reasons of the art of war and more practical reasons linked to the realization of a complex work. The initial works included the digging of wells designed for survival in the case of long sieges which, in the 1700s, would be exploited for defensive purposes by means of complex systems of pipelines and sluices[4].

The initial debate over the construction therefore had a distinctly military character, regarding the overall form of the defensive and conduit configuration, but the realization, which from 1600 was directed by Bonaiuto Lorini (1543-1626), immediately encountered the problem of the geometry of the internal lots, which gave the work a civilian character. As a result, the street network of "Palma" is not orthogonal and abstract, but radial and concrete, originating from the sides of the large central piazza. The main axes lead directly to the three urban gates, unlike the description published previously by none other than Lorini in a diagram in his book *Delle fortificazioni* (1597), in which each bastion is served instead by streets that depart from the corners of the central nonagonal piazza. Lorini's treatise[5], divided into five books, was published in Venice in 1597 and reprinted in 1609, as recalled by Luigi Firpo in his introductory essay to the volume *La città ideale nel Rinascimento*: "In his treatise on fortifications, Buonaiuto Lorini, [...] prohibited 'streets related to the gates from heading directly to the piazza, which would be an error and not a little one, since it is not good for many reasons that, entering a gate means *immediately* discovering the main parts of the fortress or city and using such a short straight road being able to advance without any hindrance': we want, in other words, to prevent an enemy who has penetrated the outer defences from easily reaching the command headquarters. Straight streets should instead join the individual bastions with the centre, 'where you will make a portico or loggia with some notable building, such that standing under it, those in command can, in every occurrence, see all the ramparts and where disorder arises, remedy it'"[6]. With respect to this description, Palmanova features this fundamental difference, therefore, i.e. the streets leading from the gates directly to the central square, an alternative solution with respect to the dictates of the military strategy, of relative independence from the city's inner life.

As a fortress and a strategic design, Palmanova seemingly influenced the key 18th-century military engineering work of Sébastien Le Prestre de Vauban (1633-1707), an engineer officer and Marshal of France, who developed his theory of fortifications starting from a range of erstwhile experiences among the Venetians and Central Europeans. The morphology of "Palma", the experiences of Venetian and Italian defensive systems, and the elaborations of the Italian and French treatise writers very likely inspired his "three fortifying systems"[7]. Aside from Neuf-Brisach (1698-1706), suffice to think of the earlier Citadel of Lille, the first work designed by Vauban in 1668 to control and defend this large northern city (inspired by that of Antwerp from 1560 by the architects Francesco Paciotto and Galasso Alghisi who had exported "modern" fortifications to Northern Europe), featuring the demarcating form of Palmanova and the technical detail of the ravelins added by the Venetians (second defensive walls of Palmanova, 1667-1690).

Echoes of Vauban became discernible again at Palmanova in a circular motion of ideas, when, after a brief spell in the hands of the Austrians, in 1797 the city passed to Napoleon's men, who settled in "Palma" and decided to turn it into a storage stronghold. An intervention that "was symptomatic of the great strategic value ascribed to Palmanova [and which led to] to the construction of advanced new works on an axis with the bastions, lunettes with caponiers, and underground links, with respect for and in the tradition begun by Vauban"[8]. To this end, General Chasseloup (1754-1833) was made responsible for coordinating the operations of reorganization, rehabilitation and reconstruction, even if the real work would only begin in 1805, after agreements with Austria and the Peace of Pressburg: "In 1805, appeared the treatise written by General François de Chasseloup-Laubat, a man with long experience of sieges and who had worked [...] on the fortifications of Alessandria in Piedmont, one of the mightiest in Europe"[9]. His ideas combined with the work of Guillaume Henri Doufour, the re-elaborations of Louis de Cormontaigne and Marc-René de Montalembert, "brought to life the so-called "Mézières system", which took its name from the centre where it was drawn up, the French Mézières School of Engineering"[10]. Recognizing in the city of Palmanova both a defensive and offensive potential, improvements were made in both these directions. However, unlike Chasseloup's project which involved the concentration of defence on three fronts to avoid leaving the stronghold uncovered on all 9 sides, Napoleon, in collaboration with General François Joseph d'Estienne de Chaussegros de Léry (1754-1824), arranged for a new fortified perimeter (thereafter referred to as the *Enceinte Napoléon*) and lunettes on the prolongation of the capitals of the bastions[11]. As demonstrated by the general plans of 1806, Chasseloup assumed the construction of three lunettes outside the fortress, on the model of those of Alexandria, but in the case of Palmanova it was preferred to construct nine lunettes advancing into the territory, proposed by Léry as a first outpost for the defence of the city and featuring caponiers and small security casemates designed by Captain Louis Joseph Felix Laurent (1778-1835), appointed director of the works and detailed projects[12]. *Place de Palma* by the Division General Léry (see page 33) is arguably the best representation of Palmanova as a military city. The drawing depicts the territory as a precise graphic indication of all the defence works, seen in plan view and with perspective views of the depth of the internal and external rampart scarp walls. The map differentiates between civilian buildings (pink) and military equipment (in grey and yellow). The latter is distinguished depending on the specific use and set out with a precise hierarchy along the Via delle Militia of the Venetian scheme; also a good part of the still unbuilt areas belonged to the latter, which were used for manoeuvres or further uses for the purposes of war. Between 1806 and 1813, the French completed the last interventions on the stronghold consisting of three bomb-proof barracks – bastion barracks – with bread ovens, cellars for subsistence in the event of attack, and three powder magazines inside the fortress in an axis with the bastions, at a safe distance from the inhabited buildings and not visible from the outside.

Until Palmanova was handed over to Italy (1866), the fortress was wrangled over between the French and the Austrians, but unlike the former, the latter limited themselves to projects and notes on the existing defensive works, which largely remained on paper. Among the different maps from the Austrian period, *Festung Palma* (see page 35) shows the city's defence systems schematically, along with the main territorial landmarks and the desire to shift the line of the glacis outwards along the axes of the Napoleonic lunettes.

Therefore, only when Palmanova was annexed to Italy along with the whole of its region, did the most active military phase begin. In this way, Palmanova was converted from a virtual city-fortress into a royal city-barracks with the spaces of the walls being used for military activities. The barracks were interlinked by the Via delle Milizie and were located between the edge of the inhabited centre and the first Venetian walls. The presence of this barrier and subsequent ones characterize "Palma" and make it different from other Venetian foundation cities such as Cittadella, Conegliano, Castelfranco Veneto, and Villafranca. These cities "feature [...] a unity of a monumental character that is closely linked to the presence of the walls and castles with their own relationships of similarity and characteristics. Even though they belong to differing urban systems in the territory, they are similar in their defining a type of city", while in the case of Palmanova, instead, the walls "remain as a physical structure that has not constituted an urban dialectic"[13] marking a decisive difference.

If we observe Palmanova today, it is clear that its formation is the result of a stratification of interventions and this can be clearly understood from the coexistence of many elements, such as the three fortified walls that surround the town: the first with the nine ramparts dating back to the period immediately following the foundation of the military city of the Republic; the second, later, also attributable to the Venetian period, built between 1667 and 1690, with nine crescents, three of which are placed to protect the gates; finally, the third circle of fortifications embellished on the outside during the Napoleonic era with nine lunettes to avert the threat from artillery.

Inside, the city shows a system of unregimented urban blocks, within the rigorous geometry of the *sestieri*: nine bastion piazzas mark the fortified system of the city along Via delle Milizie, internally, six piazzas correspond to the six *sestieri*, while at the centre is the hexagonal piazza from whose sides originate the six main radial arteries, three directed to the gates, and three to the piazzas of the bastions.

In the plan, this geometry is matched by different levels in the urban sections: "There are also 5 and a half kilometres of underground passageways, which bring into communication the twenty-seven main emplacements (ramparts, ravelins and lunettes) and the moats." There is a "complete defensive subsystem [...] which repeats in the same way nine times with the sole variation of the three curtain walls containing the city gates. The building components of the fortified system are: the Venetian barracks which are part of the peripheral ring of the city blocks and are served by Via delle Milizie as well as the radial streets; the Napoleonic barracks, which occupy the mouth of the bastions and are arranged on several levels with direct communication via access ramps to the curtain walls, stables and ramparts. The armament of the ancient fortress consisted of six emplacements in the pivots of the bastions, three for every open square of the sides; four emplacements in the stables (two for each); two emplacements in the curtain walls"[14].

The series of barracks lies along Via delle Milizie, between the edge of the inhabited centre and the first Venetian walls, some of them dating back to the city's foundation, while others – the Gamerra, Filzi and Montesanto – are from the Napoleonic era. Completing the barracks facilities, however, are also some 20th-century buildings – such as the Ederle Barracks – which occupies a vast area between the hexagon of Piazza Grande and the ramparts.

The military character of Palmanova is what prevails therefore, as divulged by its morphology and history, but it still remains flanked by a virtual character in the reticular pattern within the stellar system, almost a resource that lends itself today for reuse in the project, where, besides the problem of recovering the bastion system the question arises of the completion of the internal urban layout.

Notes

1. See Leon Alessandro F., Leon Paolo, *Palmanova e l'Unesco: il nesso tra sviluppo economico e politiche per la conservazione*, in Fiore Francesco Paolo (ed.), *L'architettura militare di Venezia in terraferma e in Adriatico fra XVI e XVII Secolo*, acts of the international study conference, 8-10 November 2013, Palmanova, Leo S. Olschki, Florence, 2014, pp. 431-438.
2. See Fara Amelio, *La città da guerra*, Giulio Einaudi Editore, Turin, 1993; in particular, the second chapter *Sviluppi cinquecenteschi*.
3. In this regard, see Di Sopra Luciano, *Palmanova città fortezza*, Aviani & Aviani editori, Udine, 2014, p. 78.
4. Fara Amelio, *Napoleone architetto nelle città della guerra in Italia*, Leo S. Olschki, Florence, 2006, p. 132.
5. As regards the activities of treatise writers among the designers of the time, including Buonaiuto Lorini, see Di Sopra Luciano, op. cit., p. 68.
6. Firpo Luigi, *La città ideale del Rinascimento. Urbanistica e società*, in Sciolla Gianni Carlo (ed.), *La città ideale nel Rinascimento*, Strenna UTET, Turin, 1975, pp. 27-28.
7. See Hogg Ian, *L'età di Vauban*, in Hogg Ian, *Storia delle fortificazioni*, Istituto geografico De Agostini, Novara, 1982, pp. 122-132.
8. Marchesi Pietro, *Progetti per la sua costruzione: lavori di completamento, di modifica, di restauro,* in Pavan Gino (ed.), *Palmanova fortezza d'Europa (1593-1993)*, Marsilio Editori, Venice, 1993, p. 82.
9. Hogg Ian, op. cit., p. 142.
10. Ibid., p. 143.
11. Fara Amelio, op. cit., pp. 126-127.
12. See Prost Philippe, *Les forteresses de l'Empire. Fortifications, villes de guerre et aesenaux napoléoniens*, Moniteur, Paris, 1991, p. 114.
13. Rossi Aldo, *I caratteri delle città venete*, in Aymonino Carlo, Brusatin Manlio, Fabbri Gianni, Lena Mauro, Lovero Pasquale, Lucianetti Sergio, Rossi Aldo (ed.), *La Città di Padova: saggio di analisi urbana*, Officina Edizioni, Rome, 1970, pp. 400-401.
14. Di Sopra Luciano, op. cit., p. 30.

Palmanova and Sabbioneta: an ideal comparison

In Renaissance treatises, the city is considered a complex organism tasked with performing different functions from defence to housing, both social and individual. The fort, the citadel, or the walls in general were attributed the function until then exerted by the ancient castle, namely, defence, by then a specific branch of the military art or engineering. However, by the end of the 15th century, the introduction of guns required radical innovations in defensive systems, with the result that, at the height of the Renaissance, the debate between the "ideal city" and the problem of fortifications converged towards one single solution: "The 'ideal city' is then identified with the perfect machine to defend the Prince, an irreplaceable element of a realistic and definite political design. Until the middle of the century, there still being no separation between the arts and science, no distinction was made between civilian and military architecture and urban planning"[1]. And so it was that even the best-known civil architects, such as the Peruzzi and Sangallo, for example, found themselves tackling military architecture. In this field, one particular, unique and revolutionary case deserves a mention, namely the fortifications of Florence by Michelangelo Buonarroti (1475-1564), where the great architect turned to some elements used by Baldassarre Peruzzi (1481-1536) at the Sinibalda fortress, distancing himself immediately after transporting "inside the defensive element placed in the salient corners of the circle or to protect the city gates, the cultural tension which at that time was transforming the defence 'of the sides' of the city walls"[2]. These designs also offered inspiration to Antonio da Sangallo the Younger (1484-1546) and, thus, generally speaking, it can be stated that military architecture became an architectural field of critical revision, in an expressionist sense, of the geometrical forms typical of the defensive function.

With the passing of time, in the 16th century, the debate gradually became more sterile with the baton being passed from architects to engineers specializing in the military art. At this point, the dream of Humanism yielded under the blows of the economic crisis, consequent to the discovery of America and the religious conflict resulting from the rise of the Lutheran Reformation, against the power and pomp of the Church of Rome.

Arnold Hauser in his classic, *The Social History of Art* (1964), speaks of a progressive "destruction of faith in man", a faith torn in its possibilities, its value, and its role as the centre of the universe.

"If it is true that in the age of Humanism the real city and the ideal city represented [...] the two sides of the same coin, the outcome of a culture based on a harmonious relationship between man and the universe which was reflected and found its privileged scene in the urban context; on the contrary this happened at the moment of crisis, in the 16th century, when the breakdown in the harmonious relationship established a genuine dichotomy between the real city and the ideal city"[3].

While Florence appeared as a first term of comparison with the idea of the ideal city, the city of the 16th century often continued to be a place of conflict and disappointments, invoking the only possible alternative; refuge in the ideal and in Utopia. "In this context, Sabbioneta represents the exception: a real city which embodies the ideal city; or, better, [it is] an ideal city"[4]. In some ways the ideal city *par excellence* that we can take as a reference to give concreteness, in wishing to understand the character and hierarchy of the urban aspects of an abstract development.

If Florence had grown gradually with an extended urban fabric modified over time, Sabbioneta, instead, "rose suddenly, the fruit of a plan that cancelled [...] the traces of the primitive medieval village. It was 'a newly-founded city', modelled following a precise geometric matrix that identifies the units of measure in the founder [...] Vespasiano Gonzaga"[5] and presenting itself as a sort of New Rome. "On the day of reckoning, Sabbioneta took on the appearance of a 'royal city' whose walls, streets, and varieties of buildings gave a concrete aspect of its founder's idea of the city"[6].

It is on this aspect of "royal city" – and on this alone – that we can create an analogy between Sabbioneta and Palmanova and not on the overly and erroneously abused definition of "ideal city", which in the case of Palma is quite inappropriate. Palmanova is part of a group of "fortresses built on the outskirts of domains [...] with purely military functions and defensive purposes, to control the territory and intended to accommodate garrisons, deposits of weapons, ovens, dispensaries, and so forth. The prerogative of [...] Palmanova – to which we could also add Orzinuovi (from 1530), Dömitz (1559), Marienbourg, Saulmory-et-Villefranche (1545), Cosmopoli Portoferraio-Isola d'Elba; (from 1548), Philippeville (mid-16th century), Rocroi (from 1555), Coevorden (1597), and later Charleroi (1666)... – is to be isolated, unlike the many citadels [...] erected in the 16th century in Europe to protect historical cities. [...] It follows that associating Terra del Sole or Palmanova with Sabbioneta, as often happens, is inappropriate; Sabbioneta is certainly a fortified city (all or almost all were, until the eve of modernity) but it is not a fortress: it stands as the capital of an albeit tiny Principate"[7].

The city of Vespasiano Gonzaga was built via strictly hierarchical urban statements imposed on the trajectories of the cardo and the decumanus (broken for defensive reasons) that connects the Vittoria gate to the Imperiale gate; this crosses the missing cardo, originally identified by the Pallade column, later transferred to Piazza d'Armi. The result is an orthogonal street network that delimits the thirty blocks intended for private dwellings and public buildings, surrounded by walls and five cuneiform ramparts.

The decentralized ducal piazza has around it the main buildings of institutional power: the Ducal Palace, the Palazzo della Ragione, and the parish church of the *Assunta*. Instead, behind the Ducal Palace there was once the Church of the Incoronata, the Prince's private chapel. To the south of the decumanus lies the parade ground – the Piazza d'Arme – and the military fortress, with its Casino del Giacinto and Corridor Grande (or Galleria degli Antichi), places dedicated to the Prince's private life that close the southern and eastern sides of the Piazza d'Armi.

The pivot between these different parts of the city consists of the Olympic Theatre of Vincenzo Scamozzi (1588), a place where Vespasian would meet his subjects.

The street network of Sabbioneta "gives rise to spatial cadences of great scenographic suggestion; the perspective codification paginates and allows urban spaces in which [...] "citizen-like" houses, "noble" monuments and illustrious buildings are arranged along streets with a single point perspective and at a limited distance"[8].

This is therefore the morphology of a city with an ideal reality, a reality built on a similitude that involves hierarchies and precise references. On the contrary, Palmanova reiterated and specified its stellar urban form over time and left its internal fabric free and almost unaffected, seeing it as a purely quantitative spatial resource.

The military character of Palmanova which was also maintained in successive derivatives, for example, Neuf-Brisach Vauban, is not one of its components like at Sabbioneta, but is *the* main component. Next to it, however, remains another, that of the ideal city, which is fully revealed in the identification with the extraordinary Sicilian town of Grammichele, commissioned by Carlo Maria Carafa Branciforti as a representation of Tommaso Campanella's idea of the city of the sun, and characterized by a radial layout starting from the centre of the sides of the central piazza. Thus, Palmanova remains in a proper and absolute dimension in which its character of a stronghold joins the expression of the ideal geometry of the various districts that constitute it, a design not yet finished, which becomes an architectural occasion for a simultaneous preservation and completion. This duplicity of the real and the ideal is the component of greatest interest in the research presented in this volume and allows the range of various interlinked and articulate design proposals as possible outcomes for developments and future applications in the specific context, and in cases that are similar in part by analogy.

Notes

1. Sciolla Gianni Carlo (ed.), *La città ideale nel Rinascimento*, Strenna UTET, Turin, 1975, p. 41.
2. Fara Amelio, *La città da guerra*, Giulio Einaudi Editore, Turin, 1993, p. 50.
3. Carpeggiani Paolo, *Città reale e città ideale: l'evento di Sabbioneta*, in Vv.Aa (ed.), *Sabbioneta. Una stella e una pianura*, Industrie Grafiche S.p.a., Lainate (Milan), 1985, p. 46.
4. Ibid
5. Carpeggiani Paolo, *Urbem Sablonetam condidit*, in Bertelli Paolo (ed.), *Costruire, abitare, pensare. Sabbioneta e Charleville città ideali dei Gonzaga*, Universitas Studiorum S.r.l., Mantua, 2017, pp. 82-83.
6. Ibid
7. Ibid
8. Mazzoni Stefano, Guaita Ovidio, *Il Teatro di Vespasiano Gonzaga*, in Bertelli Paolo (ed.), *Costruire, abitare, pensare. Sabbioneta e Charleville città ideali dei Gonzaga*, Universitas Studiorum S.r.l., Mantua, 2017, pp. 117-83.

Palmanova, a military city as a civilian city

Piazzas, streets and urban geometry

Palmanova is an extraordinary urban case in its being, at one and the same time, a city and a military machine, a civilian city and an ideal city. These three components form its singular identity, combining in different ways and to different extents. However, if the basic comparison in the history of its formal definition is between the military city and the civilian city, the latter mainly as a function of the former with varying degrees of leeway, it is the omnipresent ideal component that represents the constant which every analytical, design and constructive action refers to. Thus its basic urban characteristic, being a city of a defined time and forms, but suspended, make it a laboratory city, a city of the project, a city that is not analogous, but potentially analogical, constantly waiting for a suitable design to define its form, to give it life.

Palmanova has a closed urban form, delimited in a defined space by the limits of its walls. This original definition of the moment of its foundation which was perfected with the updates of its destination as a war machine. But despite this clarification, the interior and the civilian nature of the city have remained strangers, as if the field of war could not extend and prevail definitively.

In its urban design, Palma has a marked strategic and military character and a father, General Giulio Savorgnan, in the company of Marcantonio Barbaro, however. Thus the question of the civilian city immediately arose, through the work and words of Barbaro's brother, the Vitruvian treatise writer. Applying the metaphor of the urban organism to the city, Marcantonio speaks of *"interior fodder of dwellings, industries, arts, traffic, commerce and transits, all things that encourage an attack on the city with much public profit"*[1].

Thus it becomes crucial to investigate the urban form from the documents of its foundation which, in being arranged with respect to the three different, but always co-present components, reveal the variations over time in the identity of this real city of the project.

Looking at the different historical phases of the existence of Palmanova we can say that in the first period of the foundation, construction and operation, the military component initially prevailed.

This prevalence is evident in that series of urban representations which deliberately exclude or reduce to a symbol the interior design of the civilian and residential parts.

Which was the case of the first cartographic document, the design by Dionisio Boldi dated 9 October 1593 (see page 27) which bears witness to the decisions of the commission of which the author was a member: here the city is shown with its ramparts only, placed in the territory in full autonomy and radically different from the neighbouring Friulan centres of Ronchi, Palmada and San Lorenzo.

A month and a half after the start of the works, Marcantonio Martinengo of Villachiara developed a second design for the circle of ramparts[2], within which we find traces of the serrated perimeter of an area that testifies to the erstwhile situation. This is the remains of an ancient wood that was subsequently cut down to create grazing land. This area appears again in the subsequent embankments[3] (end of 1593 and beginning of 1594), in which the city is again shown with only the perimeter being built. The design has a functional character and together with the relationship between the pre-existences and the walls, marked the path of the three bridges – according to the indications of Savorgnan on the sides of the bastions and not in the centre of the curtain walls – which pass beyond the curtain wall and cross the moat to join the interior to the neighbouring centres.

If the beginnings of Palmanova are akin to that of a work of fortification, the question of its interior layout, and therefore of its civilian character, comes immediately after or more precisely, virtually at the same time as the space inside the walls materializes. In particular, the erection of the curtain walls can be traced back to the *Dissegno per far la Fortezza di Palma*[4] [1543-44] kept at the Episcopal Curia of Padua. Here the street network appears different from the one that would actually be realized for the size of the blocks and due to the lack of a direct link between the three city gates and the central piazza. Among the initial cartographic documents mention should be made of the plan view of the first project kept at the Biblioteca Marciana in the collection of topographic maps, and plans of cities and fortresses [*Carte topografiche, e piante di città e fortezze* – 1593-94], in which the design of the civilian architecture is totally absorbed by the that of the military architecture (see page 52). In this case, the interior is divided into a series of rectangular blocks served by proper thoroughfares, which rather than having a distributive function allowed rapid transit of troops and artillery supplies. Instead, the question of the access gates is excluded from the representation due to the absolute priority given to the axes serving the ramparts.

The second project for Palma kept in the Biblioteca Marciana, again in the collection *Carte topografiche, e piante di città e fortezze* putatively dated 1593-94 (see page 52), shows the entrance chosen in the debate around the construction of Palma of the issue of its civilian architecture. In fact, if the design retained the directrices which originated in the central piazza serving the bastions, these were supplemented by three axes leaving from the gates in the three different curtain walls which arrange three square piazzas. Between the respective sectors are another three triangular piazzas, while the central piazza is enriched on one of its sides, by the plan view of a cathedral in the form of a Greek cross.

The co-presence of the civilian and military components is the theme of the decisive design in the State Archive of Padua attached to the collection of documents regarding the construction of Palmanova, [*Raccolta di documenti riguardanti la costruzione di Palmanova*, 1594] (see page 53). Compared to prior designs this document contains a key innovation, involving a revamping of the putative previous lines, the choice of a central hexagonal piazza. From this left six axes oriented alternately toward the gates and the ramparts. The Cathedral is located curiously at one of the edges of the hexagon, while, starting from the ring immediately following the innermost perimeter of the piazza, depart the axes of the bastions and those that ended in the blind curtain walls. These axes were supposed to serve the innermost sectors where the six square piazzas were located.

Palmanova's somewhat inescapable military character is crystal clear in the project that the military engineer Bonaiuto Lorini included in his collection *Delle Fortificazioni* (see page 26). His aim was to discuss and demonstrate the best solution for Palma, a project that was never built perhaps precisely because of its pronounced military character, but that directly affected the works. This was first and foremost a study of the intersection of the artillery trajectories in defending a bastion, but secondly, the adoption by Lorini of a nonagonal scheme which was reflected in the arrangement of a central piazza with a well overlooked by a cathedral with a basilica-style floor plan. The arrangement of the six piazzas in the outermost band match the three entrance axes protected by barriers and directed toward the innermost band without the possibility of a direct exit into the piazza. The open spaces thus assume the character of reserve defensive places and not that of public and civilian spaces.

Mention has already been made of how the ideal component underlay the history of Palma and has come down to us. But there is also another dimension of the ideal and the related idealization procedure. This is the dimension inherent to the art of printing, which for many centuries since its conception had produced idealized images of architecture and cities. For example, the Palma of Georg Braun *Nova Palmae civitas in patria Foroiuliensi ad mari Adriatici ostium contra Barbarorum incursum à Venetis aedificata ...* (See page 12), a sort of atlas between the real and the imaginary of the cities of the then known world. The imagination in this version includes all the elements and by analogy casts an urban character in Palma in the design of its interior fabric, which is shown in an axonometric view as if already built. Alongside this element of invention, however, the plan is very accurate, showing the correct design of the urban thoroughfares built, and even some small variations to the fortifications. Therefore its documentary value is significant, but equally remarkable is its imaginative potential, which persists even in subsequent derivations of lower quality. Namely, the view by Velagio[5], Faber[6] and the plan of the *Theatrvm* published by Pietro Bertelli in 1599[7]. Here the deterioration in quality leads to an extremely interesting result: the interior layout, imprecise and of poor quality, is represented as a continuous fabric defined only by axes and piazzas which have actually become nine, a fabric which takes an overall circular shape independent of the star-shaped outline of the walls, portions of whose curtain walls having been removed. In this idealized autonomy, we see the contrast of the civilian character – these are still collections of city plans – with the military character. In this way the original derivation, which in this series is subordinate to the civilian character, is reversed. Instead this proposes a different interpretation, almost contemporary, from which emerges instead the prevalence of the military character. Other examples are the plan of Ferrante Rossi[8] (1606), that of Marcello Alessandri[9] (1620), the plan *Palma in Histria*[10] of the De Marchi codex [1602], today attributed to Matteo Neroni Peccioli, and the plan in *Relattione di Palma*[11] [1606 ca.]. The latter in particular is a representation of the progress of the works on the fortifications at the beginning of the 17th century. As well as that of the artillery general Ferrante Rossi which contains copies of the test firings to defend the Villachiara bastion. Instead, Neroni's plan is, in its brevity, extraordinarily symbolic of Palmanova's uncertain destiny after its recent abandonment by the military. This series of representations continues and is consolidated, sometimes through links to the territorial design and although founded on a strategic intent and on real observations, also contains an imaginary component as in the singular view by Matthäus Merian from 1624 (see page 53), where the interior of the city connected to the external moat appears entirely flooded, i.e. devoid of a precise design and dimension, proving that the ideal dimension is never completely absent, even in the field of a functional absolute.

The problem of the actual construction of the city, especially its fortified defensive apparatus, continued in the 18th century when, with the completion of the basic defensive walls, the supplementary works began, and in particular the construction of the lunettes. Dating back to this time is the 1677 plan attributed to Filippo Besset de Verneda, an engineer and a major of the Venetian Republic, who was the main builder of these (see page 55).

As Antonio Manno recalls (in his fine reference text on Palmanova) the purpose of these lunettes was to apply a defence system based on "musket fire range", with the result that the number of points of Palmanova's star was doubled. In this representation, the city is fully defined and shows the status of the construction of the interior layout where only the curtain wall of the central piazza and the axes of the entrances from the gates have been partially completed, the latter ultimately communicating directly with the central hexagon. Together with the general plan there are, again by Verneda, also special designs of the solution proposed for the ravelins, in which Palmanova is represented with only a partial division of its defensive line, i.e. as a real war machine. Similar is the content of the plan by Vincenzo Maria Coronelli[12], an official cosmographer of the Venetian Republic. Both of these maps show that, at the beginning of the 18th century, the construction of civilian Palma was limited to the central piazza and the axes of the gates and, given that they had no importance as yet, the six median piazzas, for the most part merely sketched out. As is also the case in the plan of the *Real Fortezza di Palma* by Giacomo Bresti [1710 ca.] redesigned by an anonymous author around 1720 (see page 45), which must be regarded as a survey for military purposes, but which is highly accurate even in the construction details of the interior. This representation adds to the ground plan the elevations of the main barracks and thus gives a complete picture of the city and of the components of its built environment. Once again, this picture appears is l acking the civilian component since the buildings represented are uniquely military.

The situation of Palmanova changed over the 19th century not through an enrichment of its interior amenities, but through an increase in its external defensive works. On the threshold of the new century, Palma was still substantially a fortress city of great strategic importance and as such subject to representations of a territorial variety. Among the first maps of this series is the *Plan der K.K.: Festung und Stadt Palma New 1798*[13], compiled from a precise instrumental survey by technicians of the Austrian military engineers, and constituting the first modern map of Palmanova. This is echoed by representations of the French military engineers illustrating the external works – desired by Napoleon after the reconquest by French troops commanded by Marshal André Masséna – designed by General François de Chasseloup-Laubat and built by Captain Louis Joseph Felix Laurent. Among these is the *Plan de PalmaNova* from 1806 (see page 56), kept at the Bibliothèque nationale de France, accompanied by many captions on measuring operations and the new works to be built highlighted in yellow, including the bastion barracks, with the addition of the *Place de Palma* in 1807 authored by the division general Léry, commander in chief of the army engineers of the Adige (see page 33), where the accuracy of the ground plan is accompanied by an expressive elevation of the new lunettes. This, together with another plan by the captain of the engineers corps, Saint Laurent[14], from 1809, which allows a closer view but relegates the internal civilian works to second place, give a precise idea of the Napoleonic military works. The city thus came to resemble a real machine, whose internal apparatus was available for varied uses, but always for its general objective as a territorial defensive apparatus. The interior is enclosed by walls that protect it, but that also enclose it almost completely, so that the axes of the main entrances to the central appear to lose strength.

The French presence ended to some extent with the table from 1811 which constitutes the general plan of the Napoleonic land register (see page 57). Given that its design deliberately excluded the military fortification works this representation is clearly the most important testimony of the 19th-century role of Palmanova's civilian buildings. The cadastral site plan outlines the parts of the city never built. Of the Palmanova project only the central piazza was constructed with its cathedral and buildings of its perimeter, the curtain walls of the three axes penetrating from the gates and some other minor axes. The piazzas of the sestieri are still only sketched out and seen as spaces limiting a built environment that proceeded instead from a frontal relationship with the streets. There is nothing here from the late Renaissance or Baroque periods. Much stronger with respect to the geometrical order of the piazzas is the drawing by triangulation of the battlements and ramparts. And yet the lines that sketch out the piazzas show how the presence of a civilian city with its own life, to some extent independent from the military function and also able to form a possible relationship with a utopian dimension, can be even more autonomous.

The maps from the French period follow a series of Austrian military maps that testify to the military occupation that only ended with Italian Unification. This period was closed significantly by the *Geschütz Placirung in der Festung Palma New*[15] wherein the city appears only as its bastioned perimeter along with its artillery as a fortification scheme.

In the series of cartographic representations of Palmanova what emerges then is the variation in time of the relationships between its different identifying, military, civilian and ideal components, of which we can say that its civilian character long and predominantly dependent on the military one, is really intimately connected to the ideal one. In other words, the historical project of Palma, i.e. the continuous construction of this city, becomes in the field of civic architecture the possible embodiment of its ideal, given that the relationship between the military and ideal components substantially concluded with the completion of the related works.

Palmanova as a compositional theme

At the 3rd International Architecture Exhibition of Venice in 1986, , in the section dedicated to projects for the public piazzas of Palmanova, Gianugo Polesello retraced the distinctive characteristics of the urban layout within the military one.

Of this section we recall in particular the models: "Reading Machine, Memory Machine, and Writing Machine", made by a group coordinated by Daniel Libeskind which prompted the public to "Create and interpret architecture in its social, cultural and historical perspective. The three "machines" propose a fundamental reminiscence and a recovery of architecture's historic destiny [...]. They constitute a single project and are interdependent: each forming a starting point in the understanding and operation of the other. [...] They seek to carry out each of the future positions on themselves – thus leaving the present as it is even if moving toward its own past"[16]. The models drew inspiration from the city of Palmanova, from its "urban machine" to produce an idea of an analogous city, understood as an unmarried machine.

In his contribution, Polesello outlined the problem of the war machine of Palmanova in its various adaptations to military techniques. The division into nine parts centred around the piazza serves no real functional purpose. For the Friulan architect, this would be achievable only through the collective use of the six piazzas, which ought to define the city's internal architecture, but which were never built. The incompleteness of these places shows the prevalence of the Palmanova "War Machine" over the "civilian" Palmanova and leads to the choice of limiting civilian uses to a minimum, or even excluding them, so that the fortress could exist. In fact, 'there are no works of architecture in Palmanova that correspond either to the "home" type or the "mansion" type. One of the most important ways to "make" the Renaissance design almost homologous between "civilian" and "military" [...] is to build these places (the 6 piazzas of the *sestieri*) starting from the original ground plan, of which only 2 of the 6 piazzas exist today"[17].

Polesello believed that perhaps not even *Piazza Grande* was complete and may never even have been planned: ""It would be interesting [...] to overturn the architecture's relationship of before and after with respect to the geometry of the layout and show the true meaning of the architecture in the city's communal places (the streets, squares) with respect to the original design"[18].

The failure to realize the piazzas and other typical urban elements should be construed as acts of realism and therefore decidedly anti-utopian, in accordance with the trend highlighted by anti-utopian treatises of the 16th century. In fact, many treatises of that period, including those cited of Lorini from 1596 that contributed to the foundation of Palmanova, "ignored both the scholarly problems of Vitruvian culture and the abstractions of Utopian reformism. The humanistic programme of the secular city of man has now been replaced by the political reality emphasized mercilessly by Machiavelli: the waning of the ideal city is answered by the cynical realism of the "city-machines of defence". [...] By now, it is the military theoretician, and he only who is the new scientist of urban phenomena"[19].

The happy cases of Urbino, Pienza, of the Herculean addition of Ferrara, Milan, Mantua, Rimini, in which a posthumous intervention or addition engaging with a medieval fabric remain in their isolated and unrepeatable ideality. Going against the grain with respect to the eschatology and expectations of the Middle Ages, Humanism reaffirmed the concrete, socially and economically determined character of urban development, and focused on the development of models for the only concrete initiatives of new urban layouts, such as investigations of fortifications and military cities. Palmanova thus enshrined the definitive demise of the ideologies of Humanism, and in subsequent centuries, "architecture, to some extent, must accept a rearguard role here with regard to its urban transformations "[20].

In the present context, the crisis of the military function with the abandonment of its main buildings returns to the centre of the question of the civilian city. It is evident that this characteristic is identical in substance to the overall idea of the city and how we should proceed to a completion of the geometric design of its outline, alongside recoveries and the necessary repurposing, i.e., respond with a fresh approach of development and construction against the risk of abandonment and ruin.

Project elements

In recent times, the theme of Palmanova has resumed Polesello's project for the Venice Biennale of 1985, in an interrogative form, with reference to the absence of characterization of building types, and in particular to the incompleteness of the piazza spaces. Our project responds with an attempt to bring form to the urban morphology through an underlying recourse to a single type of public space. In this scheme, the line is relatively independent from the conditionings of the surrounding area, so that the inside of the various layouts it is the geometry that prevails, so that we can say that these are "geometrical places", construction elements of the civilian city and also signs of the presence of the utopian dimension. The fundamental operation is therefore that of bringing these spaces to their original construction measure: 70 metres per side. This is an operation of recovery and reintegration of the urban design, which makes the form of the city manifest and legible and that precedes any possible functional characterization, as an absolute affirmation of the urban character.

The various maps examined become as many occasions in operational use for the project; starting points for a possible simultaneous construction of Palmanova. To some extent it must be said that the city really needed now is the civilian one, to be built with its elements: churches, convents, houses and apartment blocks.

The design applications choose to carry out this construction through an interpretation of the piazza theme as new gardens.

The piazza as a garden is chosen as the intermediary between the civilian and military cities and as an element of the potential relationship with the ideal city. Moreover, in some way, the choice confirms the long maintained status of the urban kitchen gardens, especially popular behind the curtain walls of the axes and prevalent until the 19th century due to the incomplete construction. Bearing this in mind wherever possible the presence of *Pinus pinea* has been confirmed in many different areas, after verification of stability and the possibility of reintegration. In other areas, the project intends to introduce *Catalpa Speciosa*, a small tree with a nearly spherical crown, to keep the spaces clearly legible and add abundant blossoms in the spring. The project deals with the various issues with this common trend. Constituent parts of the project are some fundamental constants of consolidation and uniformity in the designing of the spaces. In the first place, we find the remains of streets, which divide each space into four different sectors. Then the existence of plants, which, as mentioned, it is possible to reintegrate almost everywhere, primarily, domestic pines planted in geometrical patterns. Following the introduction of courses of Piasentina stone, to mark as far as possible the square outlines of the piazzas and the affixing of cornerstones, as tangible limits to the invasion of vehicular traffic. In addition to the use of these constants, other analogies can be noted with different points of application. In two cases, in Piazza Garibaldi and in Piazza Venezia, the religious building present will be valorized along with their possible relationship with the piazza. In three other cases, we find a loss of urban form due to the erection of incongruous buildings on public land. This raises the question of their removal to be carried out after a public acquisition on completion of the relevant procedure. Then, in the case of the piazza never built in the area of the Ederle barracks, the project has explored both the possible reuse of its buildings, and a possible reconstruction, in order to make the design of the missing piazza clear and obvious. For the piazza of the Ederle Barracks it is planned to use the essence of *Pyrus Calleryana* "Chanticleer", a variety of pear tree of Chinese origins chosen due to its excellent ornamental features which could bring form to this garden piazza.

Notes
1. Barbaro Marcantonio, *Lettera alla Signoria*, Palma, 29 December 1593, A.S.VE, *Sen. Disp. Palma*, F.1, cc.n.n., now in Manno Antonio, *Utopia e politica nell'ideazione e costruzione di Palmanova*, in Ghironi Silvano, Manno Antonio, *Palmanova. Storia, progetti e cartografia urbana (1593-1866)*, Stampe Antiche, Padua 1993, p. 22.
2. The drawing, putatively attributed to Marcantonio Martinego of Villachiara, is kept at the State Archives of Venice; see also Ghironi Silvano, *Piante e vedute di Palmanova*, op. cit., panel no. 3.
3. The drawing is kept at the State Archives of Modena; see also Ghironi Silvano, *Piante e vedute di Palmanova*, op. cit., panel no. 4.
4. See also Ghironi Silvano, *Piante e vedute di Palmanova*, op. cit., panel no. 5.
5. The view by an anonymous author is contained in the *Raccolta di le piv illvstri et famose città di tvtto il mondo*, published by Valegio Francesco, Biblioteca Nazionale Marciana; see also Ghironi Silvano, *Piante e vedute di Palmanova*, op. cit., panel no. 15.
6. The view by an anonymous author was engraved by Johann Faber junior, see Ghironi Silvano, *Piante e vedute di Palmanova*, op. cit., panel no. 17.
7. The plan by an anonymous author is contained in the work *Theatrvm Vrbivm Italicarvm Collectore Peter Patau Bertellio*, published in Venice in 1599 and kept at the Biblioteca Nazionale Marciana; also in Ghironi Silvano, *Piante e vedute di Palmanova*, op. cit., panel no. 16.
8. The drawing is kept at the State Archives of Venice; see also Ghironi Silvano, *Piante e vedute di Palmanova*, op. cit., panel no. 20.
9. The drawing is kept at the Library of the Museo Civico Correr, Venice; see also Ghironi Silvano, *Piante e vedute di Palmanova*, op. cit., panel no. 23.
10. The drawing is kept at the National Library of Florence; see also Ghironi Silvano, *Piante e vedute di Palmanova*, op. cit., panel no. 19.
11. The plan attributed to Ferrante Rossi is kept at the Library of the Museo Civico Correr, Venice; see also Ghironi Silvano, *Piante e vedute di Palmanova*, op. cit., panel no. 21.
12. The engraving is kept at the Biblioteca Nazionale Marciana; see also Ghironi Silvano, *Piante e vedute di Palmanova*, op. cit., panel no. 54.
13. The drawing can be seen in Ghironi Silvano, *Piante e vedute di Palmanova*, op. cit., panel no. 68.
14. The plan is kept at the ISCAG in Rome; see also Ghironi Silvano, *Piante e vedute di Palmanova*, op. cit., panel no. 76
15. The drawing is kept at the Kriegsarchiv of Vienna; see also Ghironi Silvano, *Piante e vedute di Palmanova*, op. cit., panel no. 95.
16. See *Relazione di progetto*, in *Terza Mostra Internazionale di Architettura. Progetto Venezia*, vol. I, Electa Editrice, Edizioni La Biennale di Venezia, Milan, 1985, p. 164.
17. Polesello Gianugo, *Palmanova*, Ibid., p. 155.
18. Ibid.
19. Tafuri Manfredo, *L'architettura dell'umanesimo*, Gius. Laterza & Figli, Bari, 1972, p. 314.
20. Ibid.

The design approach: objectives and divisions

Redevelopment of military brownfields with a view to urban regeneration

In the 1990s, Palmanova saw a progressive abandonment of the urban area by the military, with a consequent economic crisis for the city. This led to depopulation and the decommissioning of 60,000m^2 of military building stock.
Many of the buildings in "Palma" are protected by the Ministry of Cultural Heritage, while for others a contrary procedure has begun to lift this constraint and allow a total makeover.
The buildings in question belong partially to the city of Palmanova and partially to the State, while the bastions are government property – of the War Office. Covering a surface of approximately 1,200,000m^2, they were built from mounds of earth with supporting walls covered by spontaneous vegetation, and feature service buildings, casemates, caponiers, and lunettes, today in a state of progressive decay. Below the bastions, a system of tunnels connects the various military emplacements.
To maintain and secure all these places is very expensive and the costs are shared between the city of Palmanova and the State: there is therefore an urgent need to implement strategies that can enhance and relaunch the city with all of its originality within the Italian and European economic panorama, in order to ensure its survival and conservation.

The design proposals which I have worked on with a research group from the IUAV, coordinated by Professor Armando Dal Fabbro, aim to investigate the theme from the point of view of urban and architectural design, interpreting the city-fortress of Palmanova as a laboratory for the construction of architecture in relation to the form of the city.

An initial operational and design strategy will be developed starting from a clear definition of the proposal's objectives, directed in the first place to the recovery and consolidation of the former Montezemolo, Gamerra and Piave barracks, of the former Ederle Barracks, and more in general to the economic development of Palmanova and its territory – a definition that will be split into different levels for the times and results obtainable.
This analysis is being carried out within the framework of functional hypotheses put forward by the working group according to a multidisciplinary and multi scalar programme, implemented between conservation and innovation, assessing its feasibility, the framework of opportunities, but also of constraints that were taken into account to draft a future strategic feasibility plan.

The fundamental aim of the projects is the preservation of the city which, as we have said, has passed through the transformation of this and of its constituent parts. The nature of the change is therefore fundamental and involves the obligation to build a territorial framework in which the chosen modification can be inserted, providing the best possible

outcome together with the need to identify the specific objectives of a possible repurposing of the city, which, through a precise strategy, can be applied to its parts. The transformation and the whole, in other words, are in the case of Palmanova consubstantial to its care, thereby having a strategic role and as such were considered in the planning process.
The original specific features of Palmanova, in its natural and artificial ground plan conformation, are specialization and security, which can only be experienced today through a similar construction that identifies new strategic functions. Moreover, the readiness to redistribute the urban spaces and barracks of Palmanova really is an opportunity for its revival within the Friuli-Venezia Giulia region and the Middle-European area.

These conservation measures are necessarily far-reaching. For Palmanova, conservation means firstly consolidation of the urban form, in both the proper and the broadest sense, by completing the urban design where parts have been destroyed or are missing or lost. This consolidation originates from a more extensive action in the surrounding area, through a new regional strategy to strengthen and rearrange the transport system to serve "Palma" better and give it an enhanced role as a traffic hub.
However, to be implemented, the consolidation of the urban form must include new urban functions to recover compromised or abandoned parts and confirm the urban design, through work on the open spaces – the six squares of the *sestieri* and the large central Piazza Grande.

With regard to the strategic assumptions, a further worthwhile reflection sees a potential role for Palmanova as a city of an interregional metropolitan type. In this context it will be important to promote a policy that can pinpoint specific issues linked to major functional goals. One of these could be the localization in Palmanova of an inter-University school (for example Venice-IUAV, Udine, Trieste) and a complex of residences linked to it: a system that would not only be morphological, but also social and cultural and would acquire a supranational dimension involving prestigious venues such as Vienna and Ljubljana. If the abandoned barracks complexes were to become the venues for an inter-university macro function, Palmanova could become, as a point of cultural intersection, a driver to revitalize a contextual housing experiment to meet the needs of specific users, linked to the main settlement hypothesis and integrated with the original reasons for settlement.

However, a second possibility could take Palmanova's centrality into account with a reorganization of its shopping streets, exploiting its strategic position as a hub between land and sea, just a short distance from the inland port of San Giorgio di Nogaro, one of the northernmost of southern Europe. Palmanova would thus become both a terrestrial alternative and a potential integration with the seaports of Trieste and Venice. Another important factor is its proximity to the freight terminal at Cervignano del Friuli, close to the Trans-European transport networks. In this event, the architectural experiment could be applied to business facilities in addition to the necessary research into the residential issues that constitute a recurring basis in any case. Palmanova could assume a new executive role, while Cervignano and San Giorgio di Nogaro would retain their current more directly operative roles but enhanced.

Given the objectives to be pursued through a general strategic hypothesis, there is need of specific approaches deriving from the general choices, the nature of the proposed transformations, and also the specific urban characteristics of Palmanova and the nature of its architecture.
The intervention programmes for "Palma" initially began from a reformulation of the relationship with the contemporary situation, through a renewed infrastructure system, to be executed in synergy with the re-launch of new urban and territorial plans.

Ongoing territorial strategies

Before proceeding to a discussion of individual projects, we feel we must mention the framework of interventions envisaged in this territory that would have to be coordinated and joined to the more general work of urban regeneration in Palmanova.
The Regional Transport Infrastructure Plan for mobility of goods and the logistics of Friuli-Venezia-Giulia (2013) is geared to promoting transport planning on the basis of logistics, not only at a regional level but also at supraregional and European levels. Attention will be focused on three important lines of traffic: road and rail east-west from the Balkans and Eastern Europe towards Western Europe and the Iberian Peninsula (the Pan-European Corridor V Lisbon - Kiev) and the north-south axis between Central-Northern Europe, North Africa, and the countries of the Middle East. An objective that is more internal to the region is the realization of the third lane of the A4 motorway that terminates at Sistiana, and then continues uninterruptedly towards Trieste under the classification RA 13. These are important works both for the connection with Central and Eastern Europe and the Mediterranean, and for the connection between the Baltic zone and the Adriatic Sea, an axis with growing traffic and significant numbers in terms of both passengers and goods.
Instead, on a regional scale, it is planned to create a motorway out of the Villesse-Gorizia (A34) which branches off from the A4 motorway in the direction of Gorizia, where it then continues as the Slovenian motorway H4 as far as Ljubljana. In addition to this, it is planned to realize an extension of the Cimpello-Sequals expressway to Gemona del Friuli. The road and motorway infrastructure system which will set Palmanova in a European context, will be matched by upgrading the railway line of the Baltic-Adriatic corridor including the first-grade railway line which passes from Cervignano del Friuli (where there is also a freight terminal) to Palmanova-Udine; this route will effortlessly link the city of Palmanova to the east-west rail trajectory. "Palma" is located just a short distance from the inland port of San Giorgio di Nogaro, one of the northernmost of southern Europe, together with the commercial ports of Trieste, Monfalcone, and Venice.
One sector that is particularly developed is that of the yachting world; the maritime and inland waterway transport could be a great resource for this area, considering the fact that the rivers are navigable, and that ports and landings are present in various localities of the hinterland. This strategy was taken from the transport system of the Venetian Republic which linked the city to the hinterland without great difficulties.
The Friuli-Venezia-Giulia region is also working on the creation of a network of cycle tracks that will cross the Alps to connect Central Europe and the Adriatic Sea (Villach-Trieste) and which will offer an element in the infrastructure supporting sustainable tourism and in a position to conquer increasingly large series of users. Palmanova contributes to this infrastructure with well-structured cycling routes, even if many are still disjointed remains of various sections of cycle paths, which will need to be organized better.

Project themes

One possible strategy to consolidate the urban form is the valorization of the ramparts as an urban park, with the identification of paths that would allow local inhabitants to use it, along with recovery of the underground spaces as a specific architectural theme. In fact, the ramparts and their progressive enlargement have always affected the history of Palmanova, as testified by numerous historical maps that identify new, increasingly effective defensive methods. The projects – only partly realized – of the École de Mézières for the town of Palmanova (1754-1833) were more European than Italian in style, adopting as standard "the modern front", a model for the construction and reconstruction of city walls and external fortifications.

In the case of Palmanova, the succession of fortifications gave life to a town that merges into the landscape, creating a theme of great interest for the study of landscape architecture.

Bearing this in mind, a contemporary look was taken at projects for the recovery of other fortified cities from the 16th century. Remaining on the subject of recovering the ramparts, we might analyse the case of Valletta, Malta, also founded as a military outpost, where the mighty wall system has seen redevelopment and a revitalization of the city's collective spaces. This was done through the construction of hanging gardens, walkways, ephemeral works of architecture that underscore the significant points of the landscape and link the various portions of the city. The walls themselves are also a tool that facilitates mobility inside the city, by housing a road network and car parks. In addition, a panoramic elevator located adjacent to a bastion, accessible from a public garden, links the harbour with the upper city bridging a difference in height of 58 metres. Other similar cases are those of Sabbioneta, the Forte Fortezza at Brixen, or Kufstein, where the original layout paved the way for contemporary valorization projects.

Both strategic assumptions could pursue this urban strategy which would make it possible in both cases to characterize the settlement macro-functions with practical identifying features.

In the projects studied for Palmanova, in particular at the *University Laboratory of New Technologies and the Museum of the Ideal City* and the *Centre of Higher Education and Crafts*, an exploration was also made of the possibility to venture beyond the system of defensive ramparts with a linear path in the form of a bridge that would act as an exhibition venue for a museum of the city and the territory. Starting from the Contarini bulwark, near the Gamerra Barracks, a privileged height was chosen for the bridge that allows enjoyment of the landscape also through vertical links at determined points.

Instead, the project *Architecture and Wine in the Fortress City* exploits, the ramparts and the curtainwalls as a location for informed wine production, supported by a local university system engaged in research and study of the sector.

A second strategy could be applied to the urban space concerning the six squares of the sestieri. These could be the subject of a process of partial redesign, or even be created from scratch to constitute urban focal points for the new Palmanova, to then proceed to resettlement. In both cases, these focal points are fundamental to reoccupy the urban space according to a precise hierarchy. This is an issue which has already been addressed in the third chapter and is mentioned here in passing.

A third strategic level is that of the recovery of the military barracks complexes. This recovery should come about with a common conservative strategy, which could however take different directions due to the diversity of the constructions. This is the level from which building restoration operations can concretely begin.

Two precise intervention areas with different strategies can be identified. The first concerns the former Montezemolo Barracks, near the ramparts between the Aquileia and Cividale gates, which is state-owned and includes: the homonymous barracks from the Venetian era, located near the Aquileia gate, the Napoleonic Gamerra Barracks (bastion barracks) with a masonry structure of unclad Istrian stone ashlars, additional barracks, casemates, storerooms built recently with a masonry structure, and reinforced concrete and steel beams and pillars. This first project area will conclude with the former Piave Barracks of Venetian origin, composed of two nearly identical in-line C-shaped buildings of municipal property. This means conservation and rehabilitation with the insertion of features and elements that complement the original divisions, so as to recreate the relationship between these works of architecture and the city.

The second concerns the Ederle Barracks area, near Porta Cividale, and lying between Piazza Grande and the rampart system. The former Ederle Barracks is a complex of 20th-century buildings which occupies a vast area in the north-west of the city between the central Piazza Grande and the first walls of the Venetian era and is municipal property. It also includes the Filzi Barracks – bastion barracks – built in the 1920s, and the Napoleonic powder magazine. The functional buildings of the barracks are in masonry and the most recent ones have pillars and beams in reinforced concrete to meet the military requirements. The Filzi Barracks and the powder magazine are built with stone ashlars and finished in plaster. The entire area is now in a state of abandonment and is used as a parking lot.

Here it is possible to enhance the experimentation with type and in the hypothesis of the Inter-University Institute, it will be possible to include temporary residences and new constructions that respond to the morphology of the urban fabric and can increase the spaces for social relations.

In both areas of the intervention, great importance will be given to the urban spaces, on which, as we have said, largely depend the characteristics that Palmanova will assume in the near future, a future that will chiefly depend on the quality and effectiveness of the design work being done today.

In general, the projects listed in this chapter show, to different extents, the three strategies described above.

The part of the city occupied by the Montezemolo, Piave and Gamerra Barracks combines the macro-function of university education with various amenities: temporary residences, facilities dedicated to production, commerce and leisure, that activate forms of synergy with both the pole of high culture, and with elements already present in the nearby local and regional communities.

The establishment of a university institution, as an inter-university degree course between the seats of Venice, Udine and Trieste, would ensure maximum compatibility with existing building structures and with the uniqueness of the urban form, and could be divided into various segments: administrative, service, laboratory and residential, also in the case of specialist training courses for students and staff.

This scenario includes the project for the *Centre of Higher Education and Crafts* which would lie around the large square piazza, delimited by the element of the corridor, and elevated with respect to the height of the city. To the south-east of the new piazza the series of labs and the spaces for research have been obtained from the conversion of warehouses and depots. On the opposite side, the *aula magna* (great hall) – represented by the half-sphere – develops into the triangular piazza and overlooks the parking lots and is defined by the 20th-century variation in the design of the city. Here, the Contarini Bastion becomes the head of a bridge that crosses the system of ramparts, whose elevator system links it to the bastions themselves.

The project *The fortress city as a centre for regional food* combines a new centre for research and the dissemination of agricultural products from Friuli with spaces for startups operating in the fields of territorial development and production. These primary functions are given room in the large covered piazza and in environments connected to it, while to the south, along Via delle Milizie, the former garages-cinema and kitchen-refectory are renovated for teaching and study courses in Agronomy of the University of Udine; the historical Montezemolo Barracks is given over to student residences, both thanks to its position near the gate, and for its typological conformation. The university facility is intersected by paths and public spaces that reach the Parco dei Bastioni.

In addition, in order to develop a project characterized by analyses and insights and to assess and monitor the multiple dimensions of the project, the experimentation was further developed by combining design applications with others of territorial marketing and sustainability.

In this context, and on the occasion of a master thesis, an evaluation was made to add an equestrian centre, something linked historically to the military tradition. Stables, an administrative area, a hostel, and a hippotherapy centre can be obtained through reuse of the decommissioned military buildings, while the open spaces have been redesigned as green areas: with a paddock, racing circuits, areas for stabling horses and a water bath for rehabilitation. This is a reconfiguration that extends as far as the park and the ramparts: an urban park with nature trails.

The project *The fortress city as a food and wine centre* proposes development of the site and strengthening of domestic tourism through a food and wine centre with tastings for promotion, sale, research and education related mainly to wine. The long commercial portico and the raised piazza for the market are connective spaces of social life which dialogue with existing linear elements and with the Gamerra Barracks, are spaces repurposed for tastings and the sale of wines and related products This project also considered the possibility of inserting an in-line building in front of the Piave Barracks – repurposed as a school for sommeliers and seat of administrative offices – adjacent to the ramparts, and built from a sequence of portals which, in addition to housing the Resistance Museum of Friuli envisaged by the administration in the historical structure, could contain vertical links and cycle paths to access the ramparts.

Another suggested reuse envisages spaces to promote Friulan wine. The master's thesis project *Topicality of the ideal city: wine production centre* proposes the conversion of most of the pre-existences and the construction of an open-court building characterized by a series of portals. This building, the fulcrum of the project, is placed between the linear buildings ex garages-cinema and kitchen-refectory and the Napoleonic Gamerra Barracks that delimits the eastern side of the bastion piazza. There are also some underground places which evoke the idea of trenches and military bunkers.

This is a work of architecture split over multiple levels, thanks to the presence of a lower piazza which leads to an underground space containing a grand hypostyle hall – a cellar – dedicated to exhibitions by winemakers. The architecture enjoys a relationship and dialogue with the Gamerra Barracks via an underground link which joins the hypostyle hall with the basement rooms of the barracks itself.

Finally, the functions provided as part of the recovery of the barracks range from exhibition/administration areas in the Gamerra Barracks to accommodation facilities in the Montezemolo Barracks, transformed into a hotel and temporary residences.

In general, all the projects pay particular attention to the conservation of the Napoleonic Gamerra Barracks and follow the structuring relationship of the bastions, which determine the proportions and highlight the accesses. The roofing, heavily revamped during the last century, was, consequently, redesigned according to a longitudinal path that allows a continuity in the heights.

In the area occupied by the Former Ederle Barracks, beyond Piazza Grande and near the Cividale gate, where it is possible to experiment more with type, the projects propose the design of a new *sestiere* piazza that would contribute to a re-proposal of the city's 16th-century design.

The desire for the city to become a tourist destination can be found in the project for a *Spa and wellness centre in the city-fortress*, which is divided between open and closed spaces and, most importantly, includes a hotel and a botanical garden, suggesting a dialogue with the park of the city walls. The *sestiere* piazza is defined by the redevelopment of a barracks which partially suggests its footprint and a portico system that defines the limit on the opposite side.

A commercial, housing and assistance scope can be found in the project *A new piazza for Palmanova*, where a shopping centre is located in the 20th-century barracks that defines the northern limit of the Ederle area and the *sestiere* piazza, lying on crossroads, and bordered by a double-level portico system – a place for temporary exhibitions – that connects three buildings given over to social housing.

In the project *City-fortress and multifunctional settlement* the new *sestiere* piazza is the centre of a paratactic composition of elements destined to a market, commerce, an exhibition area and a 400-seat auditorium. In the design shows a building for residences emerges inclined following the line of the Donato district, which expresses the desire to visually and functionally connect the various works of architecture of the *sestiere* and the bastion piazza with the Filzi Barracks. The medical and rehabilitation centre derived from transformations of the barracks in the north of the area is functionally connected to the medical centre for Alzheimer's disease planned for the old hospital buildings beyond the bastion piazza.

In the projects for the Napoleonic Filzi Barracks and the Napoleonic Gamerra Barracks, an operation of a conservative nature has been implemented: in the first case the conversion to a wellness centre introduces the vertical connections inside the curtain wall of the ramparts, thus avoiding demolition of the interiors, in the second and third cases, to accommodate a hostel or a hotel and a restaurant, the vertical connections have been designed inside the structure with the partial demolition of a vaulted environment. The functional destination of the Filzi attic in the different projects is given over to sport and leisure in virtue of its direct connection with the top of the of the rampart curtain walls.

Courses of action

The projects presented, together with a maintenance and conservation plan, propose some important lines of action that have helped to direct the design work towards functional programmes useful to relaunch the city:
- the creation of a cultural and education district on an interregional and international scale;
- the promotion of products and services from local tradition (food, handicrafts).
- the creation of a new offering aimed at tourist reception (accommodation);
- the strengthening of aspects relating to leisure and recreation;

It should be pointed out that the courses of action have not been developed individually by one project but have represented the guiding thread of a more general programme that has systematized synergistic functions from the point of view of their profiles. It is therefore appropriate to promote in the near future a policy that identifies specific issues related to these larger functional goals.

To take a closer look at the scenarios, merely sketched out below, reference should be made to the text by Antonella Faggiani published in this volume in the *Contributions* section entitled *From analysis to project sustainability: a scenario-based approach*.

As a part of the realization of an educational district, there could be a potential role for both local and international universities with which to build a network of alliances and investment in higher education on the part of local businesses. While it can be assumed that the cost of managing the services made available, including equipment maintenance, can be offset by a system of fees to involve – in addition to direct users of the service – also other institutions interested in developing the initiative, including public institutions and authorities. As regards the initial investment (possible purchase, restoration and functional adaptation of the building stock) the study group is convinced that it will be necessary to resort in part to public funding and very much to private patronage. Grants that, in view of the economic dimension, can only be acquired at a European level by endowing Palmanova with high-quality amenities of great international importance.

The second course of action focused on the exploitation of local artisans and food producers and features strong links with university research facilities. The valorization of local products and services is the functional line that has been developed most, also and above all in its relationship with the city, through the design of open spaces and piazzas. The theme of the piazza, whether roofed or open-air, and/or raised has been developed in many different forms as a market, a theatrical space, or a connector of the different parts of the city.

The third course of action has emphasized the multiple forms of the tourist demand. The analyses have shown how the historical and morphological extraordinariness of Palmanova is not matched by an adequate range of accommodation. The functional programme underlying this course of action is based on a twofold aspect: that the tourist demand is in continuous evolution and that the forms of reception are changing. Palmanova must, through the valorization of its barracks, seize the opportunity for a repositioning in the European ranking in this context.
In this light, projects were carried out with a system of functions that range from exhibition/administration areas inside the Gamerra Barracks, to the receptive spaces inside the historical Montezemolo Barracks, transformed into a hotel and, last but not least, the temporary residences envisaged inside the Piave Barracks. It should be noted that in all the proposals the attempt was to define the public space as a place to welcome visitors.

Despite its proximity to generators of potential demand such as Aquileia, the seaside resorts, and an outlet, what emerged from the analyses conducted was the total irrelevance of Palmanova as a tourist attraction. The fourth course of action tackled the redevelopment of the barracks and the large open spaces that distinguish them which could thus represent an opportunity to create urban spaces *intra-moenia*, broadening the characteristics of interest and increasing the number of meeting points for historical-cultural visits. The recovery of the barracks actually leans towards conservation and a repurposing as potential differential elements of the urban offering. In this first direction, various functions have been proposed, all strongly correlated to the existing buildings and spaces. For example, proposals for an experimental equestrian centre or a health spa have been proposed to create activities that can enrich the range of amenities and areas for leisure while expanding the tourist offering.

It goes without saying that the design processes outlined in this chapter can be subject to further integration and an exploration of economic-financial issues, also starting from the analysis developed in the project's economic assessment[1] for the finding and use of resources necessary to achieve them. The work will be carried out with the necessary operational involvement of experts in the business of cultural assets, architectural restoration and city planning. The possibilities for inclusion in European, national and regional funding programmes will be examined, and also, and especially, the availability of private capital from large, medium and small investors, both external and local, to employ, in accompaniment or exclusively, as start-ups and/or various strategic moments and points for the implementation of the programme. The different origin and nature of the financial contributions can be used to the best advantage, with differentiated uses, to ensure the expected return as well as maximization of their economic impact on the territory at different times.

The proposed functionalization, which involves the development of specific insights, would be nothing in the field of architecture if there were no references to the project design, with identification of forms and specific typological solutions. The figures and elements that take shape in the projects are often recurrent. Among these, the square and the triangle for the piazzas, which are envisaged as a reintegration of the *sestieri*, as their variation, or as a completion of the city blocks. The line, the portico, and the arch have been chosen for the corridor that delimits the public spaces, integrates the compositions, and connects the different parts of the plan. A linear element which, in some projects, extends outside, everting the figurative and functional heightening towards the surrounding territory.

Note
1. The functions of the feasibility projects, the institutions involved, the investment costs for the recovery of the artefacts, and the task management, were analysed during an economic assessment of the project at the Integrated Design Workshop 3, IUAV, Professor A. Faggiani.

From decommissioning to valorization

Restoration of the urban form in conserving the Gamerra and Filzi barracks

Sara Di Resta, Giorgio Danesi

Addressing the repurposing of the decommissioned military heritage at Palmanova means looking at possible forms of conservation and exploitation of a monumental urban structure where the individual buildings represent the lexicon of a more complex text. A heterogeneous and polysemic legacy, whose fate is closely tied up with the preparation of a far-sighted, cohesive, unitary plan.

An ideal project interrupted, Palmanova is a blend of history, memory and landscape that today is facing the reality of urban emptinesses and abandoned areas, city parts that are unfinished or neglected, which document betrayal of the function that those very places generated.

A first grand plan to decommission military sites characterized Italy as a whole immediately after Unification. A progressive abandonment which, at that stage, predominantly involved the city walls and the neighbouring zones: "their defensive function having failed – effectively defined as the 'dissolving of the boundaries' of the historical city – [this process] accompanied and encouraged the radical change in the urban and territorial physiognomy across Europe"[1]. The permanent abandonment of the barracks of Palmanova instead dates back to the 1990s, a period when the Control and Transmissions department of the military engineers, and the command of the "Genoa Cavalleria" regiment of the Italian Army began the systematic decommissioning of buildings and sites considered redundant, obsolete, and costly in terms of ordinary and extraordinary management.

Decommissioned military sites represent new cultural material which it is still difficult to find suitable answers for. For these reasons, entering into a new system of values and functions objects which, over time, have systematically lost the reason and philosophy for which were built, means focusing on and understanding different contexts linked by a common origin and destiny, and reactivating the relationships that these sites weave with the city.

A national monument since 1960[2], Palmanova now finds itself having to manage the results of its 7km of ramparts being recognized as a UNESCO Heritage Site[3]. In spite of this, in the 20th century, the city grew outside its walls, and proposals and answers arose for the active protection of a fortified landscape whose signs are perceived in episodes but whose general meaning no one can grasp, except from the air.

The study of the Napoleonic army barracks, in a wider context of analyses of decommissioned military areas of the city, offers the opportunity to broaden the perspective of conservation and valorization from the architectural scale to that of the environment and the landscape. The issues which have emerged define a scope that firmly binds research and teaching, in a path that tackles the challenge to outline concrete strategies for the fate of these sites. (SDR)

The role of the barracks in the Napoleonic *facies* of Palmanova

In March 1797 the French troops led by Napoleon Bonaparte arrived in the Friuli region involving the area in conflicts that would afflict Europe for the next twenty years[4].

The Napoleonic *facies* of Palmanova would have coincided with the enlargement of its extension through the construction of a third city wall, the so-called *Enceinte Napoléon*[5]. The Napoleonic choices first addressed the technological updating of the existing Venetian fortifications through necessary adaptations to the new demands of war[6]. In addition to the construction of new powder magazines and structures today known as the "French lunettes"[7], the strengthening of defensive lines led to the building of three barracks in line with the Bastions[8]. The three buildings, which join the so-called "gorges of the bastions" from curtain wall to curtain wall, are still inserted today in the design of Palmanova as segments of a union between the inclined planes of the ramparts, made for the trajectories of projectiles[9].

The three barracks – known as Montesanto, Gamerra and Filzi[10] – derive from one model designed between 1808 and 1813[11] under the supervision of General Chasseloup and built by Captain Louis Joseph Felix Laurent[12]. The drawings preserved in the Central Archives of Military Engineering in Rome[13] provide suggestions on the possible original configuration of the buildings, today partially obscured by the transformations that have taken place over the last two centuries.

The three barracks therefore represent variations on a single project, while remaining distinct from the specific nature that characterizes the individual buildings and that will be considered in the course of our description. The study does not instead look into the story of the third Napoleonic barracks, known as Montesanto, affected by heavy restructuring measures in 1993[14] and currently granted in use to private individuals. [GD]

The project, construction, transformations

The central objective in the construction of the barracks lay in Napoleon's desire to close the gorges of the ramparts, to create "internal trenches"[15]. The buildings' layout included alignment of the barracks with the axes of the earthworks which the two short sides of the buildings back onto. The two main prospectuses remain free, give rhythm by nine modules, each of which is marked by three openings. The exception is the central module, which has the function of a filter and of the passage on the ground floor between the front and the back of the building, which is marked by a wide lowered arch. The symmetry of the perspectives is reflected in the modularity of the indoor environments, divided by partitions which are perpendicular to the façade and connected by a pattern of openings arranged on the major axis of the building.

The Gamerra barracks, like the model represented in the 1812 drawings, features two turrets at the sides provided with slits, a feature not found in the Filzi barracks, consisting of a single volume grafted seamlessly into the bastion. Analyses of the archive sources suggests that the basement floor must have been accessible from the outside through a staircase made of two symmetrical ramps. This correspondence is lost today: the Filzi barracks presents a single ramp of stairs, while the Gamerra barracks is equipped with four ramps dug into the embankment in line with the main façade. From the project drawings it is possible to deduce that the basement was occupied by rooms featuring the ovens necessary to sustain the garrison[16], with environments that are interconnected by a corridor behind the rear façade.

Further distinguishing element of the two buildings lies in the systems to access the upper floors: for the Filzi barracks a balcony in wood and iron was made accessible via two lateral stairways in stone, while for the Gamerra barracks the soldiers were forbidden to access the first floor directly from the outside. The floors originally used for dormitories are connected by an internal staircase positioned in the central module. In the Filzi barracks this characteristic is missing with the positioning of the stairway in the first module to the west of the entrance.

The structure of the barracks is constituted by load-bearing walls which – on the basis of a comparison between finished artefacts and the contents of the relevant treatises[17] – were conceivably built with a mixed core of roughly-hewn stones. The cladding instead consists of perfectly squared blocks of limestone with joints of mortar based on lime of an extremely reduced thickness. As seen from some gaps in the internal plaster, the vaults of the lower floors are made from brick. The vaulted structures placed between the first and second floor are instead made with ashlars in roughly-hewn stone, on top of which there is some backfill more than a metre thick containing earth and waste materials. The great thickness was due to the need to defend the barracks in the case of attacks from above, increasing the resistance to bombardments[18]. Right from their original configuration, the barracks have shown a further typological characteristic in the choices defining the roof system: from the point of view of distribution, the top floor is always disconnected from the underlying ones, since it is only accessible from the top of the ramparts. The archive documentation shows a model with a wooden roof resting on the underlying vault. The role of the wooden structure, irrelevant for the purposes of defence in times of war, was to protect the vaults from atmospheric agents, increasing their durability. Over time the roofs were progressively replaced. In fact, in our own days, none of the Napoleonic army barracks of Palmanova has its original wooden frame. In the case of the Filzi barracks, the roof was replaced during the 20th century with a structure of masonry arches and wooden struts. In the Gamerra barracks, presumably between the 1930s and '60s, the roof was instead replaced with an "SAP": a system consisting of reinforced brick joists assembled on-site by inserting reinforcing bars into sockets created in the brickwork and sealed with cement mortar.

Over the course of the 20th century the barracks suffered further transformations due to variations in the intended use that resulted in substantial internal subdivisions and the insertion, frequently makeshift, of plumbing and electricity systems.

The history of the transformations of the barracks began immediately after their construction: in 1814, at the end of the Napoleonic wars, the Austrians occupied the city again, causing the first change in use[19]. The Filzi barracks was transformed into a prison in 1856[20] while, starting from 1853, the ground floor of the Gamerra barracks was used as stables. Only after 1866[21] did the defensive works pass from Austria to Italy, resulting in a first phase of abandonment[22]. During the First World War Palmanova became a centre of sorting and replenishment for the front line located along the Isonzo river[23]. In this period, both barracks were used as ammunition depots[24].

Between the second post-war period and the early nineties the Gamerra barracks was occupied by the Control and Transmissions department of the military engineers, while, from 1947 to 1992, the Filzi was the headquarters of the "Genoa Cavalleria" regiment. Despite the deterioration of the surfaces, on the façade of the Filzi barracks even the regiment's motto still stands out in yellow letters: "*Soit à pied soit à cheval mon honneur est sans égal*"[25]. [GD]

Planning the conservation of the abandoned sites

Reconnecting the themes of conservation with those of the urban project constitutes a key aspect of the potential reuse of the barracks at Palmanova[26]. Hinging on the bastion system and an integral part of the abandoned urban areas, these works of architecture, starting from strategies dedicated to getting to know them, have been the subject of studies that demanded a continuous alternation between the architectural and urban scales.

The restoration of the barracks was seen as a driver to reactivate fragments of the city. An archaeological approach performed on the near past and oriented to extract "from inanimate property, in a deep deadly sleep, the vital potential that could awaken it"[27].

The conservation and valorization of these sites, a clear expression of the process to extend the concept of cultural heritage involved in our historical period, helps preserve the memory of the territory and at the same time, promotes the development of culture[28]. Strategies and procedures to achieve these objectives are a substantial part of the character that the project proposal must adopt in respect of this heritage: a design that requires a mediation of culture and science and that, as such, must be backed by a knowledge of the subject, its material aspect, and its meanings. From learning to interpreting the latter, bringing them into the present.

A first aspect of the interventions outlined means combating the degradation caused by prolonged abandonment. Large portions of the barracks are enveloped by weeds and affected by further phenomena of a biological nature which magnify their integral belonging to a system in which natural and anthropogenic aspects have coexisted since the creation of these buildings. Defining the of intervention strategies and consistently tracing their limits is a part of the educational path for students. Outlining new characteristics that can help trace the identity of these objects, to be able to distinguish between the signs that document the story of these works of architecture from the degradation phenomena that jeopardize their permanence, is an aspect of the course undertaken. The fragility of these mighty austere buildings does not lie in the construction characteristics – they were designed to resist the force of gravity and that of fire[29] – but in the rigid sequential reiteration of their small rooms and the poor accessibility, which constitute apparent barriers to their use. The proposed measures follow the criteria of adaptive reuse[30], matching the choice of appropriate uses that can protect the material and immaterial value of these works of architecture and their characteristics of authenticity. It is in this context that the capacity to govern the relationship between "old" and "new" has constituted a decisive aspect in proposals in which the compatibility of the materials and techniques used appears at the centre of a responsible action that enhances the object without abusing it.

As part of the architectural heritage, the barracks are an expression of a collective cultural identity that has evolved over time, and as such they require strategies that can also respond to contemporary needs when it comes to safety, accessibility, and comfort: the objective in this case being to facilitate a public use compatible with the conservation.

A high-quality project dedicated to historical pre-existences refuses the application of *a priori* schemes. On the contrary, it makes cognitive activity the tool that directs, governs and promotes methods and strategies geared to returning these objects to use and collective attention.

By actualizing the lesson which has come down to us from the ancient landscapes[31] in which the form, function and idea of societies merge in the portions with which man affects the territory, the reuse of the barracks can also be configured as a tool to improve the physical and social contexts that are generated and develop around the recovery of the abandoned areas. In this scenario the proposal of new features, developed by fusing the real demand of the market with the safeguarding of the buildings is geared to returning these places to the community, orienting the choices towards the enhancement of the very best local food and wine, education and leisure time activities.

The challenge is to imagine scenarios where the safeguarding processes are integrated with those of valorization, and in which the links between the strategies of promotion and the local development processes contribute to drawing a perimeter of balance between conservation and transformation, crucial issues for the future of the two buildings, but also for that of the city. [SDR]

Structural restoration of the city-fortress of Palmanova: some peculiarities

Paolo Foraboschi

Research on urban regeneration and on the repurposing of Palmanova has been developed in an interdisciplinary manner, with the integrated contribution of composition, history, restoration, economics and structures. Integration has characterized the whole of the research, starting from a preliminary analysis of the urban space and the built environment geared to interpreting the architecture and to determining how the urban layout and the individual structures are correlated to the value and meaning of Palmanova's architecture.

This preliminary analysis brought out some peculiarities which all the activities had to fall into line with, independently of the new features it is intended to endow Palmanova with. Here we illustrate the peculiarities identified and refer to how they have been dealt with in the structural restoration.

The built environment of Palmanova is composed of two systems dramatically distinct from the point of view of construction: the war machine and the civil machine.

The war machine consists of a fortified system, made up of numerous barracks (Renaissance, Venetian and Napoleonic), plus buildings of use to the barracks (stores, warehouses, sheds) and by three bastions of the defensive walls (supporting embankments and walls, ditches and moats, dry or containing water, ravelins or half-moons, doors and gates, various placements and ramparts, casemates and caponiers, plus many tunnels and underground passages).

The structures of the barracks are exclusively in masonry: the cladding and the vaults. The only exception is the roof, which is wooden (but not original) or in brick and cement (this too replacing the original building), since its role was to protect the underlying vault from atmospheric agents, while the protection from acts of war was provided by this vault, of great thickness and of excellent construction quality (like a helmet).

Generally, the vertical structures of the barracks are in stone masonry and the vaults are in stone or brick. In particular, the Napoleonic barracks of the bastions, which in this research have been the subject of investigation on-site and in assays are ashlars in Istrian stone or facing in squared blocks of limestone with a mixed core of roughly-hewn stones, while the vaults are brick on the lower floors and stone on the upper floors.

The bearing capacity of a masonry wall is produced by the loads and not by the strength of the material (as is the case of reinforced concrete, steel, or wood); therefore, it is only reduced if the construction loses mass. The typical case is when the roof and the wooden floors degrade to the point of collapsing, resulting in a reduction of the vertical load applied to the masonry walls (in addition to the loss of the connections), which result in a reduction of the lift to horizontal thrust. In fact, the most vulnerable masonry is found in archaeological ruins.

In summary, the mechanics of masonry walls coincides with their geometry. Consequently, a masonry construction whose geometry remains unchanged over time is not subject to any significant form of structural degradation or ageing. Since in a masonry construction the only components subject to degradation and ageing are the wooden structures, the masonry structures see a reduction in bearing capacity only after the collapse of any wooden parts.

Notes

1. Fiorino Donatella Rita, *Nota introduttiva*, in Damiani Giovanna, Fiorino Donatella Rita (ed.), *Military landscapes: scenari per il futuro del patrimonio militare*, Skira, Milan, 2017, p. 51.
2. With Presidential Decree no. 972 of 21 July 1960, the President of the Republic, Giovanni Gronchi decreed the Fortress of Palmanova a national monument: "Given the opportunity that the Fortress of Palmanova (Udine) is conserved and made known to the Nation for its remarkable historical and artistic interest, since the complex constitutes a prototype of the bulwarks of the modern era, linked to the memory of the heroic campaigns carried out by the Venetian Republic against the Austrians, Turks and French, as well as to the memory of the first war for Italian independence."
3. The recognition on the part of the UNESCO World Heritage Committee, whose iter concluded in July 2017, inserted the bastions of Palmanova within a broader context of protection dedicated to "Works of Venetian defence realized between the 15th and 17th centuries" involving Italy, Croatia and Montenegro. The rampart fortifications were of course already subject to protection by ongoing national legislation pursuant to Legislative Decree No. 42/2004 "Cultural Heritage Code".
4. Foramitti Paolo (ed.), *Le fortificazioni napoleoniche in Friuli: Palmanova*, Savorgnani, Palmanova 1997, p. 7.
5. See Pavan Gino (ed.), *Palmanova fortezza d'Europa 1593-1993*, Venice, Marsilio, 1993, p. 120.
6. Fara Amelio, *Napoleone architetto nelle città della guerra in Italia*, L.S. Olschki, Florence, 2006, p. 124.
7. Ibid., p. 127.
8. Valiante Jesu Teresa (ed.), *Le mura di Palmanova: itinerario storico, architettonico, paesaggistico*, Italia Nostra, Udine, 2001, p. 109.
9. Ibid., p. 114.
10. The Montesanto barracks is located in the Grimani Bastion, in the Napoleonic era named bastion no. 9, the Gamerra barracks in the Contarini bastion (no. 5) and, finally, the Filzi barracks in the Donato bastion (no. 2).
11. Fara Amelio, *op. cit.*, p. 131.
12. Prelli Alberto, *L'Enceinte Napoleon*, in Foramitti Paolo (ed.), *op. cit.*, p. 17.
13. The maps pertaining to the fortifications of the Napoleonic era in Palmanova are kept at the Central Archives of Military Engineering in Rome at the ISCAG.
14. See Valiante Jesu Teresa (ed.), *op. cit.*, p. 109.
15. The studies by Amelio Fara describe the construction of the foundations of the barracks in coincidence with the troughs of each bastion as part of a wider project of integrating the defensive systems of Palmanova, interrupted before its completion. See Fara Amelio, *op. cit.*, p. 131.
16. Pavan Gino (ed.), *op. cit.*, p. 130.
17. On the techniques to construct defensive buildings in the 19th century see: Rondelet Jean-Baptist, *Traité théorique et pratique de l'art de bâtir*, Firmin-Didot, 1802-1817; Ditri Federica, Silva Maria Pia, Tubi Norberto, *Gli edifici in pietra*, Sistemi editoriali, 2009. On vaulted structures, see: Breymann Gustav Adolf, *Archi, volte, cupole*, Dedalo, 2003 (from *Trattato di Costruzioni Civili*, Stuttgart, 1885). See also: Koening Giovanni Klaus, Furiozzi Biagio, Fanelli Giovanni, *La tecnologia delle costruzioni*, Le Monnier, 2002.
18. Fara Amelio, *op. cit.*, p. 131.
19. See Di Sopra Luciano, *Palmanova. Analisi di una città-fortezza*, Electa, Milan, 1983, p. 16.
20. ISCAG, Fm, 38. See Fara Amelio, *op. cit.*, p. 131.
21. Year when Palmanova was annexed to the Kingdom of Italy.
22. Di Sopra Luciano, *op. cit.*, p. 9.
23. Valiante Jesu Teresa (ed.), *op. cit.*, p. 18.
24. Pavan Gino (ed.), *op. cit.*, p. 128. See also the map drawn up by the Department of Fortifications of Udine, ISCAG, cat. FT 26/B no. 1872.
25. "Whether on foot or on horseback my honour has no equal".
26. The Friuli Venezia Giulia region contains 428 military sites in disuse, 198 of which have been transferred by the State Property Office to the Municipalities. Source: Micheluz Daniele, inchiesta *Siti militari*, "Il Friuli", 28 June 2013, pp. 24-25.
27. Carandini Andrea, *La forza del contesto*, Laterza, Bari 2017, Kindle position 2535.
28. See Leg. Dec. 42/2004 "Code of Cultural Heritage and Landscape", art. 2.
29. Di Sopra Luciano, *Azioni dall'alto*, in Di Sopra Luciano, *op. cit.*, pp. 41-42.
30. See Fiorani Donatella, Kealy Loughlin, Musso Stefano Francesco (eds.), *Restoration/Adaptation. Keeping alive the spirit of the place. Adaptive reuse of heritage with symbolic value*, EAAE, no. 65, Hasselt, 2017.
31. See Settis Salvatore, *Man and Nature. La lezione dei paesaggi antichi*, in Settis Salvatore, *Architettura e democrazia. Paesaggio, città, diritti civili*, Einaudi, Turin, 2017, pp. 29-30.

The unique wooden structures of the barracks at Palmanova are those of some roofs, which however represent marginal masses and are anyway isolated from the general structural system. With the result that the structural condition of the barracks has remained as it was at the beginning, which was excellent.

A common masonry building suffers from seismic action, since the masonry has a poor resistance to traction, so that the walls do not tolerate normal forces having an eccentricity greater than half the thickness. For the standard thicknesses of the walls of a common building, even relatively modest horizontal actions can result in a deviation of the resultant force, causing the collapse of the structure.

A barracks is however not a common building: it must stand up to acts of war, in particular to heavy gunfire. The actions produced by cannon shots are of a different nature from seismic actions (the former localized forces, the latter ground movements). In the final analysis, however, these are still equivalent horizontal forces. In fact, the masonry structures of a barracks are realized with great thickness, so that the horizontal forces needed to determine a deviation of the resultant force in the wall are correspondingly high. Consequently, providing a construction with the capacity to withstand gunfire means also endowing it with seismic capacity.

As a logical consequence, the status quo of the Palmanova barracks ensures seismic as well as static safety, with huge safety margins just as the three circles of ramparts guarantee.

The only structural deficiency recorded was in some roofs, however these can be remedied without particular difficulties. Indeed, the shortcomings of the roofs offered an opportunity to reshape the loft space, repurposing it.

At the same time, the barracks do not really lend themselves to modifications and additions, given the rigid architectural design and the great thickness of the fabric. The only areas where the repurposing project can find a certain freedom of action are precisely the aforementioned volumes above the vault system, since the walls stop at the impost, leaving the loft area free from constraints. That aside, the repurposing project has very limited room for manoeuvre. Incidentally, the attics of the bastion barracks, at the same level as the embankments were often used as stables.

On the other hand, any repurposing must anticipate changes and additions: if it is true that it is possible to conceive repurposing that the existing plan might provide spaces for with a few adjustments, it is equally true that we do need new accommodating spaces. For example, we need to create systems for vertical lifts *ex-novo*.

To this end, the research has explored both internal solutions that include demolitions and reconstructions (openings made in walls and vaults, with structural elements *ex-novo* to compensate for the parts eliminated, in some cases with co-acting systems), and external solutions (architecturally related to the pre-existing, but joined structurally).

The structures of the buildings used as barracks are both in masonry, sometimes with horizontal wooden or reinforced concrete structures, and with frameworks of reinforced concrete or steel. These buildings have been treated in the same way as the buildings belonging to the civil machine, since they do not have those constructive peculiarities of the barracks and the elements making up the ramparts.

With the exception however of the metal frameworks included in the buildings for the barracks, which instead demanded special attention since they also represent one peculiarity. In fact these are structures in themselves very poor, but which constitute an integral part of the city-fortress of Palmanova's war machine. Consequently, the conservation of that involves the conservation of these; all of this, however, with commensurate burdens. However, these metal frameworks are statically undersized pursuant to the current regulations, even ignoring the seismic ones; in addition to the lack of bracing and the degradation due to the corrosion of the steel. Securing them could therefore prove costly. The result is a typical problem of restoration of minor works.

This problem can be solved either with the building of the pylons *ex-novo*, to support the existing pylons, or by divesting the existing metal trestles from a structural function and keeping them in the state of archaeological ruins. Both inexpensive solutions, even the first.

The civil machine is such in the etymological sense of the word. These are the buildings necessary for the civilian functions that the city still had to guarantee, even if the war machine prevailed over the civil machine, so that the former minimized the latter. No houses and mansions, therefore, but civil artefacts of a modest architectural quality. However, the buildings making up the civil machine are arranged with a serial nature and a ground plan which give rise to an urban plan of cultural value in which the emptinesses have as much importance as the fullnesses. With the result that the preservation of Palmanova passes via the preservation of the civil machine and therefore the preservation of each civil building relates both to the specific dimension of the artefact and the urban dimension. However, considering means proportionate to the architectural quality, the restoration of the artefact justifies costs that are no more than moderate. Hence another peculiarity: the structural restoration must maintain the urban plan including the conception of 'ideal city', working on artefacts of modest quality. To which must be added that Palmanova demands to be appreciated and repurposed, given that, with the decommissioning of the military buildings that began in the seventies, the city-fortress has lost its primary raison d'être. Here too, it is a question of peculiarities that the structural restoration had to adequately consider.

The civil constructions have an almost two-pronged structural condition compared to the barracks: the seismic safety is considerably lower than that requested for a new construction and the static safety is mostly quite sufficient.

One solution found was to equip the constructions in brick or reinforced concrete with external dividing walls in masonry, an exoskeleton in reinforced masonry: a brand-new armature applied to the existing external walls. The armature to consist of strips in a composite of carbon fibres embedded in epoxy resin. The strips are glued to the cladding of the building and, having a thickness less than one millimetre, are then hidden within the plaster. This technique achieves a casing in reinforced masonry, that endows the artefact with the necessary static and seismic capacity, without modifying its physiognomy and character. All at a very modest cost.

This technique resolves almost all the situations, since almost all the existing buildings have been plastered. In the cases of buildings that are not plastered (unclad) or where it was preferred to leave the intervention readable, the research explored alternative solutions (strips in composite do not lend themselves to being left in plain sight; not so much for protection from fire or other agents, but for aesthetic reasons). Among the techniques used for the latter purpose: the replacement of the internal masonry or dividing walls with reinforced masonry or concrete.

Another peculiarity encountered is the incompleteness of the Palmanova project. Research on urban restoration and the repurposing of the city-fortress of Palmanova explored the completion of the urban design, analysing the parts that are missing, lost or destroyed, with the objective of consolidating the urban form and repurposing the city.

The parties for completion and integration were defined not only considering the artefacts required to complete the new functions which the city may be intended for, but also based on criteria of compatibility, contemplating the value of the existing, respecting the relationship between old and new, and proposing transformations consistent with the history and architecture of Palmanova, in particular with the fact that its forms and the urban plan were dictated by military reasons.

The research focusing on the building of new artefacts inside Palmanova led to an unexpected result: the artefacts that meet the criteria mentioned above imply special structures, in particular of a great span. Emblematic cases of new constructions to complete Palmanova and also provide an opportunity for a relaunch are the covered square and the underground plaza.

An ideal solution identified to roof the squares was a composite steel and concrete structure. In particular, a structural solution that is extremely efficient and appropriate is the structure formed by sheets of steel, connectors and concrete casting. This is a solution which, if not totally innovative, is at any rate used below its potential. In fact, professional practice only employs composite structures in special cases (in general for bridges), while they are an optimal solution also in many other cases. But above all, both metalwork and the sector of composite structures rarely uses sheet steel, preferring extruded sections (standard procedure considers that sheet steel belongs to naval engineering and so uses only beams).

On the contrary, the sheet metal solution, with thick plates, welded connectors in the form of pins or bars, and overlying cast reinforced concrete has proved invaluable, allowing very large spans without the need for intermediate pillars: real covered squares, in that they are free from constraints. The cost of the steel needed is certainly high, but is offset by the reduction in manufacturing costs, since the sheet metal system requires few section dividers, hence an on-site service that is not particularly expensive; while also automatically providing the formwork for the concrete casting.

Among the peculiarities encountered in the activities aimed at structural restoration there is the relationship, the bond, that the city of Palmanova has with the city of Venice. Much has been said and written on this relationship in terms of urban form.

What has almost never been observed is a basic analogy. Both Venice and Palmanova were the only construction answer possible for their *raison d'être*.

The *raison d'être* of Venice is that of a city built on the Venetian lagoon: the foundations and the base had to tolerate the brackish water, because the tide cycles are long; the buildings needed to load the ground with weights that were no more than moderate, since the soil, even if compacted by the stakes, has a low bearing capacity; the soil had to be densely built up, since the population of Venice soon became numerous. The architecture of Venice is the mere and only answer to these problems. Another Venice would have been impossible. The buildings of Venice are not "on the lagoon" but "of the lagoon". Speaking of architectural styles would make no sense in the case of Venice.

The *raison d'être* of Palmanova was that of a city-fortress: the city had to be able to tolerate the most violent acts of war, in particular cannon fire, while in the case of an attack the barracks would represented only the last shelter, where the first defence was to be given by the entire city; the buildings were not to emerge above the ramparts, since the city was not supposed to be visible from the outside; the urban plan should be devoid of points of reference (uniform, especially in the annular direction, hence the axial-symmetrical plan), so that anyone who had passed the defensive ramparts would find difficulties in orientation and location in advancing through the city.

Venice tackled an event that was unique in the world: to build a city in a lagoon environment. Its planners and builders therefore had to conceive an *ad hoc* system, since the construction techniques used on the mainland would not have worked on the lagoon. The Venetians invented an original constructive system, of immense cultural value, which has worked perfectly (the buildings have degraded above all in recent decades, due to the rise in average sea level).

Palmanova faced a typical case: to provide a defensive system. Nonetheless, an atypical solution was proposed: an entire city-fortress rather than a simple system of barracks. Its planners and builders realized individual buildings, in particular the barracks, by using precious handbooks, since military engineering was of a high standard and well codified; whereas, as regards the urban system, they had to conceive an original solution, since they had few references. The solution found is of great cultural value and as such must be preserved.

At the same time, the peculiarity of the solution found reverberates in the structural activities: the conservation of Palmanova involves an urban dimension of structural restoration.

From analysis to project sustainability

A scenario-based approach

Antonella Faggiani

The sign is anticipated by thought and by questions. For this reason, the research wondered whether, in the case of Palmanova, the sheer number of decommissioned buildings, the suggestions and connotations that the urban military landscape in its state of abandonment and disuse evokes, were sufficient conditions to inspire effective regeneration operations.

Beyond a general willingness on the part of the community and the need, on the part of the property, to exploit a large piece of currently underused real estate, it is helpful to ask whether the architectural choices relating to the former barracks, future containers of both public and private functions, are elements strong enough to bear the activation of social and economic dynamics for a successful temporary or permanent regeneration.

In a nutshell, these questions represent some of the themes brought to our attention both in the context of research and in the educational activities conducted at the laboratory of the master's degree design workshop 3 on the new and the ancient, with reference to the consolidated historical urban core of Palmanova within its ramparts and certain urban statements, viz. the former Montezemolo, Gamerra and Piave barracks and the Former Ederle Barracks.

The structure of Palmanova, the legacy of its military buildings, and the fortified walls emphasize its role as a *cultural system* of primary interest: it is no coincidence that recently the site has been added to the UNESCO Serial Transnational World Heritage properties nominated "Venetian Works of Defence between the 16th and 17th Centuries: Mainland Domains – Western Domains of the Sea" and consisting of six structures in Italy, Croatia and Montenegro. This additional recognition lays further emphasis on the need for a vision that can launch the production and distribution of cultural services by leveraging widely recognized relationships between the cultural dimension and economic and social development in its individual and collective, material and immaterial significance.

In this perspective, rethinking and systematizing the areas of the city being researched meant managing the complexity that characterizes the themes and instruments needed to decide, design, manage and implement the transformation, recovery and regeneration of these sites. Even taking a certain schematization for granted, this complexity can be pigeonholed in three areas: the complexity of the functions, that of the subjects at stake, and that of the resources.

The complexity of the functions refers both to the procedures to locate the public and private functions with regard to the research and identification of the successful uses of the places. Tackling the complexity related to the functions means understanding the existing relationships and predicting future ones among the places, the customs and modes to produce goods and services, the people and the generations, the forms of communication. The elements that characterize successful operations for the relaunching of the problematic municipal areas and the projects to transform and redevelop important areas of the city begin from these considerations: the search for a new urban quality through a recapitalization of the city and the promotion of synergistic and coordinated public and private works and interventions must represent one of the objectives of the decision-making process to support the implementation of the project to valorize and relaunch Palmanova.

The second dimension of complexity lies in the interventions in an existing consolidated city, characterized by a variegated ownership structure and by the presence, as in the case of Palmanova, of an important legacy of historical public value. The new financial/economic configurations, the passage from the economy of industrial production to the digital, the innovations that characterize the property market open up to the definition of actors involved in the redevelopment and potentially interested in taking part. These are the subjects linked to the status quo of the areas and buildings (owners and users), to their transformations and after-care (owners, the public decision-maker, investors, actuators, and managers), in a circular perspective where they can act through the urban and architectural project with skill and creativity, based on the objectives they bear, whether public or private.

Finally, the complexity of the subject and functions also refers to the complexity of the financial resources and investment on the part of public and private stakeholders, their methods of sourcing to contribute to the execution of the interventions, to the multiplicity of channels of financing that it is possible to activate from time to time with awareness of the constraints of the economic and financial budget that compel operators to make efficient choices that are sustainable in the long term.

The project therefore represents the outcome of a decision-making process subtended to an identification of the uses and functions of the forms of the architecture and its implementation and management which must represent a positive game for the persons involved. In this light, Palmanova constitutes an occasion to reflect on the role of public and private partnership, where the recovery of the barracks represents, among the public goals, the primer necessary for the operation and participation of the private sector in the planning and subsequent management; all this becomes an inescapable need in economic and financial terms.

Bringing the legacy of the disused barracks into play for the relaunch of Palmanova means accepting a challenge that goes well beyond the most usual themes of a project given that it represents an opportunity to search for an agreement, a pact between economic actors and financial operators, the local authority, the State, and the local community for the pursuit of long-term collective wellbeing.

In this chapter, attention is focused on the two conceptual dimensions of transformation and contemporary regeneration, the project and the process; the role of the architectural project is thus inserted in the decision-making process including its conception, elaboration and implementation.

The decision-making processes for Palmanova

Too often, the project to regenerate a place like the urban centre of Palmanova, with its underutilized and abandoned areas, is devised and structured according to a linear process within which decisions are taken on the basis of a series of actions which, starting from the formulation of the problem and objectives (redeveloping the urban centre of Palmanova also by restoring the barracks), seek information to add to the list of possible design alternatives.

This approach, of a rational-inclusive nature[1], assumes a sequence of actions (identification of the objectives, the choice of the contents of the project design and the decision to implement/finance the project) that does not require particular feedback from the reorganization decision-making, since the information and criteria for the choices, and the subsequent elaboration of the project, are considered satisfactory and consistent with the expected utility declared *a priori* by the decision-makers.

However, the experiences and the scientific literature (Heap, Hollis, Lyons, Sugden, Weale, 1996) have modelled and theorized the difficulties of working in similar conditions, emphasizing the ambiguous and the often scarcely rational dimension of the decision-making processes, up to the definition of a "garbage-can model", i.e. a path subtended to a design devoid of structure where the choices, and thus the projects that derive from them, depend on an occasional unstructured interaction between participants, who express, intentionally or unintentionally, ambiguous preferences or change their minds as soon as the situation evolves (Bobbio, 1996).

Both models have proved to be ineffective in the preparation of strategies aimed at upgrading and urban regeneration for the structural limits which they are bearers of: in the first case, the assumption of perfect knowledge of the environment and an absolutely rational behaviour on the part of the operatives involved and the weak presence of a circular dimension limits opportunities for feedback and indeed prevents the management of unexpected events and elements, making the project a rigid device intended to remain unrealized wherever certain general conditions change. On the other hand, the occasional approach devalues the social role of the project, since it removes the responsibility to subsequently establish shared objectives and to identify a network of main subjects that respond to the achievement of a result coherent with the development policies of the sites and community of reference.

The work model developed within the framework of the research, has contrasted the difficulty of establishing the decision-makers and stakeholders *a priori*, with an effort to recognize and expound the relational complexity between participants, local communities, and their objectives with an awareness that the dynamic relationships between the project actions, the policies and people, demand a willingness to review the design choices. This model, through a preliminary investigative and fact-finding stage, has laid the foundations for a greater awareness and control of the possible effects of those distortions that habitually characterize transformation and urban regeneration operations.

The activities to support the project actions have looked into the relationship between the content of the project, the uncertainty of the current local socioeconomic context and its role in relation to the possible changes introduced in the market by technological innovations, social trends and changes in behaviour (Urban Land Institute, 2016).

The prefiguration is based on a processing of different visions of the future, alternative scenarios elaborated in relation to the objectives of the possible subjects involved, to desirable public policies and the level of information available. In this perspective, the scenario represents the prefiguration of a future situation: not so much a prediction or a preferred development compared to the current situation, but rather, a coherent and credible description of different visions of alternative futures[2].

In the case of Palmanova, the results of this research have prefigured hypotheses for the regeneration of the city that can provide different forms of storytelling open to numerous facets of the design, representing, in the urban and construction dimension, the answers to the question "What would happen ... if?". The formulation of the scenarios of the different possible futures within which to arrange the transformations and actions to revamp the barracks has grown through a multidisciplinary path of information collection and subsequent elaboration.

In the first phase, through a fact-finding process, the objective was to represent the "problem space" by looking at its characteristics, limits, critical areas and opportunities, through a path of cognitive analysis of the geographical, social, demographic, economic, and tourist context, highlighting the conditions under which the subjects involved in the project operate. This analysis has been accompanied by a form of multidisciplinary investigation aimed at identifying the multidimensional characteristics of the former barracks, and ultimately focusing attention on the interpretative keys of the formation of its property value: those extrinsic to the relationship with the context and the landscape, the infrastructure system and that of the services and centralities, and those intrinsic ones that refer to the typological, dimensional, and conservative elements. The objective is to seize the predisposition of the property to be transformed and its "functional vocation", in the sense of a greater propensity to transformations for specific uses in reference to the above characteristics.

The implementation of the elements that characterize the "problem space" and the vocation that has emerged from the analysis of the multidimensional characteristics allows us to pass onto the ensuing scenarios and projects.

From problem space to territorial marketing

The path of knowledge was developed from the generic to the particular, by making changes in scale and prospects that made it possible to comprehend every request. The exploratory analysis was carried out on examples through desk work, thus based on expert knowledge, however, it must be noted that the levels of study can be many and take advantage of the various techniques of participation[3] in order to locate information, hints and elements to capitalize on and share among the experts and stakeholders.

The initial point was a survey of the characteristics of the territory and the relationship with the socioeconomic and cultural systems that characterize it, also with reference to the strategic and programmatic framework of the Friuli-Venezia-Giulia Region. The information ranged from the demographic, social and economic context, to the property market and functional infrastructures to the theme of the territorial valorization of Palmanova. In this perspective, the analysis observed the city, evaluating its overall material and immaterial heritage and its competitors. Every potentially important aspect provided evidence to leverage or critical points to be monitored: environmental, historical-archaeological, artistic and cultural resources, the social fabric, the presence of infrastructure and the availability of the urban context, the range of accommodation and tourist facilities and the economic and structural resources of local tourist organizations and systems. The aim was to grasp signals of the area's development opportunities through enhancement of the strong points and containment of the weaknesses[4], also in consideration of the urban rank of a "belt" which distinguishes it from the forces of attraction of the nearby pole represented by Udine[5].

The multi-sectoral and multidisciplinary readings of the context were gathered in thematic macro clusters. The first cluster had the purpose of seizing the demographic and socioeconomic dimension of the community destined to accommodate the planning, while the second concentrated on the characteristics of the territory that are open to territorial marketing issues.

The population issues addressed in the first cluster appear attractive because they make it possible to prearrange the characteristics, profile and plausible needs of the local communities where the projects will be executed, prefiguring the relevant interrelations. The demographic dynamics summarize a currently critical situation for Palmanova: a negative growth rate, a very modest negative migratory balance with one single element in growth, namely the increasing numbers of foreigners. The indexes of the demographic profiling are all below the provincial average, highlighting a critical situation in terms of the old age index, the average age and the composition of the family nuclei. What emerges from the data is a demographic projection that places the planning in the context of a community strongly characterised by an ageing eroded population, at the same time underlining potential growth connected more to the phenomenon of migration than the birth rate, opening the need to manage a constant mutation of the socio-cultural characteristics of the local community.

The size of the local community related to the size of the property to be subjected to interventions forcefully imposes the issue of consistency of scale between local demand and potential supply, requiring a major effort to position the project within supra-regional strategies and markets and, conceivably, supra-national.

The relationship between the scale of the possible interventions and the existing city have also been investigated starting from the statistical indicators relating to the settlement profile of Palmanova, highlighting the significant demographic density of the city, seventh in the province of Udine (407.8 inhabitants per km^2), mainly concentrated in the Old Town and in the hamlets of Sottoselva and Jalmicco, while the agricultural territory has interesting characters of naturalness and relatively limited urbanization. In relation to these indicators and with respect to the debate on the reuse of existing building stock aimed at the conservation and restoration of permeable and natural land, it must be pointed out that the presence of decommissioned property that is so significant in terms of quantity and, especially, quality, represents an occasion for centralization and polarization of uses and functions. It is worth remembering that the former Montezemolo, Gamerra and Piave barracks alone, and the former Ederle Barracks allow reuse of volumes and surfaces of a considerable extant, in an urban context of great value and recognizability, in part already urbanized and lying adjacent to the highway infrastructure system and not far from two airports.

The project therefore lends itself to the relaunching and regeneration of Palmanova provided it can involve operators, users and therefore markets on a territorial scale that is much more extensive than the local one, envisaging projects aimed at promoting the organization or reorganization of poles, centres, and hubs in which to concentrate and also transfer functions and uses currently scattered throughout the territory. Hence, a project that pursues policies of synergistic centralization and the reorganization of functions and economies also through unflinching demolition of buildings that are no longer functional or lie in urban contexts deserving of recovery actions aimed at re-permeabilization of the soil.

In this perspective, the school building and the one for higher education and university research, but also the functions of material and immaterial production, may be the subject of experimentation geared to strategic relocation that can capitalize on the benefits of proximity and economies of aggregation supported by actions of 'territorial equalization'[6] to redistribute throughout the territory the benefits generated by a project of organized centralization and offset the costs borne by the community.

Any strategies of functional centralization and the activation of agglomeration economies must first reckon with the economic and business fabric that currently characterizes Palmanova and contiguous municipalities. As for the production structure, it must be underlined that based on data for 2016, the city of Palmanova boasted 486 operational firms of which 124 were artisan, while more than half were active in the fields of commerce and services. The data available in 2016 does not allow a thorough analysis, however, it has been possible to combine the results of a study conducted by Confartigianato with the Department of Economics and Statistics of the University of Udine aimed at defining a municipal indicator of "socioeconomic wellbeing and ease of doing business". With respect to the overall index of socioeconomic wellbeing and ease of doing business, Palmanova lies in 44th position, maintaining its position with respect to 2014 substantially unchanged, wedged between some problematic municipalities (i.e. with an indicator of medium-low wellbeing) that have seen their wellbeing indicator fall in the period from 2014 to 2016. By analysing only the socioeconomic wellbeing data, Palmanova lies in 46th position in the province, with an assessment of socioeconomic wellbeing that is "average-high", an improvement of 10 places compared to 2014. Instead, as regards the index that represents the "ease of doing business", the situation is reversed, since the municipality currently lies in 58th position having lost 27 places compared to 2014.

In the second cluster, the focus was on an analysis of historic and architectural moveable and immovable property, the urban system and its relationship with the landscape, and the material and immaterial facilities for welcome and accommodation, investigating phenomena and characters that are relevant both for planning and for eventual territorial marketing.

Territorial marketing can include all the elements that constitute a value, and which can be considered as both cultural and tourist attractions. In the specific case of Palma, the sheer number of precise features and relationships highlighted by the inclusion of the city among the transnational UNESCO sites of "Venetian Fortresses" means a significant presence on which to build an agenda of strategic actions. Any planning will need to start from the idea that the cultural assets present in Palmanova are rooted in the life of the local system and that every possible strategy that concerns them and involves property and common goods must include a joint development (social, economic and cultural) with the various communities in order to prevent and mitigate any social conflict that might be triggered in relation to competitive uses of the spaces and the introduction into the local communities of unwelcome and obstructed external elements.

Among the issues related to territorial marketing, a key position is the topic of hospitality, since this involves the operational and psychological aspects of the state of wellbeing which the planning can also trigger in a synergistic form with respect to the existing range. If, in fact, structures for hospitality are not normally a primary element in the degree of attractiveness of a region, they do determine a sense of welcome and attractiveness. From an analysis of the information collected, a status quo emerges that is rather problematic with signals of contraction of the offer in terms of accommodation, restaurants, bars and commercial activities, as can be seen in the surveys conducted in the period from 2011 to 2016. The analysis clearly shows that in the face of a progressive contraction of the offering there has been a positive trend in the demand data, an aspect that inspires attention to the care of cultural assets and a new form for the cultural area that capitalizes on the themes of the present debate in the relationship between creativity and enterprise, tangible and intangible assets, the historic urban landscape, diffused museum, common goods, crafts, art and culture as conditions for launching new perspectives of wellbeing also for the local community.

It is worth noting that, if on the one hand the current accommodation needs of Palmanova seem to be met by the available existing facilities, the situation appears to be problematic in view of a future development of the site, not in terms of an increase in accommodation units, but also as regards the quality and innovative nature of the amenities offered in addition to the organization. An empirical analysis of the offering underscores the critical points related to the absence of a supply chain of services that capitalize on the potential attractions around Palmanova: the Adriatic coast, its centrality, traditionally interesting from the point of view of historical witnesses of the region such as Aquileia and Cividale, by way of example) and some major destinations such as retail shopping centres (outlet stores) and the business research centre, *Friuli Innovazione*, located to the south of Udine.

The planning must therefore deal with different formats of hospitality, from the most traditional to innovative forms and seize the opportunities of the competitive context in which Palmanova lies, geographically centred between seaside resorts (Lignano, Grado, and Bibione) and Friulan sites of culture and economic development. By forgoing traditional models of tourist infrastructure, typically aimed at markets and operators interested in investing in areas characterized by major tourist flows, the scenarios can explore various models and formats of hospitality and innovative temporary accommodation, joined to uses that are synergistic and complementary.

SWOT analyses for each scenario

The results of the analyses and processing of the "problem space" allowed us to identify the key elements and the possible driving forces of sustainable development for the former barracks and the urban context through the performance of SWOT analyses which, starting from information and data collected in the previous phase, allowed us to develop the competitive positioning of the possible projects by seizing the main drivers on which to organize the development of the scenarios and subsequent projects. Starting from the vocation and trend lines compatible with the problem space, the SWOT analyses allowed us to highlight the strengths and weaknesses of the areas to be redesigned to bring out the opportunities and threats that arise from the external environment to which the specific sector analysed is exposed. It also allowed us to focus attention on the endogenous factors (strengths and weaknesses) on which it will be possible to intervene as part of the project through appropriate strategic urban and architectural choices to reach these goals, as well as the exogenous factors (threats and opportunities) on which the project cannot intervene directly, since these depend on variables of a wide-scale macro-economic nature, which, however, can be kept under control in order to exploit positive events and prevent adverse events through specific project or management strategies.

The SWOT analyses were carried out starting from the following sectoral divisions:

cultural and educational functions, through a rethink of the strategic positioning of Palmanova with respect to the cultural and educational context that cannot limit our gaze to the local dimension, but must be projected into the European and international context;

the forms and practices of leisure time: the extent to which the specific market gives positive signals in this sense and some of the nationwide experiences[7] show a marked propensity for transforming and development towards forms and practices of consumption and investment in leisure time;

manufacturing, in the context of technological innovation, and creative oriented, especially towards innovation in the field of agri-food, focusing on the relationship between nature and manual work, on innovation of food products, their production, and the associated sociocultural and commercial dynamics.

As for cultural and educational functions, the SWOT analyses sought to provide strategic lines for a regeneration that looked to the consolidation of urban form in a perspective of cultural and educational district evolved on an interregional scale and an international level in order to make Palmanova an "education/knowledge marketplace" (Knight, 2011). This is the context of a possible role for local and international universities with which to build a network of alliances and for local businesses to invest in higher education. Although the socioeconomic analyses highlighted a series of critical issues, the singular and unique urban structure combined with the territorial location not far from Austria, Slovenia and Croatia, in an area which, for decades, has been trying to find forms of cohesion (suffice to think of the Alpe Adria experience and the subsequent Euroregion) could represent the perfect opportunity to launch a coordinated cultural and higher education project that capitalizes on the experiences and resources of the universities closest to Palmanova characterized by educational initiatives, research areas and different points of excellence (Italian, Veneto and Friulan, and Austrian and Slovene, for example).

In this scenario, the regeneration would take on an international level which, resuming the experiences of the educational hubs, should favour the triggering of economic and technological competitiveness and be a driver of innovation by impelling the various components of the project to dialogue with the training and research facilities (classrooms, auditorium, laboratories), services for students, researchers and students (temporary accommodation and services), and finally with the spin-off functions of higher education, specializing in the knowledge economy and the tertiary sector. An analysis of benchmark cases highlights how the success of experiences like this is based on a strong collaboration between universities, research organizations, public bodies and private companies and research institutes that benefit from economies of agglomeration and proximity generated by a hub.

The second macro strategy is based on the results of analyses that show how tourism in general, and the cultural variety in particular, are distinguished by performance in growth, also thanks to specific regional and national policies aimed at enhancing Italy as a destination. The second SWOT analysis on the forms and practices of leisure time then investigated the characteristics of a scenario-based project development that combines functions and uses for greater recognition of a cultural district embracing Grado-Aquileia-Palmanova and that sees in the latter the access door to a 10-kilometre cultural visit which joins the plain to the sea and arranges different themes for leisure and tourism.
The keywords the projects hinge on are culture, wellbeing and hospitality. through forms and actions of development that rethink, with analogous intensity, the open spaces, the barracks and the buildings of the Old Town following a strategy of valorizing the network to increase the appreciation of the former barracks within a vision of an integrated fruition of the spaces. In a context of market criticality and in an economic context that is particularly problematic as emerged during the analyses, a strategy to valorize the network makes it possible to concentrate the interest of private operators, and therefore investments, on timely interventions on the former barracks, characterized by building elements that are absolutely exceptional, leaving to the public and the community the development and management of the open areas, the social spaces and places of high historical and testimonial value, common goods whose valorization would be ineffectual in a perspective of a private nature. In this light, the receptive function assumes an important role along with the complementary usages characterized by a multiplicity of possible divisions: hotels of different levels of quality and service, extra-hotel facilities geared also towards innovative forms of hospitality or arranged for specific segments of the demand.

Finally, the third SWOT analysis investigated the production dimension and its relationship with the territory. The latter theme is to be developed starting from the functions and uses of a design that can combine manufacturing with opportunities related to products and to local agri-food chains and goods with a high added value of the Friulan Plain. In this case, the projects can configure the spaces and sites based on requirements relating to the production and marketing of products, by offering the opportunity to activate chains of innovation that cover all the phases and possible complementary actions: labs, workshops, factories and artisan studios. In this way, the planning can design the places starting from the training of craftsmen and ending with the consumption of the goods produced by arranging spaces where things are designed, manufactured, marketed and consumed.
Also in this case, at the heart of the success of the projects and initiatives there must be an alliance between public and private actors in an agreement to promote new manufacturing and innovative craft work, which could also make use of strategies of temporary use that would valorize the former barracks, or portions of them, as places for making, for innovative handicrafts and creativity, places to be lived, for producing, transforming, learning, creating and exhibiting, ending by focusing on the opportunities afforded by the economy of experiential tourism, connected to the consumption of food & beverage products, and food and wine tourism.

Where next?

Evoking tourism, culture, and production for the regeneration of a territory like Palmanova in which people still live, produce and develop, even if in an uncoordinated manner, cultural and tourist proposals demand an abandonment of the static "project" dimension and a shifting of the attention towards a complex procedural extension for a territory characterized by a network of collaborative subjects in continuous change.
Here then, the theme of valorizing Palmanova, of regeneration, re-creating and re-activating the conditions for success of a place/territory requires a dynamic approach that, following the now inescapable paradigms of the circular economy[8], would lead the local territory towards a circular planning that could combine uses with places by activating forms and micro-forms of economic development through collaborations with existing communities also in relation to the changing demographic, tourist and economic dynamics.

Notes
1. These themes refers to the text by Bobbio (1996), *La democrazia non abita a Gordio* in which the author, starting from the story of Alexander the Great who solved the intricate "Gordian knot" with a sword stroke, draws attention to the impossibility, in the context of contemporary decision-making, not to take into account the complexity of reality and to promote simplistic approaches to complex decision-making processes.
2. The theme evokes the concept developed by the discipline of *futures studies* (or futurology), to which reference is made (Maak, 2001)
3. The literature collects a number of important social analysis methods and techniques. For an in-depth analysis, see Bezzi, 2013.
4. On the basis of data collected in 2016, Palmanova slots into the Province of Udine with its 5,422 inhabitants (approximately 1% of the population of the province) and a very modest surface impact (3.30km^2 equal to 0.3% of the entire surface area of the province).
5. For further information, see the polycentric analysis of the Region carried as a part of an identification of the poles, the inter-municipal poles and the internal areas by the Territorial Cohesion Agency.
6. The APEA represent a virtuous example of a similar strategy, albeit little practised. The APEA are ecologically equipped production areas designed to activate virtuous processes of technological updating, not only in production processes but also in the local infrastructure, with a definition of the layout of urban areas and building exteriors, and unitary management of services and equipment to support users, workers and infrastructure in the sector.
7. In particular the *Valore Paese* project.
8. The principles of the Circular Economy are promoted and effectively illustrated in the documents of the Ellen MacArthur Foundation, to which reference should be made (https://www.ellenmacarthurfoundation.org).